Werte Leserschaft,

Bier und Wandern – die ideale Kombination zum Erleben der beiden wichtigsten Grundpfeiler fränkischen Lebensgefühls. Schließlich gibt es nirgends auf der Welt eine so hohe Biervielfalt wie in Oberfranken. Dafür verantwortlich ist unter anderem die landschaftliche Vielfalt der Region, die vom Coburger Land über Fichtelgebirge und Frankenwald auch Teile von Bayerischem Vogtland, Fränkischer Schweiz, Haßbergen und Steigerwald umfasst. All diese Landstriche gilt es für den Naturfreund zu erwandern, und wir wollen Ihnen den richtigen Wegweiser an die Hand geben, damit Sie dabei nicht auf dem Trockenen bleiben.

Das bedeutet für Sie, dass wir jede der hier enthaltenen 45 Wanderungen und Radtouren persönlich entwickelt haben. Der Schwerpunkt lag auf dem landschaftlichen Erlebnis und einer intelligenten und spannenden Wegführung, die dann eben quasi als i-Tüpfelchen noch die Themen Bier, Brauereien und Bierkeller berücksichtigt. Wir garantieren Ihnen auf jeder Wanderung einzigartige Bier- und Naturerlebnisse – und haben Ihnen zusätzlich noch die schönsten Sehenswürdigkeiten und Freizeitstationen vom Badesee bis zur Sommerrodelbahn zusammengetragen, damit Sie Ihren Wandertag noch zusätzlich bereichern können.

In diesem Buch steckt die Arbeit von vielen Jahren, und es gab natürlich auch viele Institutionen und Personen, die uns bei der Realisation unterstützt haben. Wir möchten uns bedanken, in allererster Linie bei Bierland Oberfranken bzw. Dr. Bernd Sauer, der ursprünglich den Anstoß zu diesem Projekt gegeben hat. Dann bei der Deutschen Bahn, namentlich Hubert Rottmann, der ebenfalls ein Begleiter seit den ersten Stunden ist, und uns schon über so manche Klippe geholfen hat. Genauso wie Gerhard Zuber vom VGN, der neben vielen wichtigen Informationen auch seine eigenen Erfahrungen als Bierwanderer miteingebracht hat. Und dann gibt es natürlich noch das Team, ohne das so ein Buch gar nicht möglich wäre. Allen voran der Fränkische Tag Buchverlag mit seinem Geschäftsführer Bernd Müller und unser GuideMedia-Team Ingeborg Essel, Jofrey Kollmann, Frank Märzke, Nicole Schramm, Benjamin Strüh und unsere jeweiligen besseren Hälften.

DANKE!

W0236462

Markus Raupach, Frank Schneider, Bastian Böttner

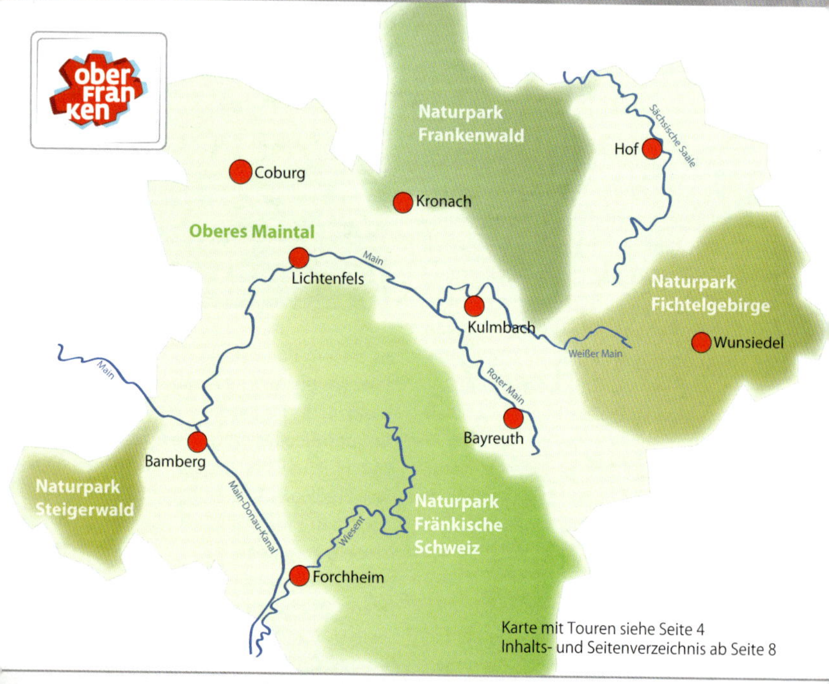

ober
fran
ken

Naturpark Frankenwald

Coburg

Kronach

Hof

Sächsische Saale

Oberes Maintal

Lichtenfels

Main

Kulmbach

Naturpark Fichtelgebirge

Wunsiedel

Weißer Main

Main

Bamberg

Roter Main

Bayreuth

Main-Donau-Kanal

Wiesent

Naturpark Fränkische Schweiz

Naturpark Steigerwald

Forchheim

Karte mit Touren siehe Seite 4
Inhalts- und Seitenverzeichnis ab Seite 8

Das Bierland Oberfranken

Oberfranken verdankt seinen Bierbrauern eine weltweit herausragende Biervielfalt und Bierkultur. Es gibt eine sehr starke Bindung der Oberfranken an „ihre" Brauerei am Ort oder in der Region. Und die Oberfranken kennen den Brauchef noch persönlich.

So vielfältig die Landschaft, so vielfältig auch das Bier. Etwa 1.000 verschiedene Biere werden in Oberfranken, der bayerischen Toskana, gebraut. Über das Pils und die dunklen Biere zum Rauchbier, zu den unfiltrierten und ungespundeten Bieren, den Zwickelbieren bis hin zu den Saison- und Festbieren, die nur zu besonderen Anlässen gebraut werden.

Dazu kommen die vielen Brauereigasthöfe, Biergärten, Bierkeller und Kirchweihen in denen fränkische Bierkultur gelebt wird. Eine ganze Reihe von oberfränkischen Brauereien bietet Brauereiführungen mit anschließender Verkostung an.

Viel Spaß beim Entdecken!

**Auf www.bierland-oberfranken.de können Sie die GPS-Tracks
zu allen Touren aus diesem Buch herunterladen!**

Legende Tourenkarten

 Brauerei ohne Gaststätte

 Brauerei mit Gaststätte

 Biergarten

 Freizeittipp

 Landstraße

Nebenstraße

Eisenbahnstrecke

Wander-/Radweg

-------- Streckenverlauf

-------- Alternativ-Strecke

 START Startpunkt

 P Parkplatz

Gaststätte / Café

 Wegmarkierung

→ Laufrichtung

Aussichtspunkt

🏛 Pavillion

Kirche / Kapelle

† Kreuz / Kreuzweg

• Markanter Punkt

⚠ Hinweis

Felsen

 Wald

 Gewässer

Willkommen auf den schönsten Brauereitouren in Oberfranken…

In diesem Buch haben wir insgesamt 45 Wanderungen und Radtouren portraitiert. Die Reihenfolge richtet sich **alphabetisch nach dem jeweiligen Landkreis** (Startpunkt entscheidend), beginnend mit Bamberg. Innerhalb der Landkreise finden Sie zuerst die Wanderungen und im Anschluss die Radtouren. Diese **Kategorie** erkennen Sie bei den Touren am **Symbol rechts oben**. Weiterhin hat jede Tour zur leichten Zuordnung eine eigene **Nummer**, die auf den Portrait-Seiten jeweils **links oben** platziert ist. Die Gesamtübersicht aller Touren können Sie im **Inhaltsverzeichnis ab Seite 8** nachschlagen.

Die sich auf oder an einer Tour befindenden **Brauereien, Bierkeller oder Freizeittipps** sind im Anschluss an die jeweilige Karte kurz **portraitiert**. Hier finden Sie die wichtigsten Daten wie **Öffnungszeiten, genaue Anschrift oder Kontaktinformationen**. Zusätzlich haben wir immer wieder besonders interessante Stationen oder Themen groß portraitiert. Eine Auflistung finden Sie im Verzeichnis auf Seite 14.

Sollten Sie sich für Brauereien, Bierkultur und Bierkeller über die Daten im Buch hinaus interessieren, können wir Ihnen nur unsere beiden Klassiker und Begleitwerke **„Frankens Brauereien und Brauereigaststätten"** (ISBN: 978-3 936897 80 7) sowie **„Frankens schönste Bierkeller und Biergärten"** (ISBN: 978-3 936897 82 1) wärmstens ans Herz legen. Mehr Informationen zu den Werken siehe Seiten 286 und 287 in diesem Buch.

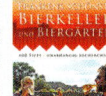

…weiter zur Landkarte mit den Touren ▶

Oberfranken und seine Natur

Brauereitour (ca. Startpunkt)
Zahl entspricht der **Nummer der Tour**
Inhalts- und Seitenverzeichnis ab Seite 8
Brauereien-Verzeichnis ab Seite 280

oberfranken

Naturpark Frankenwald

24 Coburg
25

36 Kronach
35

Oberes Maintal

42 Lichtenfels
41 39
40
43

Main

37 Kulmbach

38 Roter Main

7 Main

16
1 13
9 14 2
Bamberg
17

4 6
10 8
19 5

22
20

18 Bayreuth
23

Naturpark Steigerwald

12
15

11

Main-Donau-Kanal

3

31

32 27
26 Forchheim
28 29

Wiesent

Naturpark Fränkische Schweiz

21

30

Wie Kultur und Natur einander ergänzen, sieht man in Oberfranken selten besser als im **Oberen Maintal:** Weite Strecken völlig unberührter und durchgängiger Fließgewässer ohne künstliche Hindernisse bieten geschützten Fischen, Vögeln und Säugetieren Rückzugsmöglichkeiten; ungewöhnlich vielfältiger Artenreichtum und unverdorbene Natur; Sehenswürdigkeiten, die von unverfälschter Landschaft umgeben sind. So wird Wandern zum reinen und ruhigen Vergnügen, denn die Wege werden höchstens von Rehen gekreuzt und Vögel sind oft für Kilometer die einzigen Begleiter.

Die Fränkische Schweiz ist ein wahres landschaftliches Juwel. Abwechslungsreiche Landschaften, schroffe Felsformationen, geheimnisvolle Höhlen und Flüsse locken jährlich viele Besucher. Etliche geschützte Pflanzen finden sich in den vielen kleinen Tälern, die von sauberen, naturbelassenen Bächen durchzogen sind.

Selten ist das Erleben von Natur so vielfältig und spannend wie in der Fränkischen Schweiz. Dem Schutz der natürlichen Lebensräume wird hier viel Platz eingeräumt: Ein spürbar lebendiges Paradies für alle Freunde der Natur und auch für alle Sportbegeisterten: Sie finden inmitten der fränkischen Felsenlandschaft eines der schönsten Kletterparadiese Europas vor.

Der Steigerwald besteht zum Großteil aus dichten, schönen Buchen- und Mischwäldern. Im Vorfrühling bietet sich ein wunderbarer Anblick: Seidelbast, Buschwindröschen, Leberblümchen und Immergrün nutzen das Licht, das durch die noch kahlen Bäume fällt – so erwartet den Besucher ein zauberhaftes Blütenmeer. Später im Jahr entsteht an feuchten Hängen und in der Nähe von Bächen ein üppiger grüner Teppich, in dem viele seltene Pflanzen – wie der Türkenbund und der Aronstab – zuhause sind. Viele Vögel beherbergt der Steigerwald, besonders Spechte und Eulen fühlen sich in den unzähligen alten Baumriesen wohl.

Der Frankenwald ist eine beeindruckende Naturlandschaft mit wunderschönen und anregenden Wechseln zwischen Tälern, Bergen und Hochflächen, durchkreuzt von zahlreichen naturbelassenen Bächen und Flüssen. Wildromantische Wanderwege finden sich hier überall.
Sie führen über sonnige Höhen und durch kühle, tiefe Wälder, die Tieren und Pflanzen Oasen der Ruhe bieten. Die Jahreszeiten sind ausgeprägt: Winter mit viel Schnee und klirrender Kälte, aber dann auch heiße, lange Sommer lassen den Menschen die Urkräfte der Elemente spüren.

Das Fichtelgebirge erinnert durch seine Form an ein Hufeisen, und doch wird es gerne „Herzbrunnen Europas" genannt. Denn dieses Mittelgebirge ist die Wasserscheide Europas – in alle Himmelsrichtungen fließen hier entspringende Flüsse und somit auch ganze Flusssysteme: Saale, Eger, Naab und Main.
Auf uraltem Granit steht das Gebirge und bietet mit seinen wunderbaren Wäldern, seinen Seen und Gewässern überwältigende Anblicke, die man nie vergisst: Zum Beispiel die Bergzüge der Kösseine mit ihrem gewaltigen Blockmeer und viele andere Naturdenkmäler.

Die Karte zeigt: Hof, Sächsische Saale, Naturpark Fichtelgebirge, Wunsiedel, Weißer Main mit den Markierungen 34, 33, 45, 44.

Inhaltsverzeichnis ab Seite 8 ▶

5

Echt. Stark. Oberfranken!

Oberfranken ist lebenswert, seine Natur, seine kulinarische Vielfalt und seine Kunst sinnlich, seine Menschen echt. Verkörpert werden diese Werte von Personen, die aus Überzeugung für ihre Heimat einstehen und diese zu einem einzigartigen Fleck Erde machen.

Oberfranken ist vielseitig, manchmal sogar widersprüchlich. Hier vereint sich Bildung mit Brauchtum, Tradition mit Technik, Kultur und Genuss mit Weltmarktführern. Fünf Hochschulen machen die Region zu einem echten Bildungsstandort, viele mittelständische Unternehmen sind Weltmarktführer in ihrem Bereich und damit Hidden Champions. Kultur ist den Oberfranken wichtig. Die Wagner-Festspiele in Bayreuth, die Hofer und Bamberger Symphoniker, Franz Liszt oder Jean Paul bieten Kulturinteressierten ein abwechslungsreiches und spannendes Programm. Und auch erfinderisch sind die Menschen aus der Region, denn Rolex, Levi's-Jeans und Barbie haben ihren Ursprung in Oberfranken.

Vielleicht ist es die unverwechselbare Natur, die den Bewohnern der Region seit je her die beste Grundlage für ein zufriedenes Leben bietet und sie dadurch zu herausragenden Leistungen beflügelt. Das grüne Idyll mit seiner Vielfalt an Landschaftsbildern bietet nicht nur Erholung sondern auch die natürlichen Ressourcen für Qualitätsprodukte. Klares Wasser, dichte grüne Wälder, Auen und Täler, Berge und Wiesen – die Natur hat in Oberfranken einen Vergnügungspark geschaffen, der an Attraktion schwer zu überbieten ist. Ein optimaler Ort um hier mit seiner Familie zu leben und sich wirtschaftlich, kulturell und intellektuell zu verwirklichen.

Die Verbundenheit der Oberfranken zu ihrer Heimat drückt sich auch in der Leidenschaft zur Braukunst aus – die vielen Brauereien stellen über tausend verschiedene Biere her. Das frische Wasser der Region bietet die beste Grundlage für Pils-Biere, kräftige dunkle Biere, Bockbier, Hefeweizen und besondere Kreationen wie das Rauchbier.

Mit der Dachmarke Oberfranken und dem angestoßenen Imageprozess werden die Kräfte und Vorzüge der Region unter einem Dach gebündelt. Oberfränkische Botschafter werben für ihre Heimat weltweit, Produkte aus der Region mit dem Oberfrankenlogo werden unverkennbar ihrem Ursprung zugeordnet. Unternehmen, Institutionen und Verwaltungen machen sich in ihrer täglichen Kommunikation zum gemeinsamen Sprachrohr der Region. Das stärkt Wirtschaft, Kultur und Tourismus und macht den Standort Oberfranken zum Herzen des offenen Europas.

Mehr Informationen finden Sie auf der offiziellen Website: www.oberfranken.de

Inhaltsverzeichnis Brauereitouren

Brauereien-Verzeichnis ab Seite 280 | Verortung Touren siehe Karte Seite 4

...weiter siehe Seite 10 ▶

Inhaltsverzeichnis Brauereitouren

...weiter siehe Seite 12 ▶

Inhaltsverzeichnis Brauereitouren

Redaktionelle Themen & Allgemeines

Impressum

Copyright © 2012
Mediengruppe Oberfranken –
Buch- und Fachverlage
GmbH & Co. KG
E.-C.-Baumann-Straße 5
95326 Kulmbach
Alle Rechte vorbehalten.

Produktion und Gestaltung:
GuideMedia GbR, Bamberg

Druck: creo Druck &
Medienservice, Bamberg

ISBN: 978-3-936897-95-1

Grüner Markt 15
96047 Bamberg
Tel.: 0951-5194166
www.guidemedia.de

Haftungsausschluss

Der Inhalt des vorliegenden Buches ist nach bestem Wissen, Gewissen und mit Sorgfalt zusammengetragen worden. Für die Korrektheit, Vollständigkeit oder Qualität der bereitgestellten Informationen, des Kartenmaterials und der Tourentipps kann keinerlei Gewähr übernommen werden. Haftungsansprüche welche sich auf Schäden materieller oder immaterieller Art beziehen, die durch die Nutzung oder Nichtnutzung der dargebotenen Informationen bzw. durch die Nutzung fehlerhafter und unvollständiger Informationen verursacht wurden, sind grundsätzlich ausgeschlossen.

DB Streckenkarte Bayern (Auszug) | Kooperationspartner der DB Regio

DB BAHN

Ein Tag, der bleibt.
Mit dem **Bayern-Ticket**
für **22 Euro** und
4 Euro je Mitfahrer.

NEU!

Ticket gilt auch in:

Informationen, Ausflugstipps und Kauf unter bahn.de/bayern

Das Neue: Der Preis richtet sich jetzt nach der Anzahl der Reisenden.
Mit persönlicher Beratung für 2 Euro mehr.

Die Bahn macht mobil.

BAHNLAND BAYERN

Regio Bayern

Stand: Juni 2012

Auch in diesem Werk haben wir wieder an den öffentlichen Nahverkehr gedacht und mit der Deutschen Bahn einen bewährten Partner an Bord.

Bei den einzelnen Brauereitouren, die großteils auf eine An- bzw. Abreise mit öffentlichen Verkehrsmitteln ausgelegt sind, **finden Sie unten links noch Hinweise zum nächstgelegenen Bahnhof**.

Reiseauskunft online unter
www.bahn.de/bayern

Alle weiß- und grünfarbigen Bahnhöfe sind mit dem Bayern-Ticket erreichbar.

- Strecken mit Fern- und Nahverkehr
- Strecken mit Nahverkehr
- Touristikverkehr
  (Zahnrad-, Museums- bzw. Ausflugsbahn, z.T. nur an bestimmten Tagen)
- Strecke wird Montag bis Freitag mindestens stündlich bedient
  (einzelne Taktlücken möglich)
- Strecke wird nicht mindestens stündlich bedient
- Strecke mit S-Bahn-Verkehr (mindestens stündlich)
- Strecke nur mit Fernverkehr oder außerhalb Bayerns,
  ggf. sind nicht alle Haltestellen dargestellt

- ☐ Knotenbahnhof
- ○ Bahnhof wird Montag bis Freitag mindestens stündlich bedient
  (einzelne Taktlücken möglich); Bahnhof mit dem Bayern-Ticket erreichbar
- ● Bahnhof wird nicht mindestens jede Stunde bedient
- ● Hier gilt das Bayern-Ticket nicht!
  Kursiv gedruckte Bahnhöfe liegen außerhalb von Bayern.
  (1) wird nur von Dezember bis März bedient

Dargestellt ist die Bedienung im Nahverkehr – Montag bis Freitag – tagsüber pro Richtung. Zusammen mit dem Fernverkehr ergeben sich oft zusätzliche Fahrmöglichkeiten. Die S-Bahnhöfe in München und Nürnberg sind nur teilweise dargestellt.

Copyright: Bayerische Eisenbahngesellschaft mbH
Stand November 2011 – Alle Angaben ohne Gewähr – Änderungen vorbehalten

01 Bamberger Bergbier-Runde

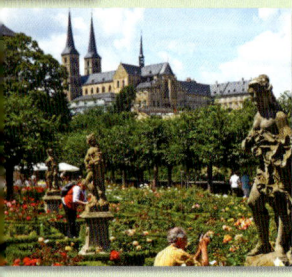

LÄNGE

ca. 7,5 km

WEGZEIT

ca. 2,5 Stunden (da sich sehr viele Sehenswürdigkeiten am Weg befinden sollte man für die Tour mindestens die doppelte Zeit einplanen)

WEGBESCHAFFENHEIT

Fußwege und Gehsteige, auf dem Weg zur Altenburg auch Schotterwege (auf gutes Schuhwerk achten!)

BRAUEREIEN AN DER STRECKE

A - Schlenkerla
B - Ambräusianum
C - Greifenklau
D - Klosterbräu

(Details, Tourenbeschreibung und weitere Stationen wie Biergärten oder Sehenswürdigkeiten siehe Folgeseiten)

LEGENDE

- Brauerei ohne Gaststätte
- Brauerei mit Gaststätte
- Biergarten
- Freizeit-Tipp
- Laufrichtung
- Streckenverlauf

Weitere Symbole siehe Seite 3 im Buch

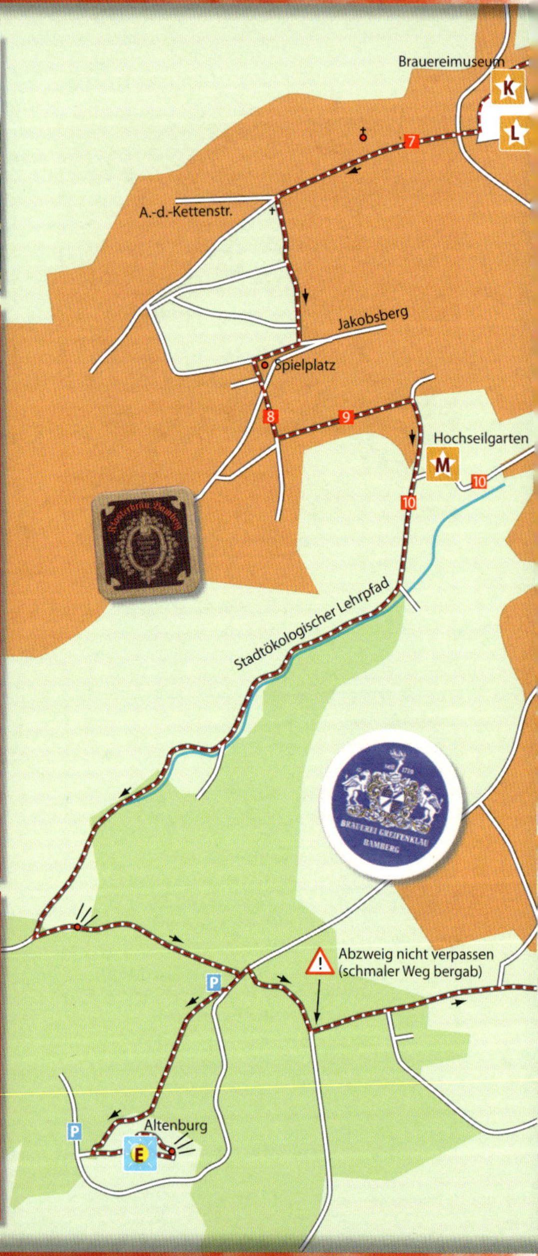
Brauereimuseum
K
L
7
A.-d.-Kettenstr.
Jakobsberg
Spielplatz
8
9
Hochseilgarten
M
10
10
Stadtökologischer Lehrpfad
BRAUEREI GREIFENKLAU BAMBERG
Abzweig nicht verpassen (schmaler Weg bergab)
P
P
Altenburg
E

Nächster Bahnhof: Bamberg Hauptbahnhof (ca. 1 km vom Startpunkt)

Bamberg

Legende / Stationen:

1 Geyerswörthstraße	**6** Aufseßstraße	**11** Panzerleite	**16** Sternwartstraße
2 Geyerswörthplatz	**7** St.-Getreu-Straße	**12** Laurenziplatz	**17** Oberer Stephansberg
3 Herrenstraße	**8** Dr.-Remeis-Straße	**13** Kroatengasse	**18** Unterer Stephansberg
4 Katzenberg	**9** Lorbersgasse	**14** Obere Seelgasse	**19** Concordiastraße
5 Residenzstraße	**10** Teufelsgraben	**15** Untere Seelgasse	**20** Obere Mühlbrücke

Tourenbeschreibung, Details Stationen ▶

Diese sehr schöne Wanderung durch die Weltkulturerbe-Stadt Bamberg startet an der Tiefgarage Geyerswörth. Von dort aus geht es weiter Richtung Geyerswörthbrücke, von der man einen schönen Blick auf das alte Rathaus hat, das mitten im Fluss Regnitz steht. Am anderen Ufer sind es nur noch ein paar Schritte, bis Sie die ersten zwei Brauereien erreichen.

Danach geht es zum Bamberger Dom hinauf, von wo die Residenzstraße wieder bergab führt. Die Straße führt durch ein Tor und direkt dahinter zweigt der Weg links in die Aufseßstraße ab. Nach ca. 100 Metern befindet sich in der Steinmauer rechts ein Durchgang zum Kloster St. Michael. Im Innenhof des Klosters befindet sich auch das Fränkische Brauereimuseum.

Sie verlassen den Innenhof und gehen gerade aus auf der St.-Getreu-Straße den Berg hinauf und zweigen dann links unterhalb der Villa Remeis ab. Die Dr.-Remeis-Straße und die Lorbersgasse führen Sie nun aus der Stadt hinaus in den Teufelsgraben. Begleitet von einem kleinen Bach geht es nun stetig bergauf. Da dieser Teil der Route nach Regenfällen sehr feucht und matschig ist, sollten sie unbedingt geeignetes Schuhwerk tragen.

UNSER TIPP

Der Aufstieg zur Altenburg lohnt sich, hier erwartet den Wanderer ein traumhafter Rundumblick!

Schließlich trifft der Wanderweg auf den Rübezahlweg, dem Sie nach links folgen, bis der Parkplatz unterhalb der Altenburg erreicht ist. Vom Parkplatz aus führt rechts ein Fußweg zur Burg hinauf. Nachdem Sie die schöne Aussicht auf Bamberg genossen haben, geht es auf dem gleichen Weg zurück zum Parkplatz und dann rechts (an der Hausnummer 115) in einen kleinen Weg, von dem nach kurzem links ein schmaler Weg abzweigt, der bergab führt.

Über die Panzerleite geht es zum Laurenziplatz, wo die nächste Brauerei auf Sie wartet. Danach geht es über die Kroaten- und Seelgasse zum Oberen Stephansberg. Dort bietet sich ein Abstecher zu einem der drei Bierkeller an. Unser Tipp ist der Spezial-Keller an der Sternwarte. Jetzt geht es wieder den Stephansberg hinunter Richtung Innenstadt. Über die Concordiastraße gelangen Sie zur letzten Brauerei der Tour und dann über die Obere Mühlbrücke und die Geyerswörthstraße wieder zurück zum Ausgangspunkt.

Brauerei Schlenkerla — A

Zu Füßen des Doms liegt der historische Brauereiausschank Schlenkerla mit Biergarten.

Bier-Klassiker: Aecht Rauchbier

Anschrift: Dominikanerstraße 6
96049 Bamberg

Öffnungszeiten:
Täglich ab 9.30 Uhr
Kein Ruhetag

Kontakt:
Tel.: 0951-56060
www.schlenkerla.de

Gasthausbrauerei Ambräusianum — B

Seit dem Jahr 2004 hat Bamberg mit dem Ambräusianum eine neue Attraktion: eine echte Gasthausbrauerei.

Bier-Klassiker: Ambräusianum Hell

Anschrift: Dominikanerstraße 10
96049 Bamberg

Öffnungszeiten:
Täglich ab 11 Uhr
So u. Feiertage 11 bis 21 Uhr
Montag Ruhetag

Kontakt:
Tel.: 0951-5090262
www.ambraeusianum.de

Brauerei Greifenklau — C

Der Greifenklau hat eine große Fangemeinde, insbesondere zum Bockbieranstich oder zur Laurenzikerwa.

Bier-Klassiker: Lager

Anschrift: Laurenziplatz 20
96049 Bamberg

Öffnungszeiten (Gastst.):
Di bis Sa ab 10.30 Uhr
So von 10 bis 14 Uhr
Montag Ruhetag

Kontakt:
Tel.: 0951-53219
www.greifenklau.de

Klosterbräu Bamberg — D

Die urige Brauerei liegt in der Altstadt zwischen Böttingerhaus und Wasserschloß Concordia.

Bier-Klassiker: Klosterbräu Schwärzla

Anschrift: Obere Mühlbrücke 3
96049 Bamberg

Öffnungszeiten (Gastst.):
Mo bis Fr ab 10.30 Uhr
Sa und So ab 10 Uhr
Kein Ruhetag

Kontakt:
Tel.: 0951-57722
www.klosterbraeu.de

Weitere Infos zur Tour ▶

Restaurant Altenburg   E

Biergarten, gehobene Küche und
Panoramablick garantiert.

Anschrift/Kontakt:
Altenburg 1
96049 Bamberg
Tel.: 0951-56828
www.restaurant-altenburg.de

Öffnungszeiten:
Täglich ab 11.30 Uhr
Montag Ruhetag

Wilde Rose Keller   F

Imposanter Familien-Biergarten mit
großen Bäumen und Bühne.

Anschrift/Kontakt:
Oberer Stephansberg 49
96049 Bamberg
Tel.: 0951-57691
www.wilde-rose-keller.de

Öffnungszeiten:
Täglich ab 16 Uhr
Sa, So und Feiertage ab
15 Uhr
Kein Ruhetag
Bei schlechtem Wetter
geschlossen

Spezial-Keller   G

Der Klassiker unter den Bierkellern mit
Traumblick auf das Weltkulturerbe.

Anschrift/Kontakt:
Sternwartstraße 8
96049 Bamberg
Tel.: 0951-54887
www.spezialkeller.de

Öffnungszeiten:
Täglich ab 15 Uhr
So und Feiertage ab 10 Uhr
Montag Ruhetag
Ganzjährig geöffnet
(Betriebsurlaub Ende Sep./
Anfang Okt.)

Das Eckerts   H

Spannende Interpretation der
modernen fränkischen Küche.

Anschrift/Kontakt:
Obere Mühlbrücke 9
96049 Bamberg
Tel.: 0951-9842500
www.das-eckerts.de

Öffnungszeiten:
Täglich von 7 bis 1 Uhr
Kein Ruhetag

Bamberger Dom J

Eines der Bamberger Wahrzeichen.

Anschrift/Kontakt:
Domplatz
96049 Bamberg
Tel.: 0951-2976-200
(Tourist-Info Bamberg)
www.bamberg.info

Öffnungszeiten:
April bis Okt. 9.30 bis 18 Uhr, Nov. bis März 9.30 bis 17 Uhr; während der Orgelkonzerte an allen Samstagen von Mai bis Okt. ist der Dom zwischen 11.45 und 12.45 Uhr geschlossen

Fränkisches Brauereimuseum (mehr S. 24) K

Ein Pflichtbesuch für alle Freunde der fränkischen Bierkultur!

Anschrift/Kontakt:
Michelsberg 10f
96049 Bamberg
Tel.: 0951-53016
www.brauereimuseum.de

Öffnungszeiten:
April bis Okt. Mi bis Fr 13 bis 17 Uhr, Sa, So und Feiertage 11 bis 17 Uhr.
Gruppenführungen nach Absprache auch außerhalb dieser Zeiten möglich

Kloster St. Michaelsberg L

Klosteranlage mit Gastro und Museum.

Anschrift/Kontakt:
Michaelsberg 10f
96049 Bamberg
Tel.: 0951-2976-200
(Tourist-Info Bamberg)
www.bamberg.info

Öffnungszeiten:
Klostergarten und Klosteranlage täglich zugänglich. Wegen Veranstaltungen und Führungen bitte bei der Tourist-Info anfragen.

Hochseilgarten M

Hier ist Teamwork angesagt. Bitte Termin ausmachen!

Anschrift/Kontakt:
Jakobsplatz 15
96049 Bamberg
Tel.: 0951-95233639
www.bamberger-hochseilgarten.de

Öffnungszeiten:
Nur auf vorherige Buchung für Gruppen zugänglich. Kontakt siehe links

Fränkisches Brauereimuseum

WWW.BRAUEREIMUSEUM.DE

In diesem Buch darf natürlich die Heimstatt fast aller hier vertretenen Brauereien nicht fehlen: Das Fränkische Brauereimuseum. Hierbei handelt es sich nämlich nicht um ein Museum im klassischen Sinn, sondern primär um einen museumsbetreibenden Verein, in dem sich alle Bierinteressierten der Region und darüber hinaus zusammengefunden haben.

Showroom ist die ehemalige Brauerei am Bamberger Michaelsberg (letzter Besitzer war die Familie des heutigen Hofbräu-Kochs Hans Peßler), in der auf knapp 1000 Quadratmetern weit mehr als 1300 Exponate zur Biergeschichte ausgestellt werden. Als Liebhaberverein noch vor einem Vierteljahrhundert belächelt, erlebt man heute ein professionelles Museum, in dem die Liebe der Betreiber zum Detail trotzdem nicht zu kurz kommt.

Anschrift & Kontakt

Michelsberg 10f
96049 Bamberg
Tel.: 0951-53016

Öffnungszeiten

April bis Oktober,
mittwochs bis freitags
13 bis 17 Uhr,
samstags, sonn- und
feiertags 11 bis 17 Uhr.
Gruppenführungen nach
Absprache auch außerhalb
dieser Zeiten möglich.

BIER AKADEMIE .net

Bierwissen aus der Bierhauptstadt

WWW.BIERAKADEMIE.NET

Seit fast zehn Jahren können Bierinteressierte mit Bierordensträger Markus Raupach und Buchautor Bastian Böttner auf Bier-Entdeckungsreisen gehen. Die Bierkennertouren führen zu den spannendsten Biergeheimnissen der Region und waren schon für mehr als 1.000 Gäste ein unvergessliches Erlebnis. Seit 2011 bieten die beiden zusammen mit dem Braumeister und Biersommelier Hans Wächtler auch qualitativ hochwertige Bierseminare an. Hier kann der Bierneuling die Grundlagen für seinen persönlichen Biergenuss legen, der Biererfahrene seine Kenntnisse erweitern und der Bierprofi selbst die speziellsten Fragen klären.

Im Basisseminar beispielsweise besichtigt die Gruppe eine Brauerei und verkostet dabei das Jungbier aus den Gärtanks. Anschließend folgt in lockerer Runde das eigentliche Seminar, in dem die Teilnehmer die deutschen Biersorten kennen und unterscheiden lernen. Dazu servieren die Macher der Bierakademie passende Häppchen, damit man zuhause immer weiß, welches Bier zu welchem Essen passt. Am Ende stehen die Diplomprüfung und die Verleihung der Urkunde.

Die Seminartermine und das weitere Angebot finden Sie unter www.bierakademie.net, oder Sie melden sich telefonisch unter 0179-1327377 (Markus Raupach).

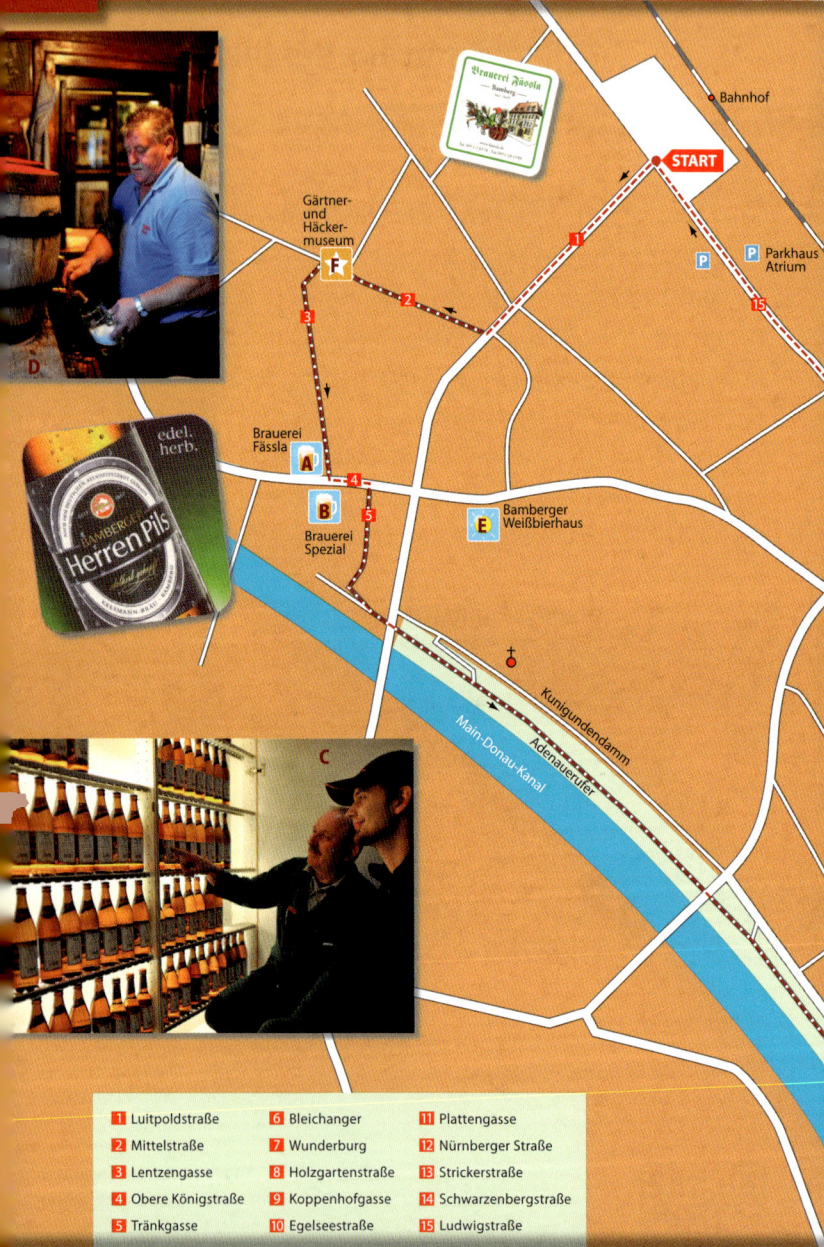

1 Luitpoldstraße	**6** Bleichanger	**11** Plattengasse
2 Mittelstraße	**7** Wunderburg	**12** Nürnberger Straße
3 Lentzengasse	**8** Holzgartenstraße	**13** Strickerstraße
4 Obere Königstraße	**9** Koppenhofgasse	**14** Schwarzenbergstraße
5 Tränkgasse	**10** Egelseestraße	**15** Ludwigstraße

Bamberg

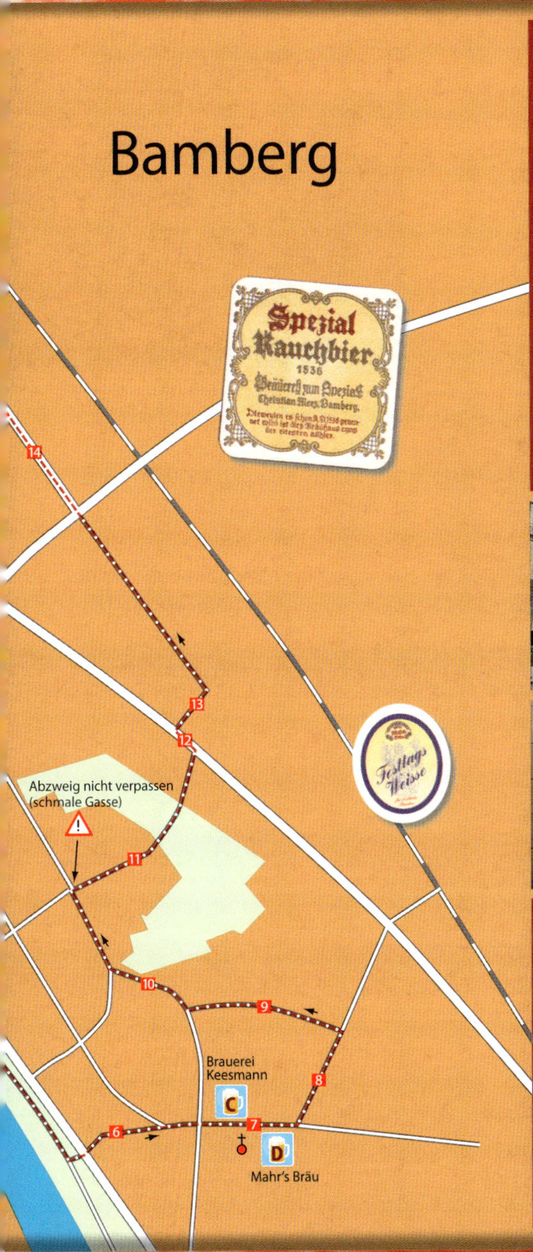

Spezial Rauchbier
1836
Brauerei zum Spezial
Christian Merz, Bamberg.

14

13

12

Abzweig nicht verpassen (schmale Gasse)
⚠️

11

10

9

Festtags Weisse

Brauerei Keesmann
C

8

6
7
D
Mahr's Bräu

LÄNGE
ca. 4 km

WEGZEIT
ca. 1 Stunde

WEGBESCHAFFENHEIT
Fußwege und Gehsteige

BRAUEREIEN AN DER STRECKE
A - Fässla
B - Spezial
C - Keesmann
D - Mahr

(Details, Tourenbeschreibung und weitere Stationen wie Biergärten oder Sehenswürdigkeiten siehe Folgeseiten)

A

B

LEGENDE

🍺 Brauerei ohne Gaststätte

🍺 Brauerei mit Gaststätte

🟡 Biergarten

⭐ Freizeit-Tipp

➤ Laufrichtung
Streckenverlauf

Weitere Symbole siehe Seite 3 im Buch

Tourenbeschreibung, Details Stationen ▶

Diese kleine Bierrunde startet am Bamberger Bahnhof. Von dort laufen Sie in die Luitpoldstraße hinein und zweigen dann nach Kurzem rechts in die Mittelstraße ab um zum Gärtner- und Häckermuseum zu gelangen. Kurz darauf führt Sie der Weg von hinten an die Brauerei Fässla und dann gegenüber zur Brauerei Spezial.

UNSER TIPP

Die Gärtnerstadt birgt zahlreiche versteckte Gärtnereien und das interessante Gärtner- und Häckermuseum.

Nun gehen Sie hinunter an den Main-Donau-Kanal, an dem wir 1 km entlang laufen bis links Treppen hinauf zur Straße „Bleichanger" führen. Kurz darauf erreichen Sie die Brauerei Keesmann und die Mahr's Bräu, von wo es wieder zurück zum Bahnhof geht.

Brauerei Fässla   A

Seit 1649 entsteht in dem kleinen Häuschen in der Königstraße das Fässla-Bier.

Bier-Klassiker: Zwergla

Anschrift: Obere Königstraße 19-21
96052 Bamberg

Öffnungszeiten:
Mo bis Sa ab 8 Uhr
So 8 bis 12.30 Uhr
Kein Ruhetag

Kontakt:
Tel.: 0951-26516 und -22998
www.faessla.de

Brauerei Spezial   B

Bambergs älteste Rauchbierbrauerei ist voll im Trend. Mit eigenem Solarstrom und holzbefeuerter Malzdarre.

Bier-Klassiker: Lager-Rauchbier

Anschrift: Obere Königstraße 10
96052 Bamberg

Öffnungszeiten:
Täglich ab 9 Uhr
Sa von 9 bis 14 Uhr
Kein Ruhetag

Kontakt:
Tel.: 0951-24304
www.brauerei-spezial.de

Brauerei Keesmann C

Ganz untypisch für eine fränkische Brauerei hat sich beim Keesmann das Pils als Klassiker herausgebildet.

Bier-Klassiker: Bamberger Herren Pils

Anschrift: Wunderburg 5
96050 Bamberg

Öffnungszeiten:
Mo bis Fr ab 10 Uhr
Sa 9 bis 15 Uhr
Sonntag Ruhetag

Kontakt:
Tel.: 0951-981980
www.keesmann-braeu.de

Mahrs-Bräu D

Die Familie Michel hat es vorbildlich verstanden, die historische Atmosphäre der Brauerei zu erhalten.

Bier-Klassiker: Ungespundetes Kellerbier

Anschrift: Wunderburg 10
96050 Bamberg

Öffnungszeiten:
Täglich ab 9.30 Uhr
Kein Ruhetag

Kontakt:
Tel.: 0951-915170
www.mahrs.de

Bamberger Weißbierhaus E

Das ehemalige Stammhaus der Bamberger Maisel-Brauerei.

Anschrift/Kontakt:
Obere Königstraße 38
96052 Bamberg
Tel.: 0951-25503
www.bamberger-weissbierhaus.de

Öffnungszeiten:
Mo und Di ab 16.30 Uhr
Mi bis Sa und Feiertage 11
bis 14 Uhr und ab 16.30 Uhr
So 11 bis 14 Uhr
Kein Ruhetag

Gärtner- und Häckermuseum F

Die Lebens- und Arbeitswelt der Gärtner und Häcker.

Anschrift/Kontakt:
Mittelstraße 34
96052 Bamberg
Tel.: 0951-51938506
www.bamberg.info

Öffnungszeiten:
April bis Oktober
Täglich von 14 bis 20 Uhr
Außerdem nach Vereinbarung

Bamberger BierSchmecker®Tour

Die Lektüre dieses Buches hat sicherlich Durst gemacht und Lust darauf, die verschiedenen Biersorten und die jeweiligen Brauereien, Bierkeller und Biergärten auch zu besuchen. Zu diesem Zweck gibt es – zumindest, was Bamberg angeht – ein einmaliges und prämiertes Angebot: Die Bamberger Bierschmecker®Tour.

Das Konzept ist gut durchdacht und für individuelle Unternehmungen bestens geeignet: Ausgerüstet wird der Bierfreund auf BierSchmecker®Tour mit einem hochwertigen Rucksack mit Bamberg-Emblem, einem echten Bamberg-Steinkrug, der ausführlichen Begleitbroschüre zur Bierhistorie und einer Sammlung Bierfilze. Hinzu kommen fünf Gutscheine für je ein Seidla Bier in einer der acht beteiligten Bamberger Brauereien. Wahlweise können die Gutscheine auch für einen Besuch im Brauereimuseum oder einen Edelstahl-Flaschenöffner „BierSchmecker®Stadt Bamberg" eingelöst werden.

Mit dieser Ausstattung können Sie zielsicher auf den Pfaden gewachsener Braukultur durch die Bamberger Altstadt wandeln und erfahren dabei allerlei Wissenswertes zur Biergeschichte. Die einzelnen Brauereien auf der Tour werden vorgestellt, die in der Tour enthaltenen Bierspezialitäten sind mit einem sensorischen Beschrieb versehen.

Die BierSchmecker®Tour gibt es in der Tourist Information und wird zum Preis von 20,- pro Person an Einzelpersonen, Paare und kleine Gruppen bis maximal 6 Personen verkauft.

Weitere Infos unter www.bamberg.info.   **Wir wünschen viel Spaß!**

Info/Verkauf:
Tourist Information
Geyerswörthstraße 5
96047 Bamberg
Tel.: 0951-2976-200
eMail: info@bamberg.info

Öffnungszeiten:
Mo bis Fr 9.30 bis 18 Uhr
Sa 9.30 bis 16 Uhr
Sonn- und Feiertage
9.30 bis 14.30 Uhr
Faschingsdienstag, Heilig-
abend und Silvester 9.30 bis
12.30 Uhr
Geschlossen: Neujahr, Karfreitag, Allerheiligen, 1. und
2. Weihnachtsfeiertag

B

Oberndorf

Großer See

⚠ Schmaler Weg zwischen den Häusern durch

Pommersfelden

Am Steinbruch

Ruine
Denkmal
Mühlweg

Schlosspark

Schloss
Weissenstein

START

P

Richtung
B505 / A3

B

Kellerhaus

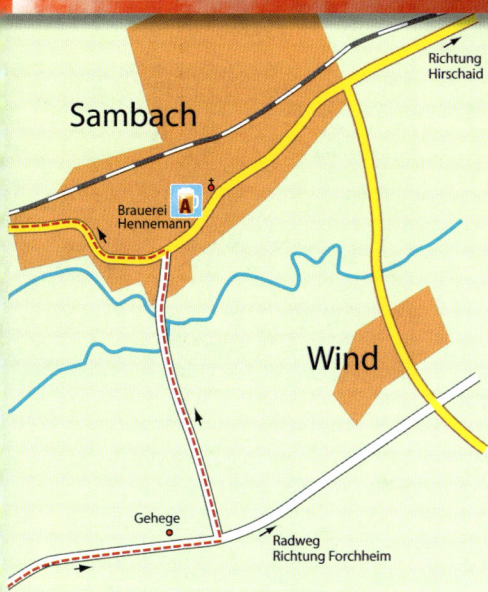

Richtung
Hirschaid

Sambach

Brauerei
Hennemann

Wind

Gehege

Radweg
Richtung Forchheim

Richtung
Aisch

LÄNGE
ca. 7,5 km

WEGZEIT
ca. 2 Stunden

WEGBESCHAFFENHEIT
Meist breite landwirtschaftliche
Schotterwege, teils asphaltiert, kurze
Strecken auf Nebenstraßen

BRAUEREIEN AN DER STRECKE
A - Hennemann

(Details, Tourenbeschreibung und
weitere Stationen wie Biergärten oder
Sehenswürdigkeiten siehe Folgeseiten)

LEGENDE

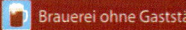 Brauerei ohne Gaststätte

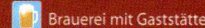 Brauerei mit Gaststätte

 Biergarten

 Freizeit-Tipp

 Laufrichtung
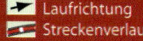 Streckenverlauf

Weitere Symbole siehe Seite 3 im Buch

Diese Tour startet am Eingang von Schloss Weissenstein. Der Weg durchquert den Schlosshof und führt dann entlang der Schlossmauer zu einer Straße der Sie nach links folgen.

Über die Straße „Am Steinbruch" geht es aus Pommersfelden hinaus. Auf einer kleinen Verbindungsstraße geht es ca. 1 km fast gerade aus, bis der Weg nach links Richtung Sambach abzweigt. Wenn Sie die Hauptstraße erreicht haben, finden Sie die Brauerei ca. 100 m rechts die Straße entlang. Der Wanderweg geht links weiter und verlässt Sambach.

Kurz nach dem Ortsausgang zweigt unser Weg (vor den Gleisen) links ab und führt Sie an Oberndorf vorbei und dann zurück nach Pommersfelden. Kurz nach den ersten Häusern geht es nach rechts in eine kleine Straße, an deren Ende links ein schmaler Weg zwischen den Häusern durchführt. Über den Mühlweg und entlang der Schlossmauer geht es dann zurück zum Startpunkt.

UNSER TIPP

Im Schloss finden regelmäßig Veranstaltungen statt, mit denen sich die Tour wunderbar ergänzen lässt.

Brauerei Hennemann A

Die Brauerei zeichnet unter anderem das süffige Zwickelbier und ein dunkles Lagerbier aus.

Bier-Klassiker: Lager

Anschrift: Sambach 33
96178 Pommersfelden

Öffnungszeiten:
Mi bis Sa ab 11 Uhr
So ab 10 Uhr
Mo und Di Ruhetag

Kontakt:
Tel.: 09502-4307
www.brauerei-hennemann.com

Kellerhaus Pommersfelden B

1840 errichtete man das kleine Kellerhaus in Pommersfelden.

Anschrift/Kontakt:
Kellerberg 1
96178 Pommersfelden
Tel.: 09548-982198
www.kellerhaus-pommersfelden.de

Öffnungszeiten:
1. Apr. bis 31. Okt.
Täglich 12 bis 20 Uhr
Montag Ruhetag
1. Nov. bis 31. März
Mi bis So 12 bis 18 Uhr
Montag und Dienstag
Ruhetag

Schloss Weissenstein C

Der Spaziergang um den wunderschönen Schloss-See ist einer der romantischsten im Landkreis.

Anschrift/Kontakt:
96178 Pommersfelden
Tel.: 09548-98180
www.schloss-weissenstein.de

Öffnungszeiten:
1. April bis 31. Oktober
täglich 10 bis 17 Uhr
Letzte Führung 16 Uhr
Der Park ist das ganze Jahr
geöffnet, der Schlossladen
von 9.30 bis 17 Uhr

Der Brauereien-Fachwerk-Express

Ab 1. Mai ist es jedes Jahr so weit so weit: Die Freizeitbusse des VGN starten in die neue Saison. Bis zum 1. November fahren sie an Wochenenden und Feiertagen, manche auch samstags, u. a. auch zu den Brauereien und Bierkellern Oberfrankens und Mittelfrankens!

Neu ist in diesem Jahr der Brauerei-en-Fachwerk-Express rund um Buttenheim und Hirschaid im Landkreis Bamberg. Seinen Namen erhielt er zum einen durch die Fachwerkarchitektur der Gegend. So führt die Linie durch den Ort Frankendorf, 1981 Bundessieger beim Wettbewerb *Unser Dorf soll schöner werden*. Zum anderen erschließt der Bus die 16 Brauereien und zahlreichen Bierkeller in der Umgebung. Weitere Attraktionen sind Schlösser, Skulpturenwege, Hügelgräber und die herrliche Landschaft.

Neu! Freizeitlinie 977

Der Brauereien-Fachwerk-Express
Zu Fachwerkhäusern und Bierkellern in die Fränkische Toskana

R2 S1 Hirschaid ▶ Buttenheim ▶ Frankendorf ▶ Teuchatz ▶ Strullendorf ▶ Hirschaid R2 S1

VGN
Verkehrsverbund Großraum Nürnberg

Vielfältiges Busangebot in der nordwestlichen Fränkischen Schweiz am Wochenende:

977 Der **Brauereien-Fachwerk-Express** von Hirschaid über Strullendorf, Geisfeld–Teuchatz, Frankendorf und Buttenheim zurück nach Hirschaid (1.5.–1.11. an Sonn- und Feiertagen)

970 von Bamberg über Litzendorf nach Tiefenellern: das ganze Jahr an Samstagen, Sonn- und Feiertagen.

907 Die Stadtbuslinie von Bamberg über Schloss Seehof nach Memmelsdorf: im Stundentakt am Wochenende

963 **969** Die Regionalbuslinien von Bamberg nach Scheßlitz bzw. Königsfeld

Die Linien lassen sich durch Wanderwege miteinander verbinden, so dass sich am Wochenende wunderbare Streckenwanderungen durch die hügelige Landschaft zu Skulpturen oder Hügelgräbern, Schlössern oder zahlreichen Brauereien und Bierkellern ergeben.

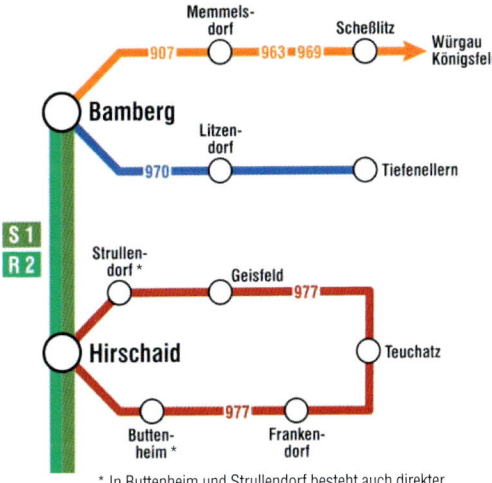

* In Buttenheim und Strullendorf besteht auch direkter Anschluss zur **S1**.

A70

B22

Brauerei
Drei Kronen

A

Scheßlitz

4
5
3
6

2

7

1

1 Gügelweg

2 Altenbach

3 W.-Spengler-Str.

4 Oberend

5 Friedhofweg

6 Bonalinostraße

7 Demmelsdorfer Str.

Abzweig leicht
zu übersehen!
schmaler
Wiesenpfad

⚠

Demmelsdorf

Naturfreunde-
haus

E

Frankenweg

P

Zeckendorf

Frankenweg

Giechburg

P

D

Frankenweg

P **START**

Gügel-Kirche

C

Zufahrt zur Gügel-Kir

Frankenweg

A

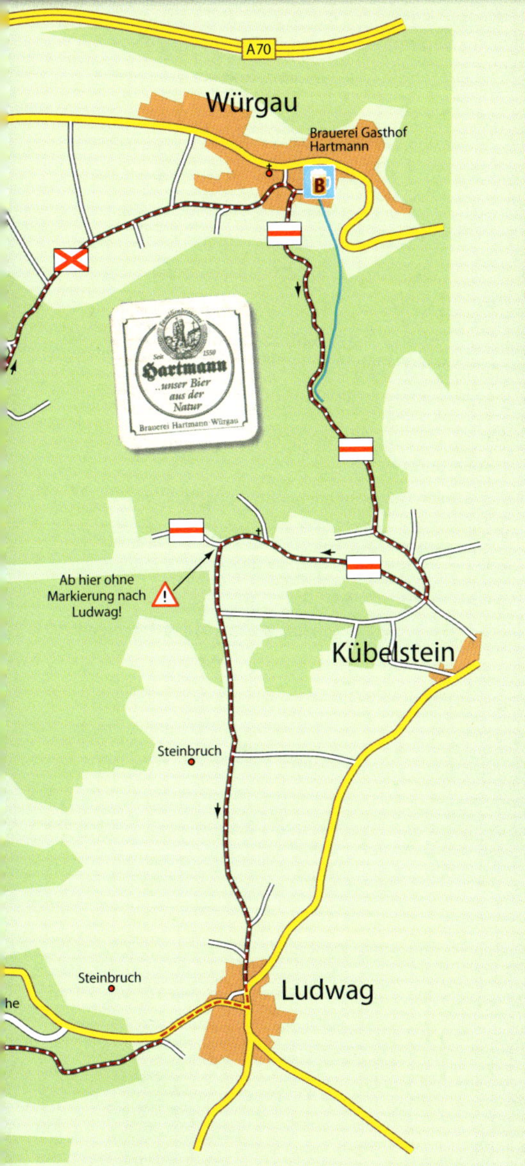

Würgau

A70

Brauerei Gasthof
Hartmann

B

Ab hier ohne
Markierung nach
Ludwag! ⚠️

Kübelstein

Steinbruch •

Steinbruch •

he

Ludwag

LÄNGE
ca. 16,5 km

WEGZEIT
ca. 5 Stunden

WEGBESCHAFFENHEIT
Landwirtschaftliche Wege,
Waldwege, teils schmale Pfade

BRAUEREIEN AN DER STRECKE
A - Drei Kronen
B - Hartmann

(Details, Tourenbeschreibung und
weitere Stationen wie Biergärten oder
Sehenswürdigkeiten siehe Folgeseiten)

B

LEGENDE

🍺 Brauerei ohne Gaststätte

🍺 Brauerei mit Gaststätte

🌞 Biergarten

⭐ Freizeit-Tipp

➤ Laufrichtung
Streckenverlauf

Weitere Symbole siehe Seite 3 im Buch

Tourenbeschreibung, Details Stationen ▶

Diese anspruchsvolle Wanderung beginnt am Parkplatz an der Gügel-Kirche.
Dorthin gelangen Sie über ein kleines Sträßchen, das zwischen Ludwag und Zeckendorf von der Landstraße abzweigt.

Bevor Sie loslaufen, sollten Sie der schönen Gügel-Kirche einen Besuch abstatten.
Am schönsten ist der Zugang von unten über die Lourdes-Grotte (auf der dem
Parkplatz abgewandten Seite). Von der Kirche aus geht es über einige Stufen hinunter Richtung Giechburg. Die Markierung „Frankenweg" bringt Sie zu der Halb-
ruine, die eine einmalige Aussicht auf die Umgebung bietet. Im weiteren geht es
auf dem Frankenweg bergab nach Scheßlitz.

Dort macht der Weg eine kleine Schleife durch die Stadt und bringt Sie zur Brauerei. Über die Demmelsdorfer Straße verlassen Sie Scheßlitz und gelangen auf
einem straßenbegleitenden Radweg nach Demmelsdorf. Dorf folgen Sie der
Ausschilderung „Naturfreundehaus", von wo Sie die Markierung rotes Andreas-
kreuz nach Würgau zur nächsten Brauerei führt.

Nun geht es wieder bergauf – dem roten Querstrich folgend – durch eine schöne
kleine Schlucht. Oben angekommen biegt der Weg kurz vor Kübelstein scharf
rechts ab. Nach einem knappen Kilometer verlassen Sie den roten Querstrich
und biegen links in einen landwirtschaftlichen Weg ein, der Sie geradewegs
nach Ludwag bringt. In Ludwag bie-
gen Sie rechts ab und müssen nun
ein kurzes Stück auf der Landstraße
laufen (Vorsicht!). Kurz nach dem
Ortsende zweigt links ein Weg ohne
Markierung ab. Diesem folgen Sie immer geradeaus, bis der Weg wieder
auf den Frankenweg stößt, der Sie
zurück zum Startpunkt bringt.

UNSER TIPP

Der Panorama-Blick von
der Giechburg in Richtung
Bamberg ist einer der
schönsten in Oberfranken.

Brauerei Drei Kronen   A

Josef Lindner verwendet vor allem regionale Rohstoffe für seine ausgezeichneten Biere.

Bier-Klassiker: Schääzer Kronabier

Anschrift: Hauptstraße 39
96110 Scheßlitz

Öffnungszeiten:
Täglich 9.30 bis 13 Uhr
und ab 17 Uhr
Mittwoch Ruhetag

Kontakt:
Tel.: 09542-1564
www.kronabier.de

Brauerei Gasthof Hartmann (mehr S. 44)   B

Seit 1550 fließt hier das Bier vom Zapfhahn, damit ist die Würgauer Brauerei eine der ältesten in ganz Bayern.

Bier-Klassiker: Felsentrunk

Anschrift: Fränkische-Schweiz-Straße 26
96110 Würgau

Öffnungszeiten:
Täglich ab 9 Uhr
Dienstag Ruhetag
Weihnachten geschlossen

Kontakt:
Tel.: 09542-920300
www.brauerei-hartmann.de

Weitere Infos zur Tour ▶

Gastwirtschaft Gügel   C

Auf den Ruinen einer ursprünglichen Nebenburg der Giechburg (einen Hügel weiter) baute man im 16. Jahrhundert eine Vierzehnheiligenkapelle.

Anschrift/Kontakt:
96110 Scheßlitz
Tel.: 09542-1221

Öffnungszeiten:
Täglich 10 bis 18 Uhr
Nach 18 Uhr nur auf Anfrage
Mittwoch Ruhetag

Gaststätte Giechburg   D

Auf der Giechburg hat man einen sensationellen Ausblick.

Anschrift/Kontakt:
Giechburg 1
96110 Scheßlitz
Tel.: 09542-424
www.giechburg-gaststaette.de

Öffnungszeiten:
Mai bis Okt.
Täglich 10 bis 18 Uhr
Dienstag Ruhetag
Nov. bis Apr.
Täglich 10 bis 17 Uhr
Dienstag Ruhetag
(außerhalb auf Anfrage)

Naturfreundehaus Demmelsdorf E

Hier isst man programmgemäß mitten in der zauberhaften Natur.

Anschrift/Kontakt:
Rabensteinweg 23
96110 Scheßlitz-Demmelsdorf
Tel.: 09542-8776
www.naturfreundehaus-demmelsdorf.de

Öffnungszeiten:
Täglich ab 15 Uhr
So und Feiertage ab 10 Uhr
Kein Ruhetag

Bier-Pioniere mit 100-jährigem Familienjubiläum

WWW.BRAUEREI-HARTMANN.DE | WWW.NULL33.DE

Schon seit 1550 fließt hier das Bier vom Zapfhahn in die durstigen Kehlen. Damit ist die Würgauer Brauerei eine der ältesten in ganz Bayern. Für den guten Geschmack sorgen seit jeher das eigene Brauwasser aus einer Felsenquelle, die ebenfalls hiesige Juragerste und ausgesuchter Aromahopfen.

Der Brauerei-Gasthof feiert im Jahre 2012 sein **100-jähriges Familienjubiläum** und ist bereits in der vierten Generation fest in der Hand der Familie Hartmann. 1912 erwarb Johan Hartmann das Anwesen und legte damit den Grundstein. Heute führen Reinholde und Christina Hartmann mit Ihrem Team den Brauerei-Gasthof mit Hotel. Eigens dafür eingebraut wurde im Jubiläumsjahr das Ur-Märzen, echt fränkisch und nach alter Rezeptur niedrig gespundet.

Der Bierklassiker ist nach dem Gründungsjahr benannt: **Erbschänk 1550**. Neben diesem Schwarzbier sollten Sie auf jeden Fall auch den **Felsentrunk** und im Sommer das mit Whiskymalz hergestellte **Felsenkellerbier** probieren.

Die feine **Küche mit einem echten Biertouch** – man kredenzt zum Beispiel eine geniale Dunkelbiersoße oder für die Leckermäulchen ein echtes Bieramisu – lässt sich vor allem in den urigen Gaststuben und im wunderschönen, von alten Kastanien beschatteten Biergarten genießen. Schöne Gästezimmer runden das Angebot ab und laden auch einmal zu einem Genießer Wochenende bei den Hartmanns ein.

Spezialitäten:

Fränkische und leichte, moderne Küche der Saison, Vollwertgerichte, Wild aus eigener Jagd, Biergerichte, frischer Fisch, Hausmacher Brotzeiten, feines Hausgebäck, Hartmann´s edler Bierbrand, Erbschänktrüffel – feine Pralinen, Felsentrunkgelee, Ur-Märzen (Jubiläumsbier).

Bierspezialitäten (mit eigenem Felsquellwasser):

Hartmann Felsentrunk
süffiges Landbier mit einem Hauch von Rauch

Hartmann Erbschänk 1550
kerniges Schwarzbier

Hartmann Edelpils
feinherb fränkisches Spitzenpilsener

Hartmann Felsenweisse
obergärig, mit feiner Hefe

Hartmann Felsenkellerbier
naturtrübes Kellerbier mit einem Schuss Whiskymalz

Anschrift/Kontakt:
Fränkische-Schweiz-Straße 26
96110 Würgau
Tel.: 09542-920300
Fax: 09542-920309

Öffnungszeiten:
Täglich ab 9 Uhr
Dienstag Ruhetag
Weihnachten geschlossen

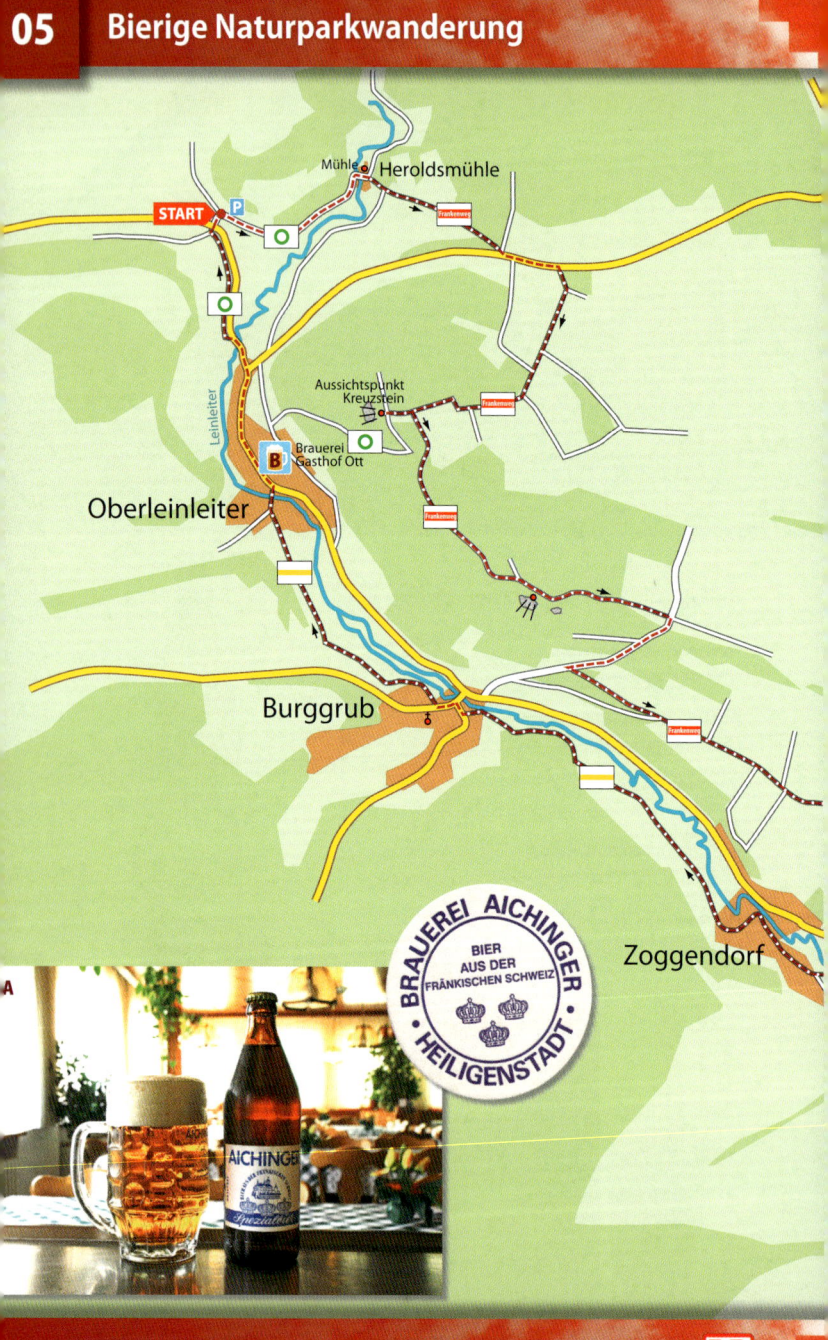

Brunn

Bier aus dem
Leinleitertal
Brauerei Ott
OBERLEINLEITER
seit 1678
TEL. 09198/271

Schloss
Greifenstein **D**

Neumühle

Heiligenstadt

P

Heiligenstädter
Hof

Mühle **C**

P   Marktplatz

A   Gasthaus Brauerei
Aichinger

Traindorf

LÄNGE

ca. 13 km

WEGZEIT

ca. 3,5 Stunden

WEGBESCHAFFENHEIT

Land- und forstwirtschaftliche
Wege, nach dem Kreuzstein ein
Wurzelpfad

BRAUEREIEN AN DER STRECKE

A - Aichinger
B - Ott

(Details, Tourenbeschreibung und
weitere Stationen wie Biergärten oder
Sehenswürdigkeiten siehe Folgeseiten)

B

LEGENDE

🍺 Brauerei ohne Gaststätte

🍺 Brauerei mit Gaststätte

🟡 Biergarten

⭐ Freizeit-Tipp

Laufrichtung
Streckenverlauf

Weitere Symbole siehe Seite 3 im Buch

Tourenbeschreibung, Details Stationen ▶

Zu dieser Rundwanderung starten Sie am Wanderparkplatz kurz hinter Oberleinleiter (Abzweig zur Heroldsmühle). Auf einem kleinen Sträßchen laufen Sie zur Mühle und folgen dann der Markierung Frankenweg auf die Hochfläche hinauf.

Der Weg führt in der Nähe des Aussichtspunktes Kreuzstein vorbei, zu dem ein kurzer Abstecher lohnt um die Aussicht auf Oberleinleiter und die Umgebung zu genießen. WICHTIG: Lassen Sie sich bei dieser Tour nicht durch die Ausschilderung „Brauereienweg" irritieren! Diese Markierung ist für Sie nicht relevant!

Auf dem Frankenweg geht es weiter bis ins Zentrum von Heiligenstadt, wo Sie am Markplatz die erste Brauerei finden. Auf dem Rückweg folgen Sie der Markierung gelber Querstrich über den Leinleitertal-Radweg Richtung Zoggendorf und weiter nach Burggrub und Oberleinleiter, wo die zweite Brauerei dieser Tour ist. Nach Oberleinleiter laufen Sie ein kurzes Stück auf dem straßenbegleitenden Radweg bis zum Abzweig Heroldsmühle, dem Startpunkt.

UNSER TIPP

Vor oder nach der Wanderung empfehlen wir einen Abstecher zum Schloss Greifenstein.

Gasthaus Brauerei Aichinger — A

Karamellig, würzig, einfach richtig gut, das sind die Worte, die beim Probieren des Spezialbieres einfielen.

Bier-Klassiker: Spezialbier

Anschrift: Marktplatz 5
91332 Heiligenstadt

Öffnungszeiten:
Täglich ab 8 Uhr
Dienstag Ruhetag

Kontakt:
Tel.: 09198-522
Fax: 09198-522

Brauerei Gasthof Ott — B

Die Brauerei steht am Fuß des 520 Meter hohen Kreuzsteinfelsens, von dem aus man einen perfekten Blick hat.

Bier-Klassiker: Obaladara

Anschrift: Oberleinleiter 6
91332 Heiligenstadt

Öffnungszeiten:
Täglich ab 9 Uhr
Montag Ruhetag (wenn Mo Feiertag, Di Ruhetag)

Kontakt:
Tel.: 09198-997649
www.brauerei-ott.de

Heiligenstadter Hof — C

Mitten im Ort liegt der Heiligenstadter Hof mit sehr schönem Biergarten.

Anschrift/Kontakt:
Marktplatz 9
91332 Heiligenstadt
Tel.: 09198-782 oder -781
www.hotel-heiligenstadter-hof.de

Öffnungszeiten:
Täglich ab 7 Uhr
Kein Ruhetag

Schloss Greifenstein — D

Seit 1691 im Besitz der Familie der Schenken von Stauffenberg.

Anschrift/Kontakt:
Schloss Greifenstein
91332 Heiligenstadt
Tel.: 09198-423
www.schloss-greifenstein.de

Öffnungszeiten:
Öffnungszeiten, Infos zur Burgklause und Veranstaltungen siehe Website

06 Bierparadies-Tal

LÄNGE

ca. 13,5 km

WEGZEIT

ca. 4 Stunden

WEGBESCHAFFENHEIT

Im Paradiestal schmale Wiesenpfade (teils feucht und matschig), landwirtschaftliche Wege

BRAUEREIEN AN DER STRECKE

A - Hübner Bräu

(Details, Tourenbeschreibung und weitere Stationen wie Biergärten oder Sehenswürdigkeiten siehe Folgeseiten)

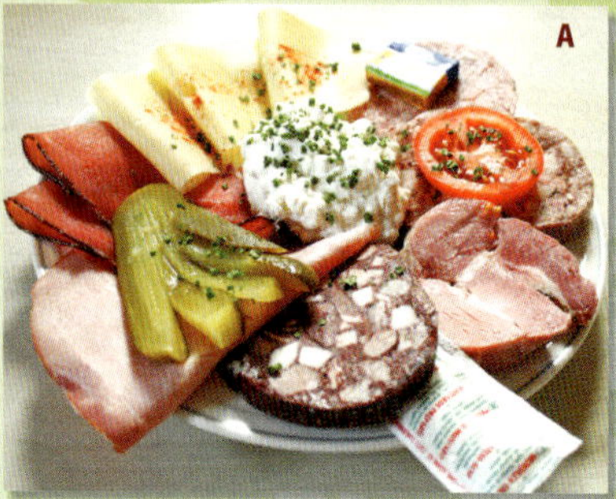
A

Hübner
A

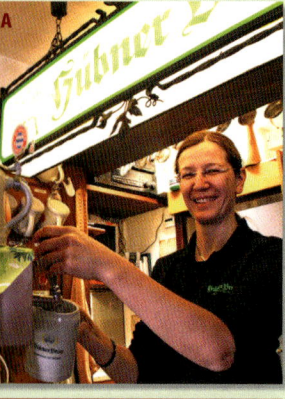

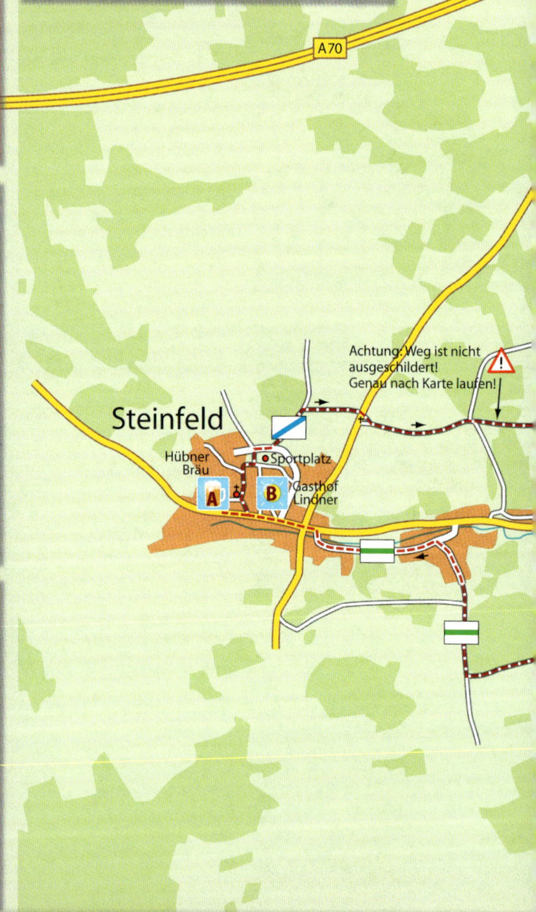
A70
Achtung: Weg ist nicht ausgeschildert! Genau nach Karte laufen!
Steinfeld
Hübner Bräu
A
Sportplatz
B
Gasthof Lindner

LEGENDE

- Brauerei ohne Gaststätte
- Brauerei mit Gaststätte
- Biergarten
- Freizeit-Tipp
- Laufrichtung
- Streckenverlauf

Weitere Symbole siehe Seite 3 im Buch

Wölkendorf

Stadelhofen

Ausfahrt
Stadelhofen

A70

Rundweg Paradiestal

P

START

Paradiestal

Zigeuner-
stube

Rundweg Paradiestal

Blaues Meer

Silberwand

B22

Wiesent

VORSICHT: Weg verläuft
200 m auf der Bundesstraße

P

B22

Treunitz

Hübner-Bräu
Steinfeld

Diese Wanderung führt durch fast unberührte Natur im Paradiestal. Im Frühjahr und nach stärkeren Regenfällen ist das Tal sehr feucht und von einem kleinen Bach durchzogen. Dieser muss mehrfach überquert werden. Als „Brücke" dienen meist nur ein paar Trittsteine oder über den Bach gelegte Baumstämme. Wer auf dieses Abenteuer lieber verzichten möchte, sollte die Wanderung im Sommer machen, wo das Tal fast komplett austrocknet und dann leichter zu begehen ist.

An der Hollfelder Str. 10 in Stadelhofen zweigt eine Straße ab, die die Autobahn unterquert und zu einem abgelegenen Wanderparkplatz führt. Dort beginnt diese Wanderung. Zuerst folgen Sie der Ausschilderung „Rundweg Paradiestal". Dieser Weg biegt nach kurzem rechts ab – Sie laufen aber geradeaus weiter (da der Rundweg an der Autobahn entlang geht, was nicht so schön ist). Auf unmarkierten Wegen halten Sie sich immer rechts und gelangen hinunter zum Paradiestal.

Die Markierung blauer Kreis führt durch das Tal dem Sie bis zu dessen Ende folgen. Nun müssen Sie ein kurzes Stück auf der Bundesstraße 22 laufen, bis links der Weg mit der Markierung „grüner Querstrich" Richtung Steinfeld abzweigt. In Steinfeld angekommen laufen Sie bis zur Brauerei Hübner in der Hauptstraße. Danach drehen Sie um, laufen ein paar Meter zurück und gehen dann links zur Kirche hinauf (Markierung: blauer Diagonalstrich).

Rechts an der Kirche vorbei geht es zum Sportplatz und dann aus dem Ort hinaus. Diese Wegstrecke ist leider nicht gut markiert, weshalb Sie sich genau an die Karte halten sollten. Der Weg kreuzt die Landstraße nach Wölkendorf und führt dann über die Felder zurück ins Paradiestal. Im Tal angekommen laufen Sie nach links bis zur Zigeunerstube, wo rechts der Rundweg Paradiestal abzweigt, der Sie zurück zum Startpunkt bringt.

UNSER TIPP

Das Paradiestal ist einer der schönsten Flecken Frankens. Spielwiese, Picknick-Platz und vieles mehr!

Hübner Bräu A

Die Brauerei kann auf eine langjährige Familientradition mit uriger Gaststätte zurückblicken.

Bier-Klassiker: Vollbier

Anschrift: Steinfeld 69
96187 Stadelhofen

Öffnungszeiten:
Täglich ab 10 Uhr
Donnerstag Ruhetag

Kontakt:
Tel.: 09207-259
www.huebner-braeu.de

Lindners Brauereigasthof B

Hier lässt man weiterhin das Bier nach den alten Rezepten brauen.

Anschrift/Kontakt:
Steinfeld 56
96187 Stadelhofen
Tel.: 09207-275
www.gasthof-lindner.de

Öffnungszeiten:
Täglich ab 11.30 Uhr
Montag Ruhetag

Fortsetzung siehe rechts unten

Godelhof

Lauter

Godeldorf

Brauerei Mazour-Fößel

Appendorf

Brauerei Fößel Appendorf

VORSICHT: Weg verläuft 500 m auf der Landstraße

Sand-hof

Richtung Baunach

Ab hier Weg ohne Markierung!

Wagner Bräu Oberhaid

Mönchsee

LÄNGE

ca. 15,5 km

WEGZEIT

ca. 4 Stunden

WEGBESCHAFFENHEIT

Land- und forstwirtschaftliche Wege, am Möchsee und an der Raidel-Hütte auf schmalen Wurzel-Pfaden

BRAUEREIEN AN DER STRECKE

A - Wagner
B - Mazour-Fößel
C - Schroll
D - Schlossbrauerei

(Details, Tourenbeschreibung und weitere Stationen wie Biergärten oder Sehenswürdigkeiten siehe Folgeseiten)

Richtung Dörfleins

Sportplatz

Oberhaid

Brauerei Wagner

START

Bahnhof

Sie starten bei dieser Tour am Bahnhof in Oberhaid. Von dort laufen Sie gerade aus in die Steiggasse (Sackgasse) und dann über die Judenstraße zur Bamberger Straße in die Sie links einbiegen. Am Dr.-Hau-Platz biegen Sie dann rechts ab, sollten aber vorher der Brauerei Wagner einen Besuch abstatten.

Über die Sandhofer Straße und die Johannishofer Straße verlassen Sie den Ort Richtung Sportplatz. Über einen Wanderparkplatz am Waldrand führt der Weg in den Wald hinein. Im Weiteren folgen Sie der Ausschilderung

„Mönchsee", bis Sie den See erreicht haben. Die Markierung „Burgen- und Schlösserweg" (Symbol grüner Burgturm) begleitet Sie dann am Seeufer entlang und bis zu dem kleinen Weiler Sandhof. Gehen Sie ein kurzes Stück nach links über die Landstraße, bis rechts der Burgen- und Schlösserweg wieder in den Wald führt.

An der ersten Kreuzung im Wald müssen Sie diese Markierung verlassen und rechts in einen unmarkierten Weg einbiegen, der Sie wieder zur Landstraße Richtung Appendorf bringt. Auf der selben laufen Sie in den Ort hinunter bis Sie auf die Baunacher Straße stoßen und rechts Richtung Brauerei abbiegen. Nach dem Besuch der Brauerei geht es wieder ein Stück die Straße zurück, bis rechts die Markierung „Eichhörnchen" (Richtung Raidel-Hütte) aus dem Ort führt. Über die Felder und dann durch den Wald geht es zu dieser Schutzhütte, wo der Weg wieder auf den Burgen- und Schlösserweg stößt.

Links voraus zweigt der Weg als schmaler Pfad in den Wald ab und bringt Sie nach Dorgendorf. Über die Straße „Hohe Tanne" laufen Sie aus dem Ort hinaus und dann bis nach Reckendorf. Zu den beiden Brauereien ist es jeweils nur ein kurzer Abstecher. Die Bahnhofstraße bringt Sie danach zum Bahnhof, von wo aus Sie mit dem Zug zurück nach Oberhaid fahren (Umsteigen in Bamberg).

UNSER TIPP

Im Reckendorfer Gasthaus Schlossbräu wird noch viel hausgemacht. Also unbedingt Eis, Karpfen oder Wurstwaren probieren!

Brauerei Wagner   A

Hier ist man schon seit 1550 am Werk und braut heute mit Bock, Dunkel, Keller, Pils und Vollbier fünf feine Biere.

Bier-Klassiker: Kellerbier

Anschrift: Bamberger Straße 2
96173 Oberhaid

Öffnungszeiten:
Täglich ab 9 Uhr
Kein Ruhetag

Kontakt:
Tel.: 09503-229
www.brauerei-wagner-oberhaid.de

Brauerei Mazour-Fößel   B

Bayerns größte Musikinstrumentensammlung hängt in den urigen Gasträumen des „Välta" in Appendorf.

Bier-Klassiker: Välta-Bier

Anschrift: Baunacher Straße 28
96169 Appendorf

Öffnungszeiten:
Täglich ab 8 Uhr, Mi ab 15 Uhr
Fr 8 bis 13 Uhr und ab 17 Uhr
Dienstag Ruhetag

Kontakt:
Tel.: 09544-20390
www.brauerei-zum-vaelta.de

Brauerei Gasthof Schroll   C

Tradition heißt hier vor allem Urtrunk, das dunkelbraune Bier hat eine deutliche Malznote.

Bier-Klassiker: Urtrunk

Anschrift: Hauptstraße 38
96182 Reckendorf

Öffnungszeiten:
Täglich ab 9 Uhr
Donnerstag Ruhetag

Kontakt:
Tel.: 09544-20338

Schlossbrauerei Reckendorf Georg Dirauf   D

Direkt neben der Schlossbrauerei befinden sich Biergarten und Gasthaus. Alle Infos siehe nächste Doppelseite.

Bier-Klassiker: Pils

Anschrift: Mühlweg 16
96182 Reckendorf

Öffnungszeiten Gaststätte:
Tägl. 10 bis 13.30 und ab 16 Uhr
So und Feiertage ab 10 Uhr
Mi ab 16 Uhr o. auf Anfrage
Dienstag Ruhetag

Kontakt Brauerei:
Tel.: 09544-94210, recken.de

Vielfalt zum Genießen

WWW.GASTHAUS-SCHLOSSBRAEU.DE

Das Gasthaus Schloßbräu wird seit 1938, inzwischen in der dritten Generation, von der Familie Dirauf bewirtet. Dabei war Vielfalt von Anfang an das Motto. Das heißt, dass unter dem Dach des Gasthauses alles zu finden ist, was Sie als Genießer unter fränkisch gepflegter Gastlichkeit verstehen.

Die Vielfalt der Speisekarte im **Gasthaus** bietet einen breiten Rahmen: von gutbürgerlichen bis zu saisonalen Gerichten (Spargel, Pfifferlinge, Steinpilze etc.), einer auswahlreichen Brotzeitkarte sowie feinen Hausspezialitäten und Schmankerln (z.B. Karpfen aus eigener Aufzucht, Saure Fleck). Wem das noch nicht reicht, dem kann auf Bestellung ab 10 Personen fast jeder Wunsch erfüllt werden: Fondue Chinoise, Genießer-/Biermenues, Haxen- oder Entenessen, oder andere außergewöhnliche Köstlichkeiten.

Der klassische **Biergarten** bietet unter hohen Kastanien ca. 150 Sitzplätze, davon um die 80 überdacht, im Pavillon oder unter großen Schirmen. Der Blick fällt auf das Sudhaus der Reckendorfer Schlossbrauerei, deren **Export- und Kellerbier vom Fass** gezapft wird. Für den Hunger gibt es hausgemachte Brotzeiten, Kinder haben auf dem Gartengelände viel Platz zum Spielen und können sich an Schaukel, Rutsche und Klettergerüst erfreuen. An heißen Tagen weiß auch Franzl´s Eishäusla zu begeistern, wo das hausgemachte Eis verkauft wird.

Tipp: In der hauseigenen Frischwursttheke werden die hausgemachten Wurst-Schinkenspezialitäten verkauft. Öffnungszeiten siehe rechts.

Anschrift/Kontakt:
Gasthaus Schloßbräu
Familie Dirauf
Mühlweg 8
96182 Reckendorf
Tel.: 09544-94950
gasthaus-schlossbraeu.de

Öffnungszeiten:

Restaurant:
Mo/Do/Fr/Sa 10 bis 13.30 Uhr & ab 16 Uhr
SO/Feiertags ab 10 Uhr, Mi ab 16 Uhr & auf Anfrage
Dienstag Ruhetag
Ausnahmen siehe Internetseite oder telefonische Auskunft!

Schloßgarten:
1. Mai bis Ende August
Werktags ab 16 Uhr
So/Feiertags ab 14.30 Uhr, Dienstag Ruhetag

Frischwursttheke:
Do 10 bis 18.30 Uhr
Fr 8.30 bis 12.30 Uhr & 14 bis 18 Uhr
Sa 8 bis 12 Uhr
Hauptverkaufstage mit vollem Sortiment

Mo/Mi 16 - 18 Uhr
An diesen Tagen ist die Theke nicht eingeräumt,
es wird im persönlichen Beratungsgespräch verkauft!

Huppendorfer Vollbierstraße

LÄNGE

ca. 11,5 km

WEGZEIT

ca. 3 Stunden

WEGBESCHAFFENHEIT

Geschotterte und asphaltierte landwirtschaftliche Wege

BRAUEREIEN AN DER STRECKE

A - Grasser

(Details, Tourenbeschreibung und weitere Stationen wie Biergärten oder Sehenswürdigkeiten siehe Folgeseiten)

HUPPENDORFER
BIER

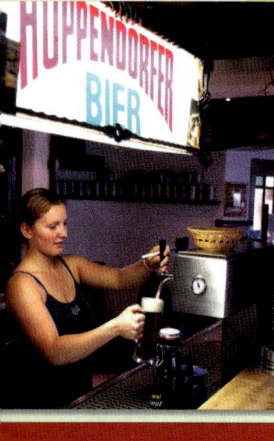

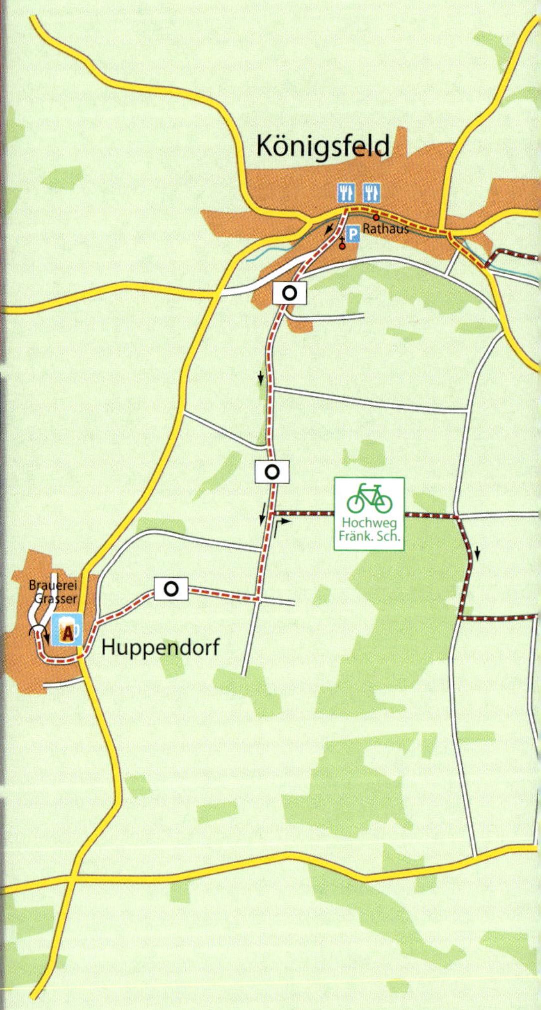
Königsfeld
Rathaus
P
Hochweg
Fränk. Sch.
Brauerei
Grasser
A
Huppendorf

LEGENDE

- Brauerei ohne Gaststätte
- Brauerei mit Gaststätte
- Biergarten
- Freizeit-Tipp
- Laufrichtung
- Streckenverlauf

Weitere Symbole siehe Seite 3 im Buch

Nächster Bahnhof: Bamberg (ca. 22 km zum Startpunkt)

BRAUEREI

Grasser

HUPPENDORF

Tel.: 09207 / 270

Sulzenstein

Aufseß

Kotzendorf

Hochweg
Fränk. Sch.

Hochweg
Fränk. Sch.

START

Voitmannsdorf

Die Tour startet am nördlichen Ortsausgang von Voitmannsdorf. Es gibt dort keinen ausgewiesenen Wanderparkplatz, aber Sie finden auf jeden Fall eine Stelle, wo Sie das Auto abstellen können.

Auf dem Aufseßtalweg (Markierung gelbes Kreuz) geht es nun durch das idyllische Aufseßtal nach Kotzendorf und dann weiter bis Königsfeld. Hier laufen Sie durch die Hauptstraße, in der es viele Wirtshäuser gibt, die unterschiedliche fränkische Biere führen.

Nun biegt der Weg in die Straße „Jakobsberg" Richtung Kirche ab. Der Markierung schwarzer Kreis folgen Sie aus Königsfeld hinaus bis nach Huppendorf, wo die einzige Brauerei dieser Tour zu finden ist. Auf dem selben Weg geht es jetzt wieder aus Huppendorf raus, allerdings folgen Sie nun dem ausgeschilderten Radweg „Hochweg Fränkische Schweiz" und gelangen auf ihm wieder zurück nach Voitmannsdorf.

> ### UNSER TIPP
>
> In der Huppendorfer Brauerei können auch leckere Schnäpse verkostet werden.

Brauerei Grasser A

Johannes und Christian Grasser können stolz auf die 500 Jahre alte Tradition ihrer Brauerei sein.

Bier-Klassiker: Vollbier

Anschrift: Huppendorf 25
96167 Königsfeld

Öffnungszeiten:
Täglich ab 9 Uhr
Dienstag Ruhetag

Kontakt:
Tel.: 09207-270
www.huppendorfer-bier.de

Steigerwald-Bierrundweg

LÄNGE
ca. 13 km

WEGZEIT
ca. 3,5 Stunden

WEGBESCHAFFENHEIT
Meist breite landwirtschaftliche Schotterwege, teils alphaltiert, innerorts auf Straßen

BRAUEREIEN AN DER STRECKE
A - Schrüfer
B - Beck

(Details, Tourenbeschreibung und weitere Stationen wie Biergärten oder Sehenswürdigkeiten siehe Folgeseiten)

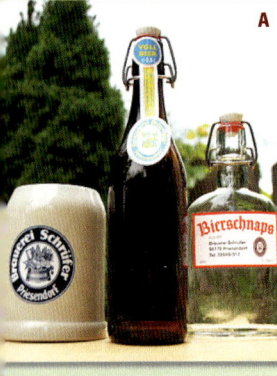

A
Brauerei Schrüfer
Priesendorf
Bierschnaps

LEGENDE
- Brauerei ohne Gaststätte
- Brauerei mit Gaststätte
- Biergarten
- Freizeit-Tipp
- Laufrichtung
- Streckenverlauf

Weitere Symbole siehe Seite 3 im Buch

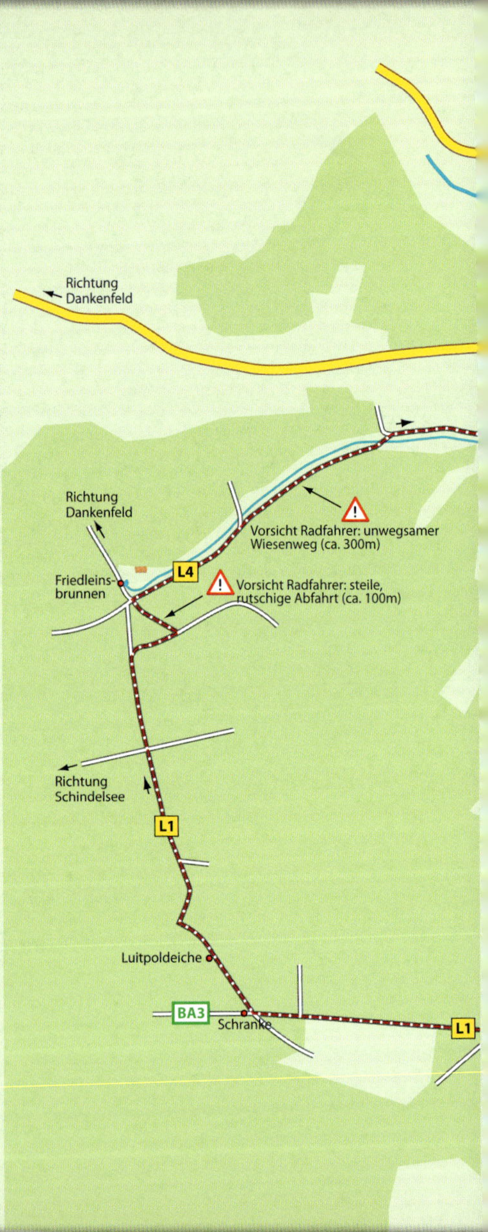
Richtung Dankenfeld
Richtung Dankenfeld
Vorsicht Radfahrer: unwegsamer Wiesenweg (ca. 300m)
L4
Friedleins-brunnen
Vorsicht Radfahrer: steile, rutschige Abfahrt (ca. 100m)
Richtung Schindelsee
L1
Luitpoldeiche
BA3
Schranke
L1

Nächster Bahnhof: Bamberg (ca. 15 km zum Startpunkt)

2 **1** **1**

Brauerei Schrüfer
Priesendorf

Priesendorf

Brunnen

A Brauerei Schrüfer

⚠ Kleiner Fußweg zwischen den Häusern!

Weißmühle

L4

Neuhausen

Trabelsdorf

Beck-Bräu **B**

START

P Schloss

Badesee

C Seeleite

Altes Kurhaus

Richtung Bamberg

L1

Beck Bräu

Familienbrauerei Trabelsdorf

ehem. Burg Bräu (geschlossen)

D Burg Lisberg

Spielplatz

P

Lisberg

L1

L1

Diese Tour eignet sich sowohl als Wanderung, wie auch als kurze Radtour. Der Startpunkt ist der Parkplatz am Schloss in Trabelsdorf. Von dort geht es zurück zur Hauptstraße und dann bergab zu den Weiher, zwischen denen der Radweg hindurch führt.

Jetzt halten Sie sich links und erreichen schon nach kurzem Lisberg. Hier bleiben wir auf der Hauptstraße, bis kurz hinter dem Ortsausgang rechts der Weg L1 abzweigt.

Die Burg Lisberg kann übrigens nach Voranmeldung besichtigt werden. Der Ausschilderung L1 bzw. Friedleinsbrunnen folgend führt Sie der Weg in den Wald, bis er vor einer Schranke rechts zur Luitpoldeiche abzweigt. Jetzt geht es weiter gerade aus, bis der Weg zum Friedleinsbrunnen hin steil abfällt. An dieser Quelle soll bereits eine Freundin Goethes gesessen haben.

UNSER TIPP

Der Badesee in Trabelsdorf am „Alten Kurhaus" ist neu angelegt und verspricht bei Bedarf eine ordentliche Abkühlung.

Nun folgen Sie der Markierung L4 durch einen Wiesengrund hinunter nach Neuhausen. Dort angekommen geht es links in die Straße „Weißmühle", an deren Ende rechts ein kleiner Fußweg zwischen den Häusern hindurch nach Priesendorf führt. Am Brunnen biegen Sie nach rechts zur Brauerei an und dann geht es auf dem Fahrradweg neben der Straße zurück nach Trabelsdorf.

Brauerei Schrüfer — A

Zu dem Vollbier der Schrüfers passt am besten ein deftiges Essen. Deswegen setzt man hier auf Braten.

Bier-Klassiker: Vollbier

Anschrift: Hauptstraße 31
96170 Priesendorf

Öffnungszeiten:
Täglich ab 10 Uhr
Mittwoch Ruhetag
(wenn Mi Feiertag, Do Ruhetag)

Kontakt:
Tel.: 09549-317
Fax: 09549-987468

Beck-Bräu — B

Herbert Beck hat mit seinem Sohn Andreas die Brauerei 2011 wieder selbst übernommen.

Bier-Klassiker: Kellerbier naturtrüb

Anschrift: Steigerwaldstraße 6-8
96170 Trabelsdorf

Öffnungszeiten:
Fr ab 16 Uhr
Sa und So ab 15 Uhr
Mo bis Do Ruhetag

Kontakt:
Tel.: 09549-252
www.beck-braeu.de

Landgasthof Altes Kurhaus — C

Tolle Veranstaltungen und Aktionen sowie Übernachtungsmöglichkeit.

Anschrift/Kontakt:
Seeleite 1
96170 Lisberg-Trabelsdorf
Tel.: 09549-1247
www.altes-kurhaus.de

Öffnungszeiten:
Mo und Di ab 15 Uhr
Mi, Fr, Sa, So ab 9 Uhr
Donnerstag Ruhetag

Burg Lisberg — D

Die Burg Lisberg wurde zum ersten Mal in einer Schenkungsurkunde des Jahres 820 erwähnt. Derzeit befindet sich hier das Weingut Laufer.

Anschrift/Kontakt:
Im Burghof 2
96170 Lisberg

Öffnungszeiten:
Auf Anfrage
Tel.: 09549-202
www.weingut-laufer.de

LÄNGE
ca. 7,5 km

WEGZEIT
ca. 2 Stunden

WEGBESCHAFFENHEIT
Geschotterte und gepflasterte landwirtschaftliche Wege

BRAUEREIEN AN DER STRECKE
A - Hönig
B - Reh
C - Hölzlein

(Details, Tourenbeschreibung und weitere Stationen wie Biergärten oder Sehenswürdigkeiten siehe Folgeseiten)

Fränk. Straße der Skulpturen

Brauerei Hölzlein

Lohndorf

Brauerei Reh

START

Ellerbach

Kunst- und Besinnungsweg

Litzendorf

LEGENDE
- Brauerei ohne Gaststätte
- Brauerei mit Gaststätte
- Biergarten
- Freizeit-Tipp
- Laufrichtung
- Streckenverlauf

Weitere Symbole siehe Seite 3 im Buch

REH-BIER
MIT BERGQUELLWASSER GEBRAUT
AUS DEM ELLERTAL
PRIVATBRAUEREI REH · 96123 LOHNDORF

Tiefenellern

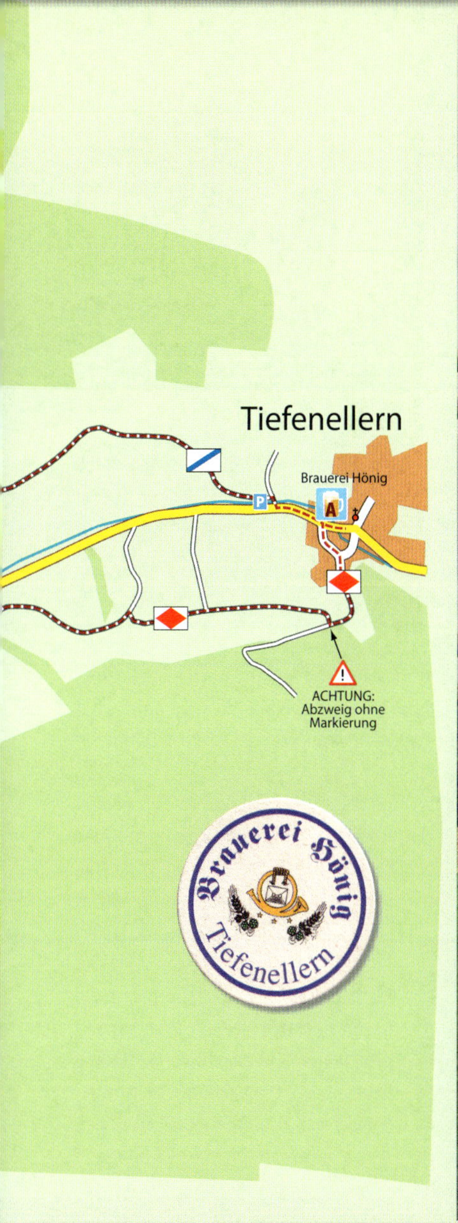

Brauerei Hönig

P A

ACHTUNG:
Abzweig ohne
Markierung

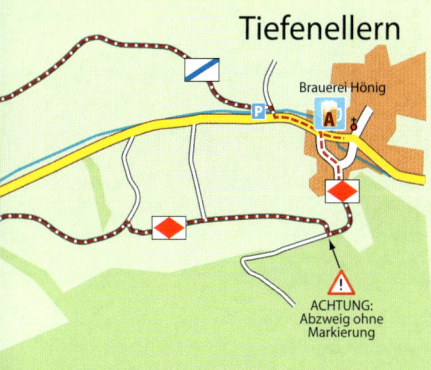

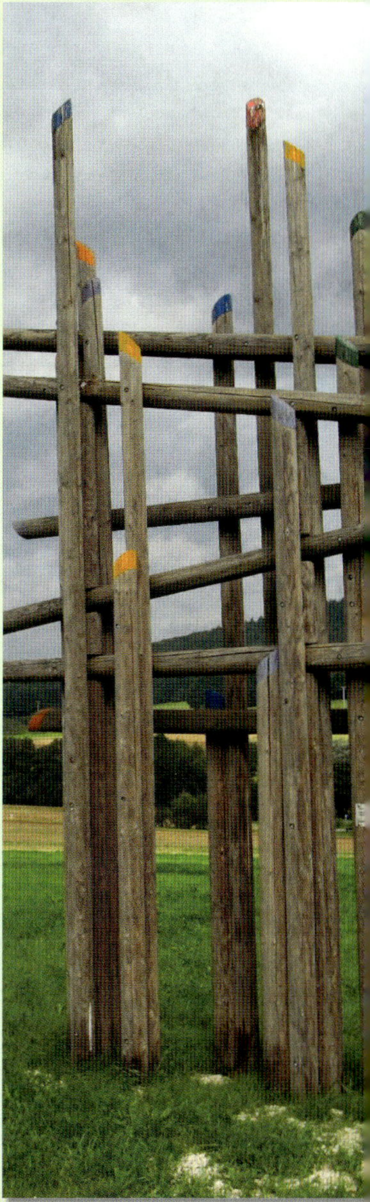

Startpunkt ist der Wanderparkplatz links der Straße, kurz vor Lohndorf. Dort finden Sie auch eine Informationstafel zu den Skulpturenwegen im Tal. Da die Tour auf breiten Wegen mit wenigen Steigungen verläuft, ist sie auch als kurze Radrunde geeignet. Vom Parkplatz aus folgen Sie der Markierung „blauer Diagonalstrich" auf der „Fränkischen Straße der Skulpturen" Richtung Lohndorf. Sie erreichen die ersten Häuser und laufen geradeaus weiter Richtung Tiefenellern. Im Ort finden Sie links vor der Kirche die Brauerei Hönig. Von dort geht es ein kurzes Stück zurück und dann links in die Straße „In der Ecke".

Ab hier folgen Sie der Markierung „rote Raute" die allerdings nur in großen Abständen zu finden ist. Es geht jetzt den Berg hinauf und nach einer Rechtskurve gleich wieder rechts in einen Feldweg. Passen Sie auf, dass Sie an diesem Abzweig nicht vorbei laufen – es gibt hier keine Markierung! Der Weg bringt Sie schließlich nach Lohndorf zurück.

Sie durchqueren den Ort auf der Durchgangsstraße und kommen an den beiden Brauereien vorbei. Dann müssen Sie in die letzte Straße vor dem Ortsausgang links einbiegen und kurz der Markierung „gelber Diagonalstrich" folgen. Diese biegt rechts in einen Feldweg ab. Nach ca. 500 m verlassen Sie die Markierung und laufen rechts in einen unmarkierten Weg, der Sie bergab Richtung Straße bringt. Sie laufen an einem weiteren Wanderparkplatz vorbei und biegen vor der Straße links in den Weg mit der bekannten Markierung „blauer Diagonalstrich" ein, der Sie zum Startpunkt zurück bringt.

UNSER TIPP

Die Skulpturen auf der Strecke sorgen für reichlich Gesprächsstoff. Die Tour schlechthin für alle Kunstliebhaber!

Brauerei Hönig Gasthof zur Post — A

Bis 1911 stand hier in Tiefenellern auch die Poststation, jetzt lockt die Reisenden ein großer Biergarten.

Bier-Klassiker: Pils

Anschrift: Ellerbergstraße 15
96123 Litzendorf-Tiefenellern

Öffnungszeiten:
Täglich ab 10 Uhr
Donnerstag Ruhetag

Kontakt:
Tel.: 09505-391
www.brauerei-hoenig.de

Brauerei Reh — B

Heute stellen Anja und Ferdinand Reh die vierte Generation am Braukessel und führen die Familientradition fort.

Bier-Klassiker: Reh Pils

Anschrift: Ellertalstraße 36
96123 Litzendorf-Lohndorf

Öffnungszeiten:
Mo bis Fr 7.30 bis 18 Uhr
Sa 8.30 bis 15 Uhr

Kontakt:
Tel.: 09505-210
www.reh-bier.de

Brauereigaststätte Hölzlein — C

Hier probiert man sich gerne durch die hausgemachten Brotzeiten und genießt den schönen Biergarten.

Bier-Klassiker: Vollbier

Anschrift: Ellertalstraße 13
96123 Litzendorf-Lohndorf

Öffnungszeiten:
Mo bis Fr ab 15 Uhr
Sa ab 12 Uhr
So ab 10 Uhr
Dienstag Ruhetag

Kontakt:
Tel.: 09505-357

LÄNGE

ca. 37,5 km

WEGZEIT

ca. 3 Stunden

WEGBESCHAFFENHEIT

Breite geschotterte/geteerte
Radwege, innerorts auf Straßen,
zwischen Vorra und Sambach
3,5 km auf der Landstraße!

BRAUEREIEN AN DER STRECKE

A - Kraus
B - Müller
C - Büttner
D - Hennemann
E - Barnikel
F - Weber

(Details, Tourenbeschreibung und
weitere Stationen wie Biergärten oder
Sehenswürdigkeiten siehe Folgeseiten)

Brauerei Büttner
UNTERGREUTH

Untergreuth

Obergreuth

Brauerei
Büttner **C**

Gasthaus
Dotterweich

Abtsdorf

Reundorf **J**

BA6 Vorra

Sportplatz

BA6

Brauerei
Müller **B**

Kreisverkehr

M

Richtung
Pommersfelden

Frensdorf

H

Schmausenkeller

VORSICHT:
3,5 km ohne
Radweg auf der
Landstraße!

Herrnsdorf

Brauerei
Barnikel

Lohnershof **E**

BA5

Brauerei
Hennemann

Wingersdorf

Ellersdorf

Sambach **D**

Haslach –
Reiche Ebrach

Wind

Privatbrauerei
Barnikel
Herrnsdorf

Nächster Bahnhof: Hirschaid (ca. 500 m zum Startpunkt)

DB

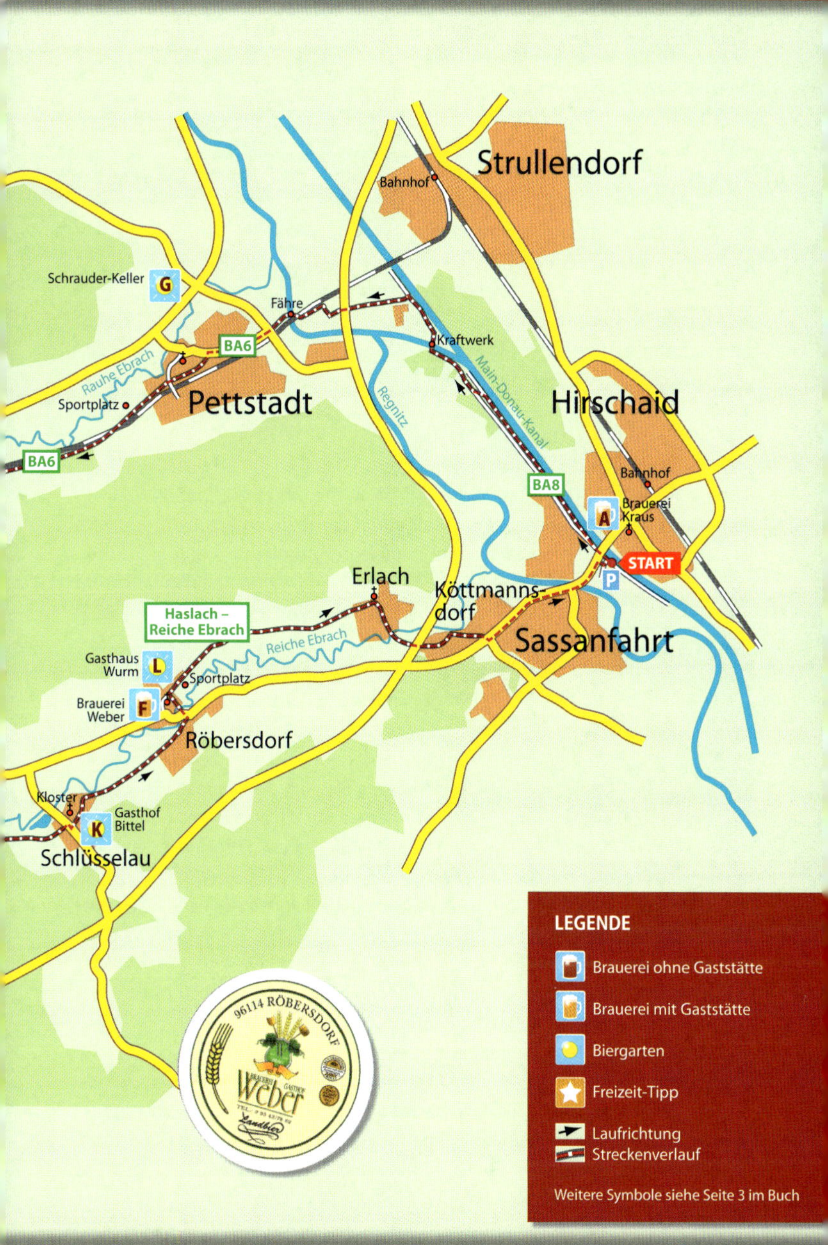

Strullendorf

Bahnhof

Schrauder-Keller **G**

Fähre

Kraftwerk

Rauhe Ebrach

BA6

Sportplatz

Pettstadt

Regnitz

Main-Donau-Kanal

Hirschaid

BA6

BA8

Bahnhof

Brauerei
Kraus

A

START

P

Erlach

Köttmanns-
dorf

Haslach –
Reiche Ebrach

Reiche Ebrach

Sassanfahrt

Gasthaus
Wurm **L**

Sportplatz

Brauerei
Weber **F**

Röbersdorf

Kloster

Gasthof
Bittel

K

Schlüsselau

96114 RÖBERSDORF
Weber

LEGENDE

Brauerei ohne Gaststätte

Brauerei mit Gaststätte

Biergarten

Freizeit-Tipp

Laufrichtung

Streckenverlauf

Weitere Symbole siehe Seite 3 im Buch

Diese Radtour startet in Hirschaid am Parkplatz an der FrankenLagune. Auf dem Damm des Main-Donau-Kanals folgen Sie anfangs dem Radweg BA 8 Richtung Strullendorf. Ein Stück hinter dem Regnitz-Wasserkraftwerk zweigt der Weg links Richtung „Fähre Pettstatt" ab. Nach kurzem erreichen Sie die Fähre (bitte Betriebszeiten beachten), wo Sie der Fährmann gegen ein kleines Entgelt aber ohne Motor bequem auf die andere Seite des Flusses bringt.

Dort angekommen führt der Weg gerade aus nach Pettstatt hinein.

Ab hier folgen Sie der Ausschilderung BA 6, die Sie zur Brauerei Müller in Reundorf bringt. Vorbei am Sportplatz führt der Radweg aus Reundorf hinaus. Kurz darauf lohnt ein Abstecher nach Untergreuth zur Brauerei Büttner.

UNSER TIPP

Der Abstecher zum Schmausenkeller. Herrlicher Blick aufs Tal, frisches Bier, toller Spielplatz!

Wenn Sie wieder zurück auf dem Radweg sind geht es weiter nach Vorra, wo Sie an der Kirche die Markierung BA 6 verlassen und nach links Richtung Pommersfelden abbiegen.

Nun folgt der schwierigste Streckenabschnitt. Die nächsten 3,5 km müssen Sie auf der Landstraße zurück legen. Zusätzlich geht es bergauf, da Sie über einen Bergrücken vom Tal der Rauhen Ebrach ins Tal der Reichen Ebrach fahren.

Nachdem der Wald durchquert ist verlassen Sie die Landstraße nach links (Ausschilderung BA 5) und fahren hinunter nach Sambach, wo Sie an der Kirche die Brauerei Hennemann finden. Jetzt geht es kurz nach rechts und gleich wieder links in eine kleine Straße, die aus Sambach hinaus führt. An der nächsten Kreuzung geht es nach links.

Ab hier folgen Sie der Ausschilderung „Fernradweg Haslach – Reiche Ebrach". Um zur Brauerei Barnikel in Hernsdorf zu kommen, ist kurz hinter Ellersdorf ein Abstecher nach links nötig. Danach geht es wieder zurück auf den Radweg und über Schlüsselau mit seinem ehemaligen Zisterzienser Kloster nach Röbersdorf, zur nächsten Brauerei. Über Erlach, Köttmannsdorf und Sassanfahrt radeln Sie dann zurück zum Ausgangspunkt.

Brauerei-Gasthof Georg und Barbara Kraus — A

Der Brauerei-Gasthof Kraus bietet eine breite Palette fränkischer Köstlichkeiten, teils aus der eigenen Metzgerei.

Bier-Klassiker: Kraus Lager

Anschrift: Luitpoldstraße 11
96114 Hirschaid

Öffnungszeiten:
Täglich ab 6.30 Uhr
Di Ruhetag, entfällt im Sommer, dann Biergarten geöffnet

Kontakt:
Tel.: 09543-84440
www.brauerei-kraus.de

Brauerei Müller — B

Auf dem Schmausenkeller kann das frische Bier der Brauerei in herrlicher Atmosphäre genossen werden.

Bier-Klassiker: Kellerbier

Anschrift: Lange Straße 2
96158 Frensdorf-Reundorf

Öffnungszeiten:
Di und Fr 11 bis 13 Uhr

Kontakt:
Tel.: 09502-280
www.schmausenkeller.de

Brauerei Büttner — C

Bereits in der siebten Generation widmet man sich bei Büttners mit Liebe dem Gerstensaft.

Bier-Klassiker: Helles

Anschrift: Untergreuth 8
96158 Frensdorf-Untergreuth

Öffnungszeiten:
Fr bis So ab 14 Uhr
Montag bis Donnerstag
Ruhetag

Kontakt:
Tel.: 09502-342
www.brauerei-buettner.de

Brauerei Hennemann — D

Die Brauerei zeichnet unter anderem das süffige Zwickelbier und ein dunkles Lagerbier aus.

Bier-Klassiker: Lager

Anschrift: Sambach 33
96178 Pommersfelden

Öffnungszeiten:
Mi bis Sa ab 11 Uhr
So ab 10 Uhr
Mo und Di Ruhetag

Kontakt:
Tel.: 09502-4307
www.brauerei-hennemann.com

Brauerei Fritz Barnikel   E

Bei Barnikels hat sich in den letzten 750 Jahren wenig verändert, sieht man mal vom elektrischen Licht ab.

Bier-Klassiker: Lager vom Fass

Anschrift: Dorfstraße 5
96158 Frensdorf-Herrnsdorf

Öffnungszeiten:
Täglich ab 10 Uhr
Mittwoch Ruhetag

Kontakt:
Tel.: 09502-293
www.brauerei-barnikel.de

Brauerei Weber   F

In der Brauerei wacht der Chef persönlich über die Qualität seiner Biere, die auch am Brauereihof erhältlich sind.

Bier-Klassiker: Weber Hell

Anschrift: Ringstraße 46
96114 Röbersdorf

Öffnungszeiten:
Täglich ab 9 Uhr
Mittwoch Ruhetag

Kontakt:
Tel.: 09543-7882

Schrauder-Keller   G

Der Schrauder-Keller liegt für alle Bamberger ideal an dem idyllischen Waldradweg nach Pettstadt. Hier gehts noch richtig urig zur Sache.

Anschrift/Kontakt:
96175 Pettstadt
Tel.: 0178-4121658

Öffnungszeiten:
Täglich ab 14.30 Uhr
So und Feiertage ab 10 Uhr
Kein Ruhetag

Schmausenkeller   H

Liegt an einer wunderschön gelegenen Lichtung hinter Reundorf am Waldrand.

Anschrift/Kontakt:
Am Bahnhof 13
96158 Reundorf
Tel.: 09502-608
www.schmausenkeller.de

ÖZ: Mitte März bis Mitte Okt.: Mo bis Fr ab 16, Sa ab 15, So und Feiert. ab 11 Uhr, bei schl. Wetter Do Ruhetag
Mitte Nov. bis Anfang Feb.: Mo, Di und Fr ab 16, Sa ab 15, So und Feiertage ab 11 Uhr, Mi und Do Ruhetag

Gasthaus Dotterweich — J

Seit 1974 betreiben Manfred und Irene Dotterweich ihr Gasthaus in Reundorf. Uriger Biergarten.

Anschrift/Kontakt:
Distelbergstraße 2
96158 Reundorf
Tel.: 09502-8460

Öffnungszeiten:
Täglich ab 14 Uhr
So und Feiertage ab 10 Uhr
Dienstag Ruhetag

Gasthof Bittel — K

Das etwa 500 Jahre alte Fachwerkhaus alleine ist eine Attaktion.

Anschrift/Kontakt:
Schlüsselau 15
96158 Frensdorf
Tel.: 09502-1339

Öffnungszeiten:
Fr, So und Feiertage
ab 16 Uhr
Sa ab 14 Uhr
Montag bis Donnerstag
Ruhetag

Gasthaus Hotel Wurm — L

Hier ist mittlerweile ein hochdekoriertes Restaurant entstanden.

Anschrift/Kontakt:
Ringstraße 40
96114 Hirschaid-Röbersdorf
Tel.: 09543-84330
www.gasthaus-wurm.de

Öffnungszeiten:
Täglich ab 10 Uhr
Montag Ruhetag

Bauernmuseum Bamberger Land — M

Biergarten und Museum in perfekter Eintracht.

Anschrift/Kontakt:
Hauptstraße 3
96158 Frensdorf
Tel.: 09502-8308
www.museumsgasthof-schmaus.de

Öffnungszeiten:
Gastronomie: Mi bis Sa ab 16, So und Feiertage ab 11 Uhr, Mo und Di Ruhetag
Museum:
April bis Oktober
Di bis Sa 14 bis 17 Uhr, So und Feiertage 13 bis 17 Uhr

LÄNGE
ca. 40 km

WEGZEIT
ca. 4 Stunden

WEGBESCHAFFENHEIT
Meist breite landwirtschaftliche Schotterwege, teils alphaltiert, kurze Strecken auf Nebenstraßen

BRAUEREIEN AN DER STRECKE
A - Zehendner
B - Schwan
C - Kaiser
D - Herrmann
E - Seelmann

(Details, Tourenbeschreibung und weitere Stationen wie Biergärten oder Sehenswürdigkeiten siehe Folgeseiten)

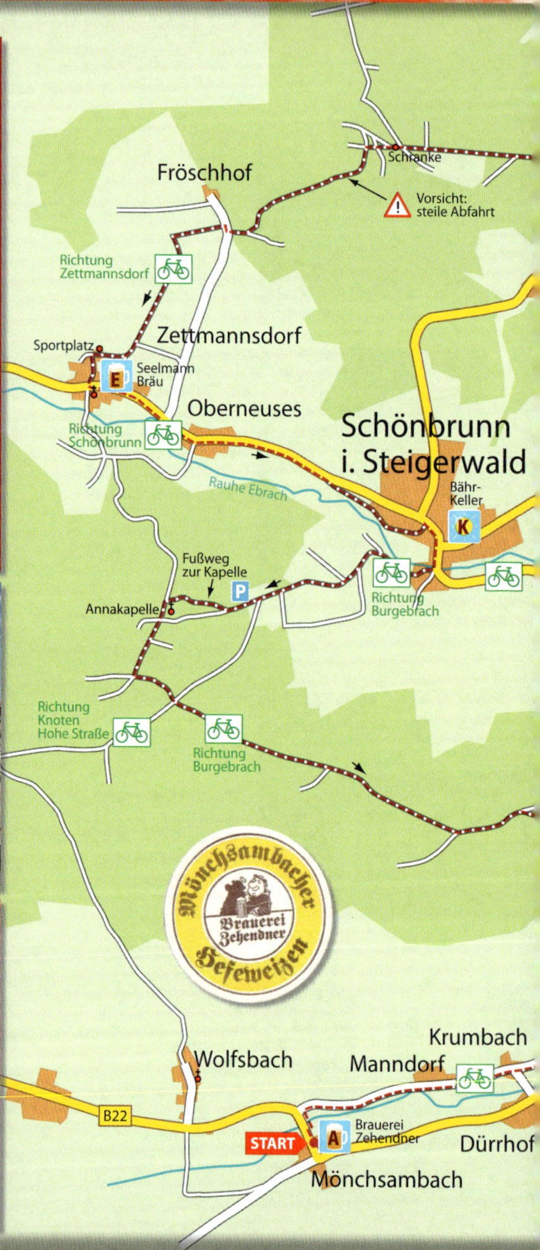

LEGENDE

- Brauerei ohne Gaststätte
- Brauerei mit Gaststätte
- Biergarten
- Freizeit-Tipp
- Laufrichtung
- Streckenverlauf

Weitere Symbole siehe Seite 3 im Buch

Fröschhof

Schranke

⚠ Vorsicht: steile Abfahrt

Richtung Zettmannsdorf

Zettmannsdorf

Sportplatz

E Seelmann Bräu

Oberneuses

Richtung Schönbrunn

Schönbrunn i. Steigerwald

Rauhe Ebrach

Bähr-Keller

K

Fußweg zur Kapelle

P

Annakapelle

Richtung Burgebrach

Richtung Knoten Hohe Straße

Richtung Burgebrach

Mönchsambacher Brauerei Zehendner Hefeweizen

Wolfsbach

Krumbach

Manndorf

START **A** Brauerei Zehendner

Dürrhof

Mönchsambach

B22

5 5 1

Lisberg L

Burg
P L

Richtung
Schönbrunn/
Zettmannsdorf

Richtung
Schönbrunn/
Grub

Grub

Frenshof

Steinsdorf

Richtung
Burgebrach/
Niederndorf

Niederndorf

Brauerei
Herrmann D

Dietendorf

Richtung
Lisberg

Ampferbach

Grasmannsdorf

Herrmann-Keller H J

Maxkeller

Brauerei
Kaiser C

Sieben
Brücken-
heilige

B5

P

Grasmannsdorfer Str.

P Windeck
Halle

Vollmannsdorf

Rathaus

B22

Richtung
Bamberg

B

Hirschen-
keller F

Brauerei
Schwan

Klemmenhof

Schwanakeller G

Burgebrach

Brauerei Schwan
Burgebrach

Tourenbeschreibung, Details Stationen ▶

Startpunkt dieser Tour ist die Brauerei Zehendner in Mönchsambach. Sie verlassen den Ort in nördlicher Richtung und biegen dann rechts Richtung Manndorf ab. Über die kleinen Dörfer Krumbach und Vollmannsdorf gelangen Sie nach Burgebrach.

Der Radweg führt mitten durch den Torbogen des historischen Rathauses und dann vorbei an der nächsten Brauerei. Über die Ampferbacher und Grasmannsdorfer Straße verlassen Sie Burgebrach in Richtung Grasmannsdorf. Auf einer Nebenstraße geht es an den sieben Brückenheiligen vorbei bis in den Ort, wo auch die dritte Brauerei dieser Radrunde liegt.

Jetzt müssen Sie umdrehen und ein kurzes Stück der Strecke zurück radeln, bis hinter der Brücke rechts ein Feldweg Richtung Ampferbach abzweigt. Auf diesem Weg geht es immer gerade aus bis Ampferbach (Brauerei Nr. 4). Ab hier folgen Sie dem gut ausgeschilderten Radweg Richtung Lisberg. In Lisberg bietet sich ein Abstecher zu Burg an, die nach Voranmeldung besichtigt werden kann. Der Radweg zweigt allerdings kurz vor dem Ort links ab Richtung Schönbrunn (über Zettmannsdorf). In Zettmannsdorf wartet die nächste Brauerei bevor es auf einem Radweg an der Straße weiter nach Schönbrunn geht.

Ab Schönbrunn folgen Sie der Ausschilderung Burgebrach (NICHT Richtung Burgebrach/Niederndorf sondern rechts halten!). Hinauf zur Annakapelle steht Ihnen jetzt die größte Steigung der Tour bevor. Im Wald geht es zwei mal links und dann immer gerade aus bis Sie kurz vor Burgebrach wieder auf die bekannte Strecke stoßen, der Sie nach rechts zurück zum Startpunkt folgen müssen.

UNSER TIPP

Die beiden großen Bierkeller am Waldrand in Ampferbach. Natur pur und für jeden etwas dabei!

Brauerei Zehendner A

Die Brauerei Zehendner in Mönchsambach ist seit 1939 im Familienbesitz. Toller Biergarten im Brauereihof!

Bier-Klassiker: Ungespundetes Lager

Anschrift: Haus Nr. 18
96138 Mönchsambach

Öffnungszeiten:
Täglich ab 10 Uhr
Montag Ruhetag

Kontakt:
Tel.: 09546-380
www.moenchsambacher.de

Brauerei Gasthof Schwan B

Mitte April bis Ende September trifft man den Wirt bei Sonne ab 15 Uhr auf dem Bierkeller, Sonntag Mittagstisch.

Bier-Klassiker: Schwanen Kellerbier

Anschrift: Hauptstraße 16
96138 Burgebrach

Öffnungszeiten:
Mo bis Fr ab 15.30, Sa ab 11, So ab 9 Uhr, Di Ruhetag. Im Sommer nur Bierkellerbetrieb

Kontakt:
Tel.: 09546-306
www.schwanawirt.de

Brauerei Kaiser C

Der Klassiker im Hause ist das Kaiser-Pils, ergänzt durch ein spritziges Weizen im Sommer.

Bier-Klassiker: Kaiser-Pils

Anschrift: Grasmannsdorf 9
96138 Burgebrach

Öffnungszeiten:
Di bis Fr ab 8 Uhr, Sa von 8 bis 18 Uhr, So 9.30 bis 12 und ab 14 Uhr, Mo Ruhetag

Kontakt:
Tel.: 09546-390
www.brauerei-kaiser.de

Brauerei Herrmann D

Die Brauerei zum berühmten Herrmanns-Keller, den man etwas außerhalb am Waldrand findet.

Bier-Klassiker: Kellerbier

Anschrift: Brückenstraße 3
96138 Burgebrach-Ampferbach

Öffnungszeiten Gaststätte:
Täglich ab 9 Uhr, Di Ruhetag (Wenn Bierkeller geöffnet, Gasthof geschlossen)

Kontakt:
Tel.: 09546-372
Fax: 09546-592137

Seelmann Bräu   E

Ganz besonders sind die terrassenförmigen romantischen Zeltwiesen und der Biergarten oberhalb der Brauerei.

Bier-Klassiker: Unfiltriertes Lager

Anschrift: Zettmannsd. Hauptstr. 18
96185 Schönbrunn-Zettmannsdorf

Öffnungszeiten:
Fr und Sa ab 16 Uhr
Sonntag ab 10 Uhr

Kontakt:
Tel.: 09546-595990
www.brauerei-seelmann.de

Hirschenkeller   F

Abwechslungsreich zusammen gestellte Kellerbrotzeiten.

Anschrift/Kontakt:
Kellerberg 2
96138 Burgebrach
Tel.: 09546-921138
www.goldener-hirsch-burgebrach.de

Öffnungszeiten:
Mo bis Sa ab 16 Uhr
So und Feiertage ab 15 Uhr
Kein Ruhetag
Bei schlechtem Wetter geschlossen, aber Hofbetrieb in der Gaststätte (Hauptstraße 14)

Schwanakeller   G

Auf dem Schwanakeller ist Tradition angesagt. Ein Vorzeige-Bierkeller.

Anschrift/Kontakt:
Kellerberg 5
96138 Burgebrach
Tel.: 09546-306
www.schwanawirt.de

Öffnungszeiten:
Täglich ab 15 Uhr
Ab dem So nach Muttertag
So und Feiertage ab 11 Uhr
Kein Ruhetag
Bei günstiger Witterung geöffnet

Herrmann-Keller   H

Der fast immer schattige Herrmann-Keller hat Tradition seit 1754 und ist einer der großen Bamberger Bierkeller.

Anschrift/Kontakt:
An der Staatsstraße nach Burgebrach
96138 Ampferbach
Tel.: 09546-372

Öffnungszeiten:
Täglich ab 14 Uhr
Kein Ruhetag
Bei schlechtem Wetter geschlossen

Maxkeller — J

Noch bewahrt der Maxkeller seinen Kult und lockt damit jedes Jahr Tausende Fans an.

Anschrift/Kontakt:
96138 Burgebrach-Ampferbach
Tel.: 09546-1725
www.max-bier.de

Öffnungszeiten:
Di ab 17 Uhr
Sa ab 16 Uhr
So und Feiertage ab 15 Uhr
Montag, Mittwoch, Donnerstag und Freitag geschlossen

Bähr-Keller — K

Ambitionierter Keller im Steigerwald mit einem tollen Kinderspielplatz.

Anschrift/Kontakt:
Steinsdorfer Straße, Ecke Friedhofsweg
96185 Schönbrunn
Tel.: 09546-379 oder 0160-93110142
www.baehr-keller.de

Öffnungszeiten:
Di bis Sa ab 16 Uhr
So ab 11 Uhr
Montag Ruhetag

Burg Lisberg — L

Die Burg Lisberg wurde zum ersten Mal in einer Schenkungsurkunde des Jahres 820 erwähnt. Derzeit befindet sich hier das Weingut Laufer.

Anschrift/Kontakt:
Im Burghof 2
96170 Lisberg

Öffnungszeiten:
Auf Anfrage
Tel.: 09549-202
www.weingut-laufer.de

LÄNGE
ca. 28 km

WEGZEIT
ca. 2,5 Stunden

WEGBESCHAFFENHEIT
Hauptsächlich straßenbegleitende Radwege, einige geschotterte, landwirtschaftliche Wege

BRAUEREIEN AN DER STRECKE

A - Weyermann
B - Höhn
C - Drei Kronen
D - Göller
E - Hummel
F - Wagner / Merkendorf
G - Binkert
H - Wagner / Kemmern

(Details, Tourenbeschreibung und weitere Stationen wie Biergärten oder Sehenswürdigkeiten siehe Folgeseiten)

Breitengüßbach

B279

B4

Kemmern

Binkert

G

Wagner-Bräu

H

Leicht's Keller

K

L

Wagner-Bräu Keller

Main

B4

A73

Hallstadt

A70

Ausfahrt Hallstadt

Schrebergärten

Richtung Bahnhof Bamberg fahren! ⚠

Coburger Str.

Bamberg

Memmelsdorfer Str.

Zöllnerstr.

Röstmalzbierbrauerei Weyermann

A

Bahnhof

START

Map content:

Header icons: 🍺 7 🍺 1 🟡 3 ⭐ 1

Zückshut

BRAUEREI WAGNER MERKENDORF

Merkendorf

E Brauerei Hummel
F Brauerei Wagner

Laubend

Richtung Bayreuth

Brauerei Hummel Merkendorf

Brauerei Göller 140 Jahre 1865–2005 Drosendorf

Drosendorf

Weichendorf

Gundelsheim

A70

D Brauerei Göller

Brauerei Drei Kronen
C
B Brauerei Höhn

Haupstr.

J Höhnskeller

Rathaus

Memmelsdorf

BRAUEREI HÖHN MEMMELSDORF

Schloss Seehof
M

Ausfahrt Memmelsdorf

Burgenstr.

Mei Zech: Brauerei Drei Kronen Memmelsdorf 1457

A73

Richtung Nürnberg

LEGENDE
- Brauerei ohne Gaststätte
- Brauerei mit Gaststätte
- Biergarten
- Freizeit-Tipp
- Laufrichtung
- Streckenverlauf

Weitere Symbole siehe Seite 3 im Buch

Tourenbeschreibung, Details Stationen ▶

Die Radtour startet am Bahnhof in Bamberg. Wenn Sie aus dem Bahnhofsgebäude treten geht es zunächst nach rechts, bis Sie wieder rechts in die Memmelsdorfer Straße einbiegen (Radweg Richtung Schloss Seehof).

Nach der Bahnunterführung ist es nur ein kurzer Abstecher rechts in die Brennerstraße um zur Röstmalzbierbrauerei Weyermann zu gelangen. Danach folgen Sie immer dem Radweg an der Memmeldsorfer Straße – der teilweise mit der Ausschilderung „Burgenstraße" versehen ist – aus Bamberg hinaus. Am sehenswerten Schloss Seehof fahren Sie ein kurzes Stück entlang der Schlossmauer und biegen dann Richtung Memmelsdorf ab. Über die Bamberger Straße gelangen Sie in die Ortsmitte, wo Sie die ersten beiden Brauereien finden.

An der Kirche biegen Sie erst rechts und kurz darauf links ab und folgen ab hier der Ausschilderung „Brauereien- und Bierkellertour (Baum und Maßkrug) nach Drosendorf zur Brauerei Göller. Von dort geht es auf dem straßenbegleitenden Radweg nach Merkendorf, wo Sie zwei weitere Brauereien finden. Über Laubend und Zückshut gelangen Sie nach Breitengüßbach, wo Sie nach der großen Kreuzung (bei der Kirche) links abbiegen.

Sie unterqueren die Autobahn und gelangen nach Kemmern, wo an der Kirche ein kurzer Abstecher nach links zur Wagner-Bräu führt. Nun geht es idyllisch ein Stück am Main entlang nach Hallstadt und dann immer der Ausschilderung Richtung Bamberg Bahnhof folgend bis zum Startpunkt.

UNSER TIPP

Im Schloss Seehof werden auch Führungen angeboten, ein Café bietet unter anderem leckere Kuchen!

Heinz Weyermann® Röstmalzbierbrauerei   A

Die Mälzerei verfügt über eine mit allen Finessen ausgestattete Braumanufaktur.

Bier-Klassiker: Schlotfegerla®

Anschrift: Brennerstraße 17-19
96052 Bamberg

Öffnungszeiten:
Fanshop: Mo bis Do 10 bis 12 Uhr und 13 bis 16 Uhr, Fr 10 bis 12 Uhr und 13 bis 15 Uhr

Kontakt:
Tel.: 0951-93220-33
www.weyermann.de

Brauerei Gasthof Höhn   B

Erst 1960 erbaut, kann der Brauerei-Gasthof doch auf eine vielhundertjährige Geschichte zurückblicken.

Bier-Klassiker: Görchla-Bier

Anschrift: Hauptstraße 11
96117 Memmelsdorf

Öffnungszeiten:
Täglich ab 8 Uhr
Dienstag Ruhetag

Kontakt:
Tel.: 0951-406140
www.gasthof-hoehn.de

Brauerei-Gasthof Drei Kronen (mehr S. 118)   C

Die kleine Feinschmecker-Brauerei bietet alles, was das Herz begehrt. Gute Übernachtungsmöglichkeit!

Bier-Klassiker: Stöffla (Kellerrauchbier)

Anschrift: Hauptstraße 19
96117 Memmelsdorf

Öffnungszeiten:
Täglich ab 9 Uhr,
So ab 15 Uhr bis Mo 17 Uhr geschlossen

Kontakt:
Tel.: 0951-944330
www.drei-kronen.de

Brauerei und Gasthof Göller   D

Der Urstoff macht seinem Namen alle Ehre. Vorzugsweise im schönen Biergarten zu genießen!

Bier-Klassiker: Lager Hell

Anschrift: Scheßlitzer Straße 7
96117 Memmelsdorf-Drosendorf

Öffnungszeiten:
Täglich ab 9 Uhr
Montag Ruhetag (wenn Mo Feiertag, Di Ruhetag)

Kontakt:
Tel.: 09505-1745
www.goeller-brauerei.de

Brauerei Hummel   E

Im Sommer steht noch der sehr schöne, nur ein paar Minuten entfernte Bierkeller zur Verfügung.

Bier-Klassiker: Kellerbier

Anschrift: Lindenstraße 9
96117 Memmelsdorf-Merkendorf

Öffnungszeiten:
Täglich ab 9 Uhr, So und Feiertage 9 bis 12 Uhr und ab 15 Uhr, Dienstag Ruhetag

Kontakt:
Tel.: 09542-1247
www.brauerei-hummel.de

Brauerei Wagner Merkendorf   F

Die Ursprünge der Brauerei lassen sich bis auf das Jahr 1797 zurückverfolgen. Hinter dem Haus wartet ein Biergarten.

Bier-Klassiker: Ungespundetes Lager

Anschrift: Pointstraße 1
96117 Merkendorf

Öffnungszeiten:
Täglich ab 9 Uhr
Montag Ruhetag

Kontakt:
Tel.: 09542-620
www.wagner-merkendorf.de

Brauhaus Binkert (mehr siehe S. 90)   G

Hinter dem erst 2012 erbauten und gegründeten Brauhaus Binkert steckt jede Menge Philosophie.

Bier-Klassiker: Original

Anschrift: Westring 5
96149 Breitengüßbach

Öffnungszeiten:
genaue Öffnungszeiten werden noch festgelegt, siehe Website

Kontakt:
Tel.: 09544-982500
www.mainseidla.de

Wagner-Bräu Kemmern   H

Der Familienbetrieb bringt es auf über 230 Jahre Tradition. Pils und Schwarzbier sollten unbedingt probiert werden.

Bier-Klassiker: Pils

Anschrift: Hauptstraße 15
96164 Kemmern

Öffnungszeiten:
Täglich ab 15, So 10 bis 12 und ab 15, im Sommer Mi und Sa ab 12 Uhr, Di Ruhetag

Kontakt:
Tel.: 09544-6746
www.brauerei-wagner.de

Höhnskeller   J

Beim „Höhnskeller" in Memmelsdorf
kommen nicht nur die Bier-, sondern
auch die Weinkenner auf ihre Kosten.

Anschrift/Kontakt:
Meedensdorfer Straße
96117 Memmelsdorf
Tel.: 0171-1552122

Öffnungszeiten:
Mo bis Sa ab 16 Uhr
So ab 15 Uhr
Feiertage ab 16 Uhr
Kein Ruhetag

Leicht's Keller   K

Mit Kerstin und Rudi Hofmann steht
nun ein neues Team im hinteren der
beiden Kemmerner Keller.

Anschrift/Kontakt:
Im Kessel
96164 Kemmern
Tel.: 0152-09895754

Öffnungszeiten:
Täglich ab 14 Uhr
So und Feiertage ab 10 Uhr
Donnerstag Ruhetag

Wagner-Bräu Keller   L

Richtiger Familienkeller, vor allem
dank des schönen Spielplatzes und
der ruhigen Lage.

Anschrift/Kontakt:
Mainstraße 7
96164 Kemmern
Tel.: 0170-9136003

Öffnungszeiten:
Täglich ab 15 Uhr
Sa ab 13 Uhr
So ab 9.30 Uhr
Montag Ruhetag

Schloss Seehof   M

Zauberhaftes Ambiente mit spannedem
Schloss und leckerem Restaurant.

Anschrift/Kontakt:
Schloss Seehof
96117 Memmelsdorf
Tel.: 0951-4071640 (Gastro)
www.schlossseehof.de

Öffnungszeiten:
Restaurant: Mo bis Sa 10 bis
18 Uhr, So und Feiertage 9
bis 18 Uhr
Schloss: April-Oktober täglich 9 bis 18 Uhr, November
bis März geschlossen

Die Mitmach-Brauerei

WWW.MAINSEIDLA.DE

Hinter dem erst 2012 erbauten und gegründeten Brauhaus Binkert steckt jede Menge Philosophie. So haben es Anja und Jörg Binkert, der hauptberuflich bei der ältesten Braumaschinenfabrik der Welt, Kaspar Schulz, arbeitet, geschafft, von den Energie- und Rohstoffen bis hin zur Mehrwegverpackung in der Euro Flasche alles aus Franken zu beziehen. Die letzte Hürde war der Strom, doch nun drehen sich schlanke Windräder für den erfrischenden Gerstensaft aus Breitengüßbach.

Ein weiterer Eckpfeiler für die Binkerts ist das Thema Transparenz. So verhalten sich die beiden ganz nach dem alten persischen Sprichwort: „Wenn du einen Freund hast, dann gebe ihm ein Bier aus. Wenn Du ihn wirklich liebst, dann lehre ihn das Brauen." Historisch belegt ist das natürlich nicht, doch sei's drum - hier können Sie selbst Hand an Sudkessel und Läuterbottich legen und selbst beim Abfüllen und Schlauchen dabei sein. Nebenbei erfahren Sie vom Braumeister alles über seine Kunst - und freuen sich um so mehr auf den anschließenden Lohn der Arbeit: Ein Original (Pils), Weizen oder Amber Spezial.

Anschrift/Kontakt:
Anja und Jörg Binkert
Westring 5
96149 Breitengüßbach
Tel.: 09544-982500
www.mainseidla.de

Letzteres könnte man auch als fränkisches Ale bezeichnen, aber so ganz ist der gemeine Bierfranke wohl noch nicht reif für einen so offensichtlichen Ausflug in die Welt der obergärigen, hopfengestopften Biere. Doch lassen Sie sich überraschen - obergärige Hefe und intensiv genutzter Aromahopfen in Verbindung mit einem speziellen Kelchglas versprechen eine Aromenvielfalt, wie Sie sie beim klassischen Kellerbier vergeblich suchen werden!

Termine und Anmeldung zum Mitbrauen finden Sie auf der Internetseite, ansonsten können Sie an vier Tagen in der Woche zum Bier mit Brotzeit vorbeikommen, im Sommer auch in den kleinen Biergarten hinter dem Brauhaus.

Main-Radweg

Trunstadt

Viereth

Trosdorf

BRAUEREI MAINLUST
HELMUT BAYER
VIERETH
Tel. 09503/7444

Brauerei
Gasthof
Kundmüller

Brauerei
Gasthof
Mainlust

Weiher

Achtung:
Starkes Gefälle

Tütschengereuth

Weipelsdorf

Beck-Bräu

Trabelsdorf

Altes
Kurhaus

Feigendorf

Burg Lisberg

Lisberg

Kolmsdorf

Zettelsdorf

Walsdorf

Erlauer
Keller

Erlau

Obere
Aurach

Richtung
Grasmannsdorf

Ab hier keine Markierung!
(bis Trabelsdorf)

Kreuzschuh

LÄNGE

ca. 33 km

WEGZEIT

ca. 3 Stunden

WEGBESCHAFFENHEIT

Geschotterte und asphaltierte landwirtschaftliche Wege, straßenbegleitende Radwege

BRAUEREIEN AN DER STRECKE

A - Müller, B - Hausbräu Stegaurach,
C - Mühlenbräu, D - Beck-Bräu,
E - Kundmüller, F - Mainlust,
G - Zur Sonne, H - Kaiserdom,
J - Ambräusianum, K - Schlenkerla

(Details, Tourenbeschreibung und weitere
Stationen wie Biergärten oder Sehenswürdigkeiten siehe Folgeseiten)

LEGENDE

🍺 10   🟡 6   ⭐ 1

LEGENDE

Brauerei ohne Gaststätte

Brauerei mit Gaststätte

Biergarten

Freizeit-Tipp

Laufrichtung

Streckenverlauf

Weitere Symbole siehe Seite 3 im Buch

Main-Radweg

Abstecher: Unterführung zur Regnitzstr.

G Brauerei Gasthof Zur Sonne

Bischberg

O Schuhmanns Keller

Abstecher: Mainluststraße

H Brauerei Kaiserdom

Gaustadt

Bamberg

Brauereien Ambräusianum + Schlenkerla

1 Am Leinritt

2 Herrenstraße

3 Eisgrube

4 Oberer Stephansberg

5 Würzburger Straße

1 **J** **K**

Dom ♁ **2**

3

Spezial-Keller

4 **P**

Q

Wilde Rose Keller

5

5 B22

Wildensorg

Abstecher: Brückenstraße

Mühlendorf

Seehöflein

START 🅿

Obere Aurach

P+R Parkplatz Babenberger Viertel

C Mühlenbräu

Stegaurach

Hausbräu

Obere Aurach

L Windfelder am See

B

Abstecher: Sandstraße

Debring

Brauerei Müller **A**

B22

Startpunkt dieser Radtour ist der Park&Ride-Parkplatz „Babenberger Viertel" am Münchner Ring (B22). An der Kreuzung Babenbergerring/ Würzburger Straße finden Sie die Ausschilderung Steigerwald-Radweg „Obere Aurach", der Sie Richtung Stegaurach folgen. Vor Stegaurach verlassen Sie diesen Radweg und folgen links der Ausschilderung nach Debring, wo Sie am Ortsausgang die

erste Brauerei finden. Von dort müssen Sie wieder ein Stück zurück und dann links in die Auracher Straße Richtung Stegaurach. Über die Sandstraße gelangen Sie zur Ruhlstraße, in der die zweite Brauerei liegt.

In Stegaurach treffen Sie wieder auf den Radweg „Obere Aurach", den Sie für diese beiden Brauereien kurz verlassen hatten. Auf dem Radweg neben der Landstraße gelangen Sie nach Mühlendorf, wo wieder ein kurzer Abstecher nach links zur Brauerei nötig ist. In Walsdorf verlassen Sie den Radweg „Obere Aurach" und fahren links auf die Landstraße Richtung Steinsdorf, um dann nach ca. 100 m rechts in einen unmarkierten, landwirtschaftlichen Weg neben der Aurach einzubiegen.

Parallel zur Aurach fahren Sie jetzt immer gerade aus bis Trabelsdorf, wo Sie zwischen den Weihern durch in den Ort fahren. Ab hier folgen Sie der Markierung Brauereien- und Bierkellertour (Baum mit Maßkrug). Eine kräftige Steigung bringt Sie auf den Höhenzug Richtung Weiher zur Brauerei Kundmüller. Jetzt geht es stetig bergab ins Maintal nach Viereth, wo Sie rechts dem Main-Radweg Richtung Bamberg folgen.

Vorbei an der Brauerei Mainlust geht es nach Bischberg. Dort müssen Sie gut aufpassen. Es gibt eine Unterführung, die rechts vom Radweg in die Regnitzstraße abzweigt, wo Sie die Brauerei Zur Sonne finden. Auch in Gaustadt ist eine kurze Schleife – weg vom Radweg – nötig um zur Brauerei zu gelangen. Zurück am Main bleiben Sie immer an dessen Ufer, bis der Radweg in der Bamberger Innenstadt endet und Sie links abbiegen müssen. Vorbei an zwei weiteren Brauereien und einigen schönen Bierkellern geht es bergauf bis zum Startpunkt.

UNSER TIPP

Das „Alte Kurhaus" in Trabelsdorf eignet sich auch als Übernachtungs-Option mit leckerer fränkischer Küche.

Brauerei Müller Debring — A

Seit 1699 entsteht in Debring das urige Bier der Brauerei Müller. Mit Biergarten hinter dem Haus.

Bier-Klassiker: Michala

Anschrift: Würzburger Straße 1
96135 Debring

Öffnungszeiten:
Täglich ab 11 Uhr
Do ab 15.30 Uhr
Montag Ruhetag

Kontakt:
Tel.: 0951-29191
Fax: 0951-9921131

Hausbräu Stegaurach — B

Mit dem Pilspub Struwwelpeter hat die Hausbräu mittlerweile auch eine eigene Kneipe in Stegaurach.

Bier-Klassiker: Lagerbier

Anschrift: Ruhlstrasse 6
96135 Stegaurach

Öffnungszeiten Gaststätte (Bamberger Straße 26):
Täglich ab 17 Uhr
So und Mo Ruhetag

Kontakt:
Tel.: 0951-299709
www.hausbraeu-stegaurach.de

Mühlenbräu Mühlendorf — C

Mit traumhaftem Biergarten (Neukreuthstraße 7) und urigem Gasthaus weiß die Mühlenbräu zu begeistern.

Bier-Klassiker: Pils

Anschrift: Brückenstraße 19
96135 Stegaurach-Mühlendorf

Öffnungszeiten:
Mo ab 16 Uhr
Mi bis So ab 11 Uhr
Dienstag Ruhetag

Kontakt:
Tel.: 0951-29119
Fax: 0951-290030

Beck-Bräu — D

Herbert Beck hat mit seinem Sohn Andreas die Brauerei 2011 wieder selbst übernommen.

Bier-Klassiker: Kellerbier naturtrüb

Anschrift: Steigerwaldstraße 6-8
96170 Trabelsdorf

Öffnungszeiten:
Fr ab 16 Uhr
Sa und So ab 15 Uhr
Mo bis Do Ruhetag

Kontakt:
Tel.: 09549-252
www.beck-braeu.de

Weitere Infos zur Tour ▶

Brauerei Gasthof Kundmüller E

Das leckere Rauchbier hat eine Erwähnung verdient, verkostet vorzugsweise im schönen Biergarten.

Bier-Klassiker: Weiherer Lager

Anschrift: Weiher 13
96191 Viereth-Trunstadt

Öffnungszeiten:
Täglich ab 9 Uhr
Mittwoch Ruhetag

Kontakt:
Tel.: 09503-4338
www.brauerei-kundmueller.de

Brauerei-Gasthof Mainlust Bayer F

Seit 1848 ist die „Brau-Gaststätte Mainlust" in Familienbesitz. Als Fassbier gibt es ein urtypisches Märzenbier.

Bier-Klassiker: Vollbier

Anschrift: Hauptstraße 9
96191 Viereth-Trunstadt

Öffnungszeiten:
Täglich ab 8 Uhr
Freitag Ruhetag

Kontakt:
Tel.: 09503-7444
www.mainlust.com

Brauerei-Gasthof Zur Sonne G

Während Christian Schuhmann für das Bierbrauen zuständig ist, steht Peter Schuhmann in der Küche.

Bier-Klassiker: Lager Urtyp Hell

Anschrift: Regnitzstraße 2
96120 Bischberg

Öffnungszeiten:
Täglich ab 9.30 Uhr
Dienstag Ruhetag

Kontakt:
Tel.: 0951-62571
www.sonnenbier.de

Kaiserdom Specialitäten-Brauerei H

Die Kaiserdom-Privatbrauerei zählt heute zu den erfolgreichsten Privatbrauereien in Deutschland.

Bier-Klassiker: Kaiserdom Pilsener

Anschrift: Breitäckerstraße 9
96049 Bamberg

Öffnungszeiten (Gaststätte Gaustadter Hauptstraße 26):
Täglich 7 bis 13.30 Uhr und ab 17 Uhr, So und Feiertage ab 11.30 Uhr, Mo Ruhetag

Kontakt:
Tel.: 0951-60450, kaiserdom.de

Gasthausbrauerei Ambräusianum — J

Seit dem Jahr 2004 hat Bamberg mit dem Ambräusianum eine neue Attraktion: eine echte Gasthausbrauerei.

Bier-Klassiker: Ambräusianum Hell

Anschrift: Dominikanerstraße 10
96049 Bamberg

Öffnungszeiten:
Täglich ab 11 Uhr
So u. Feiertage 11 bis 21 Uhr
Montag Ruhetag

Kontakt:
Tel.: 0951-5090262
www.ambraeusianum.de

Brauerei Schlenkerla — K

Zu Füßen des Doms liegt der historische Brauereiausschank Schlenkerla mit Biergarten.

Bier-Klassiker: Aecht Rauchbier

Anschrift: Dominikanerstraße 6
96049 Bamberg

Öffnungszeiten:
Täglich ab 9.30 Uhr
Kein Ruhetag

Kontakt:
Tel.: 0951-56060
www.schlenkerla.de

Landgasthof Windfelder am See — L

Donnerstags gibt es Forelle, Makrele und Hering sogar vom Holzkohlengrill.

Anschrift/Kontakt:
Hartlandener Straße 13
96135 Stegaurach
Tel.: 0951-9922750
www.windfelderamsee.de

Öffnungszeiten:
Mo, Di und Fr 11 bis 14 Uhr
und ab 17 Uhr
Do ab 17 Uhr
Sa und So ab 11 Uhr
Mittwoch Ruhetag

Erlauer Biergarten — M

Hier locken Schäuferla und Kundmüller Bier in Kombination.

Anschrift/Kontakt:
Lange Straße 27
96194 Walsdorf-Erlau
Tel.: 09549-987971
www.kiessling-erlau.de

Öffnungszeiten:
Mai bis Sept.:
Täglich ab 14 Uhr
So und Feiertage ab 9 Uhr
Okt. bis Apr.:
Täglich ab 16 Uhr
So und Feiertage ab 9 Uhr
Dienstag Ruhetag

Landgasthof Altes Kurhaus N

Tolle Veranstaltungen und Aktionen
sowie Übernachtungsmöglichkeit.

Anschrift/Kontakt:
Seeleite 1
96170 Lisberg-Trabelsdorf
Tel.: 09549-1247
www.altes-kurhaus.de

Öffnungszeiten:
Mo, Di ab 15 Uhr
Mi, Fr, Sa, So ab 9 Uhr
Donnerstag Ruhetag

Schuhmanns Keller O

Die kreative Mischung aus Biergarten
und Abhang ist ein richtig uriger
Bierkeller.

Anschrift/Kontakt:
Rothofweg
96120 Bischberg
Tel.: 0160-91943961

Öffnungszeiten:
Mo bis Fr ab 16 Uhr
Sa, So und Feiertage ab
14 Uhr
Kein Ruhetag
Bei schlechtem Wetter
geschlossen

Spezial-Keller P

Der Klassiker unter den Bierkellern mit
Traumblick auf das Weltkulturerbe.

Anschrift/Kontakt:
Sternwartstraße 8
96049 Bamberg
Tel.: 0951-54887
www.spezialkeller.de

Öffnungszeiten:
Täglich ab 15 Uhr
So und Feiertage ab 10 Uhr
Montag Ruhetag
Ganzjährig geöffnet
(Betriebsurlaub Ende Sep./
Anfang Okt.)

Wilde Rose Keller Q

Imposanter Familien-Biergarten mit
großen Bäumen und Bühne.

Anschrift/Kontakt:
Oberer Stephansberg 49
96049 Bamberg
Tel.: 0951-57691
www.wilde-rose-keller.de

Öffnungszeiten:
Täglich ab 16 Uhr
Sa, So und Feiertage ab
15 Uhr
Kein Ruhetag
Bei schlechtem Wetter
geschlossen

Burg Lisberg R

Die Burg Lisberg wurde zum ersten Mal in einer Schenkungsurkunde des Jahres 820 erwähnt. Derzeit befindet sich hier das Weingut Laufer.

Anschrift/Kontakt:
Im Burghof 2
96170 Lisberg

Öffnungszeiten:
Auf Anfrage
Tel.: 09549-202
www.weingut-laufer.de

Klein Venedig / Bamberg

Auf den Spuren des Spezialmalz-Weltmarktführers

Gästeführerin Maria Wunderlich widmet sich intensiv dem Studium von Bambergs Geschichte und der Historie der Mälzerei Weyermann®.

Die Steinmetzmeisterin, Steintechnikerin, Steinrestauratorin, Fotografin, Fachjournalistin und Expertin für Kunstgeschichte und Denkmalpflege hat aus ihren zahlreichen Erkenntnissen zusammen mit Sabine Weyermann und dem Haushistoriker Christian Kestel eine eigene Stadtführung kreiert, die den Spuren der Mälzerei in der Domstadt folgt.

Ausgehend vom Sitz der Mälzerei geht es über die Ottokirche ins Gärtnerviertel, dann zur alten Handelsstraße Königsstraße und in die Innenstadt bis zu einer von Bambergs ältesten Apotheken, der Einhorn-Apotheke, die die Familie von Sabine Sippel führte, der Ehefrau von Weyermann® Malz Gründer Johann Baptist Weyermann. Anschließend geht es über den alten Bamberger Hafen zum Dom. Der Weg führt dann den Kaulberg hinauf bis zur Trautmann-Villa, dem Wohnsitz der Sippels und weiter zur Brauerei Greifenklau, wo man dann auch das flüssige Ergebnis aus Weyermann® Malz und Fränkischer Braukunst verkosten kann.

Ein Besuch im Weyermann® Fan Shop sollte unbedingt mit eingeplant werden! (Daten siehe rechts)

Öffnungszeiten Fan Shop:
Mo bis Do 10 bis 12 und
13 bis 16 Uhr
Fr 10 bis 12 und 13 bis 15 Uhr

Buchung, Infos und Kontakt:
Maria Wunderlich
Ottostraße 6
96047 Bamberg
Tel.: 0951-202050
Fax: 0951-202051
Mobil: 0173-3688972
www.wunderbares-bamberg.de

Anschrift:
Weyermann® Fan Shop
Brennerstraße 17-19
96052 Bamberg
Tel.: 0951-93220-764
www.weyermann.de

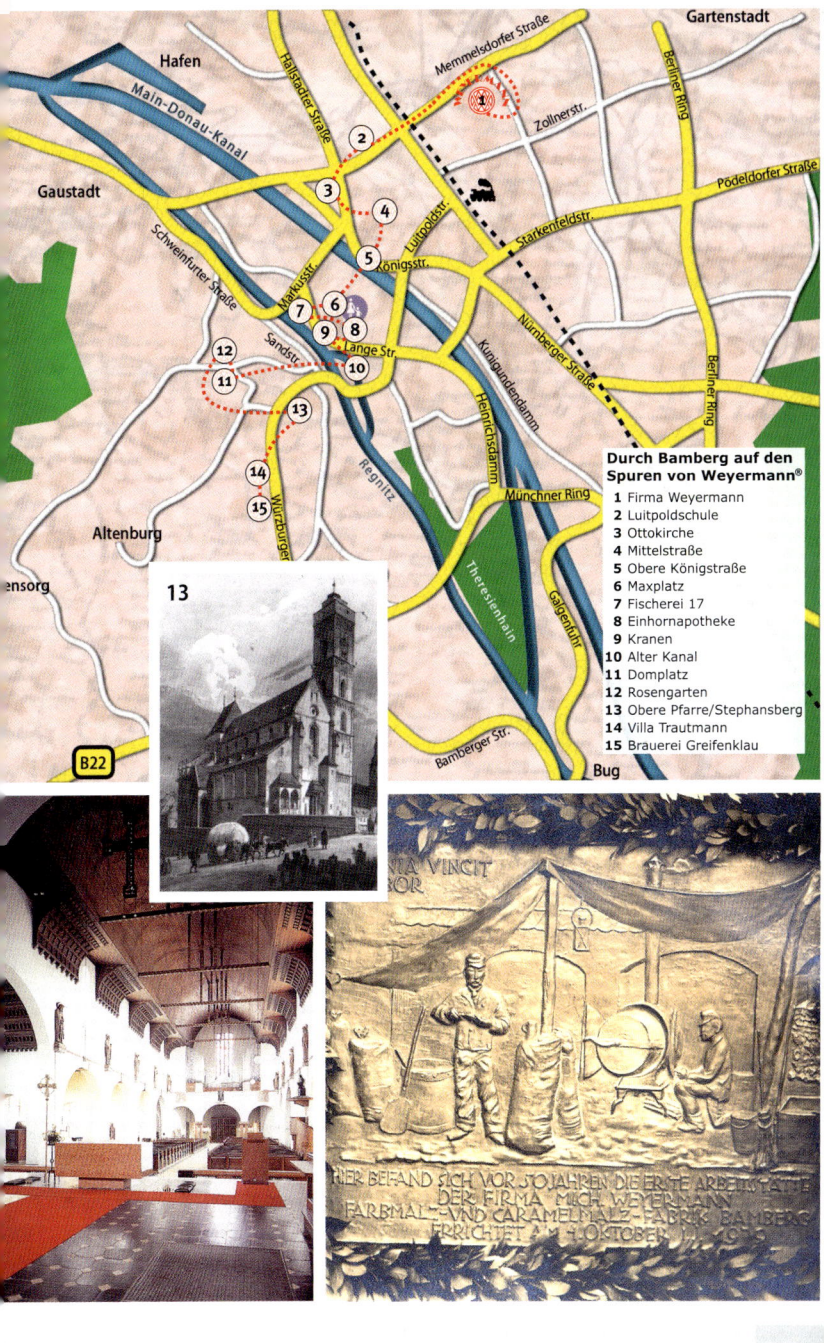

Durch Bamberg auf den Spuren von Weyermann®

1 Firma Weyermann
2 Luitpoldschule
3 Ottokirche
4 Mittelstraße
5 Obere Königstraße
6 Maxplatz
7 Fischerei 17
8 Einhornapotheke
9 Kranen
10 Alter Kanal
11 Domplatz
12 Rosengarten
13 Obere Pfarre/Stephansberg
14 Villa Trautmann
15 Brauerei Greifenklau

LÄNGE

ca. 38 km

WEGZEIT

ca. 3 Stunden

WEGBESCHAFFENHEIT

Asphaltierte Radwege und wenig
befahrene Nebenstraßen

BRAUEREIEN AN DER STRECKE

A - Sternbräu
B - Schwarzer Adler
C - Scheubel

(Details, Tourenbeschreibung und
weitere Stationen wie Biergärten oder
Sehenswürdigkeiten siehe Folgeseiten)

Schlüsselfeld

Brauereigasthof
Scheubel

Brauerei-Gasthof
Schwarzer Adler

Thüngfeld

Possenfelden

Ausfahrt
Schlüsselfeld

Sternbräu

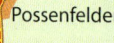

Elsendorf

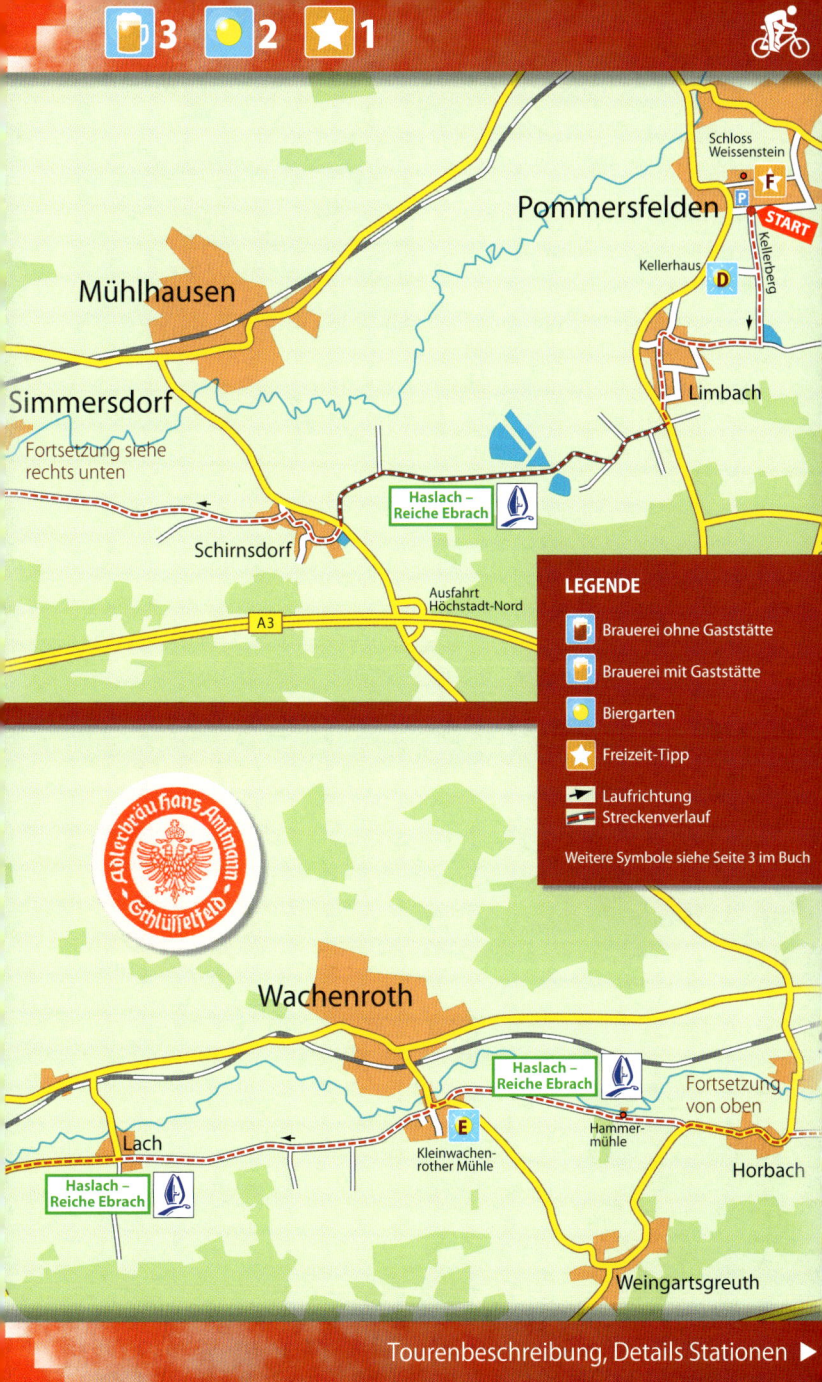

Die Radtour startet am Parkplatz von Schloss Weissenstein in Pommersfelden. Von dort folgen Sie der Straße „Kellerberg" nach Limbach. Der Radweg hat bis Elsendorf die Ausschilderung „Fernradweg Haslach-Reiche Ebrach".

Außerdem ist die gesamte Route Teil der „Fürstbischöflichen Tour" (Mar-

UNSER TIPP

Die Kleinwachenrother Mühle ist ein idyllischer Biergarten-Geheimtipp, der sich definitiv lohnt!

kierung: blauer Bischofshut). Auf bequemen Radwegen geht es fast ohne Steigungen durch kleine Dörfer bis nach Elsendorf, wo Sie die erste Brauerei finden. Dort verlassen Sie den „Fernradweg Haslach-Reiche Ebrach" und fahren über Possenfelden nach Schlüsselfeld. Auf dieser Teilstrecke gibt es die einzigen nennenswerten Steigungen der Radtour. In Schlüsselfeld biegen Sie schließlich in die Straße „Kirchplatz" ein, in der auch die zweite Brauerei liegt.

Die dritte und letzte Brauerei liegt am Marktplatz, wo Sie die Innenstadt wieder durch das Stadttor verlassen und direkt dahinter in den Fußweg am „Stadtgraben" einbiegen. Entlang der Stadtmauer geht es zurück zur Bamberger Straße und dann über den bekannten Weg nach Pommersfelden.

Sternbräu   A

Die drei Stammbiere Hell, Pils und Kellerbier werden nach den Rezepten aus der Zeit um 1700 hergestellt.

Bier-Klassiker: Sternbräu Hell

Anschrift: Braugasse 2
96132 Schlüsselfeld-Elsendorf

Öffnungszeiten:
Mo, Mi, Do und Fr ab 17, Sa ab 10.30, So und Feiertage ab 9 Uhr, Di Ruhetag

Kontakt:
Tel.: 09552-310
www.landgasthof-sternbraeu.de

Brauerei-Gasthof Schwarzer Adler   B

Am Sonntag finden sich zahlreiche Stammtische in der Brauerei ein. Uriges Gasthaus mit Freiplätzen.

Bier-Klassiker: Vollbier

Anschrift: Marktplatz 6
96132 Schlüsselfeld

Öffnungszeiten:
Täglich ab 10 Uhr
Mo und Di Ruhetag

Kontakt:
Tel.: 09552-359
www.schwarzer-adler-schluesselfeld.de

Brauereigasthof Günter Scheubel Sternbräu — C

Einige Gehminuten vom Gasthaus entfernt gibt es noch den wunderschönen Scheubel-Keller. Mehr siehe Website.

Bier-Klassiker: Vollbier hell

Anschrift: Kirchplatz 12
96132 Schlüsselfeld

Öffnungszeiten:
Täglich ab 9 Uhr
Montag Ruhetag

Kontakt:
Tel.: 09552-320
www.brauerei-scheubel.de

Kellerhaus Pommersfelden — D

1840 errichtete man das kleine Kellerhaus in Pommersfelden.

Anschrift/Kontakt:
Kellerberg 1
96178 Pommersfelden
Tel.: 09548-982198
www.kellerhaus-pommersfelden.de

Öffnungszeiten:
1. Apr. bis 31. Okt.
Täglich 12 bis 20 Uhr
Montag Ruhetag
1. Nov. bis 31. März
Mi bis So 12 bis 18 Uhr
Montag und Dienstag
Ruhetag

Kleinwachenrother Mühle — E

Fränkischen Brotzeitklassiker und Zehendner Bier, was will man mehr?

Anschrift/Kontakt:
Kleinwachenroth 7
96193 Wachenroth
Tel.: 09548-981101
www.kleinwachenrother-muehle.de

Öffnungszeiten:
1. Mai bis 15. Aug.
Fr und Sa ab 16 Uhr
So und Feiertage ab 14 Uhr
Montag bis Donnerstag
geschlossen

Schloss Weissenstein — F

Der Spaziergang um den wunderschönen Schloss-See ist einer der romantischsten im Landkreis.

Anschrift/Kontakt:
96178 Pommersfelden
Tel.: 09548-98180
www.schloss-weissenstein.de

Öffnungszeiten:
1. April bis 31. Oktober
täglich 10 bis 17 Uhr
Letzte Führung 16 Uhr
Der Park ist das ganze Jahr
geöffnet, der Schlossladen
von 9.30 bis 17 Uhr

LÄNGE
ca. 19 km

WEGZEIT
ca. 1,5 Stunden

WEGBESCHAFFENHEIT
Hauptsächlich geteerte Radwege,
innerorts auf der Straße

BRAUEREIEN AN DER STRECKE

A - Schwarzer Adler
B - Wagner / Oberhaid
C - Hertlein

(Weitere Stationen wie Biergärten oder
Sehenswürdigkeiten siehe Folgeseiten)

Diese Biertour startet am Wanderparkplatz in der Straße „Mainleite" in Dörfleins. Über die Mainleite und den Ellerweg geht es wieder aus dem Wohngebiet hinaus zur Landstraße, die durch Dörfleins führt.

Von nun an folgen Sie dem Weinradweg (Markierung blaues „M" mit Weintrauben) zuerst durch Dörfleins, wo Sie bereits die erste Brauerei finden, und dann auf einem straßenbegleitenden Radweg Richtung Oberhaid. Kurz vor dem Ort gibt es noch zwei schöne Bierkeller. In der Ortsmitte von Oberhaid kommen Sie an der zweiten Brauerei dieser Tour vorbei und müssen dann gegenüber in die Sauerstraße einbiegen.

UNSER TIPP

Der Diller-Keller ist perfekt für heiße Sommertage geeignet. Die großen Bäume spenden Schatten.

Der Radweg führt durch ein Wohngebiet und über die Friedrich-Ebert-Straße wieder aus dem Ort hinaus. Über die Felder und vorbei an den ersten Weinbergen gelangen Sie nach Staffelbach, wo die Brauerei der Wendepunkt dieser kurzen Tour ist. Von nun geht es auf dem bekannten Weg zurück nach Dörfleins.

WagnerBräu Oberhaid
Oberhaid
Sportplatz
Sauerstr.
Kraft-Keller
Hannla Keller
Dörfleins
Waldschänke Rabenhorst
Diller-Keller
START
Ellerweg
Brauerei Wagner
Brauerei Schwarzer Adler
Hallstadt
A70
Brauerei Eichhorn Dörfleins

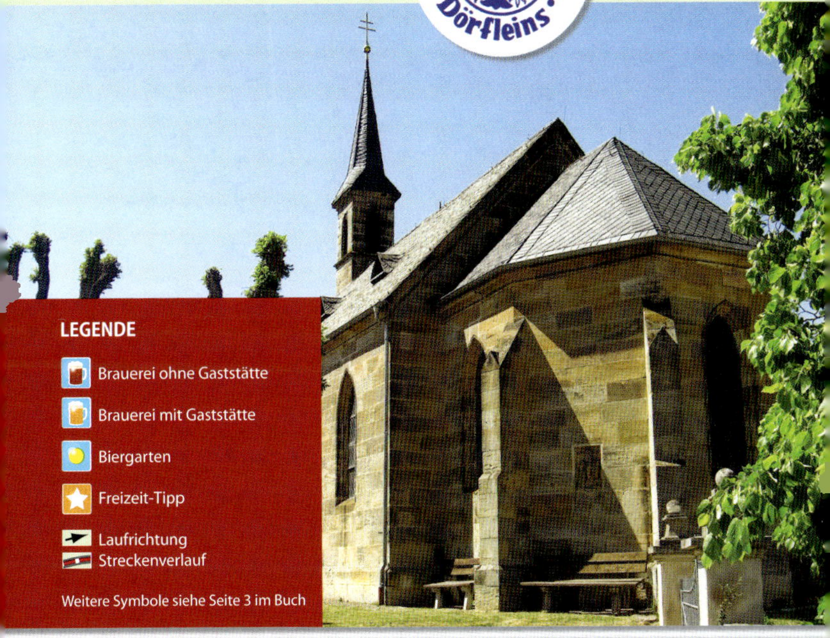

LEGENDE

- Brauerei ohne Gaststätte
- Brauerei mit Gaststätte
- Biergarten
- Freizeit-Tipp
- Laufrichtung
- Streckenverlauf

Weitere Symbole siehe Seite 3 im Buch

Brauerei Eichhorn Schwarzer Adler A

Die kleine Familienbrauerei ist vor allem für ihr ungespundetes und hefetrübes Kellerbier bekannt.

Bier-Klassiker: Kellerbier

Anschrift: Dörfleinser Straße 43
96103 Hallstadt

Öffnungszeiten:
Di, Mi, Fr und So ab 9 Uhr, Do von 9 bis 19 Uhr, Sa von 9 bis 20 Uhr, Montag Ruhetag

Kontakt:
Tel.: 0951-75660
www.brauerei-eichhorn.de

Brauerei Wagner B

Hier ist man schon seit 1550 am Werk und braut heute mit Bock, Dunkel, Keller, Pils und Vollbier fünf feine Biere.

Bier-Klassiker: Kellerbier

Anschrift: Bamberger Straße 2
96173 Oberhaid

Öffnungszeiten:
Täglich ab 9 Uhr
Kein Ruhetag

Kontakt:
Tel.: 09503-229
www.brauerei-wagner-oberhaid.de

Brauerei Hertlein C

Gebraut wird ein klassisch fränkisches Lagerbier mit einem dezenten Charakter, welches daher recht süffig ist.

Bier-Klassiker: Lagerbier dunkel

Anschrift: Hallstadter Straße 12
96173 Oberhaid

Öffnungszeiten:
Mi ab 17 Uhr, Sa ab 15 Uhr, So 10 bis 12 und ab 17 Uhr
Mo, Di, Do, Fr Ruhetag

Kontakt:
Tel.: 09503-7890
Fax: 09505-7890

Waldschänke Rabenhorst D

Die schattige Waldschänke liegt ziemlich abgelegen im Wald.

Anschrift/Kontakt:
Weißer Graben 1
96103 Hallstadt-Dörfleins
Tel.: 0951-75505

Öffnungszeiten:
Täglich ab 14 Uhr
Montag und Dienstag Ruhetag

Diller-Keller   E

Auf dem Diller-Keller kann man wahlweise die guten Brotzeiten oder Kaffee
und Kuchen genießen.

Anschrift/Kontakt:
Am Kreuzberg
96103 Hallstadt
Tel.: 0175-5280071

Öffnungszeiten:
Täglich ab 16 Uhr
Sa, So und Feiertage ab
14 Uhr
Kein Ruhetag

Hannla Keller   F

Vom Hannla Keller hat man einen
absolut genialen Ausblick.

Anschrift/Kontakt:
Bamberger Straße 2
96173 Oberhaid
Tel.: 09503-229
www.brauereiwagneroberhaid.de

Öffnungszeiten:
Täglich ab 14 Uhr
So ab 12 Uhr
Kein Ruhetag
Bei schlechtem Wetter
geschlossen

Kraft-Keller   G

Erwähnt werden muss der große
Spielplatz und die gute Lage weit ab
von der Straße.

Anschrift/Kontakt:
Richtung Johannishof
96173 Oberhaid
Tel.: 0151-12336153

Öffnungszeiten:
Täglich ab 15 Uhr
So und Feiertage ab 13 Uhr
Kein Ruhetag
Bei schlechtem Wetter
geschlossen

LÄNGE

ca. 34 km

WEGZEIT

ca. 2,5 Stunden

WEGBESCHAFFENHEIT

Geteerte oder geschotterte Radwege, zwischen Melkendorf und Bamberg straßenbegleitende Radwege

BRAUEREIEN AN DER STRECKE

A - Sauer
B - Griess
C - Krug
D - Winkler
E - Knoblach
F - Drei Kronen
G - Höhn
H - Weyermann
D - Fässla
E - Spezial
F - Keesmann
G - Mahr

(Details, Tourenbeschreibung und weitere Stationen wie Biergärten oder Sehenswürdigkeiten siehe Folgeseiten)

LEGENDE

🍺 Brauerei ohne Gaststätte

🍺 Brauerei mit Gaststätte

🍺 Biergarten

⭐ Freizeit-Tipp

Laufrichtung

Streckenverlauf

Weitere Symbole siehe Seite 3 im Buch

A70

Ausfahrt Memmelsdorf

Burgenstr.

Memmelsdorfer Str.

Röstmalzbierbrauerei Weyermann
H

Bahnhof

Brauerei Fässla
J

Bamberg

Brauerei Spezial
K

Brauerei Keesmann
L

Mahr's Bräu
M

Abzweig zu den Brauereien an der Wunderburg

Main-Donau-Kanal

Spezial
Rauchbier
1536
Brauerei zum Spezial
Christian Merz, Bamberg.

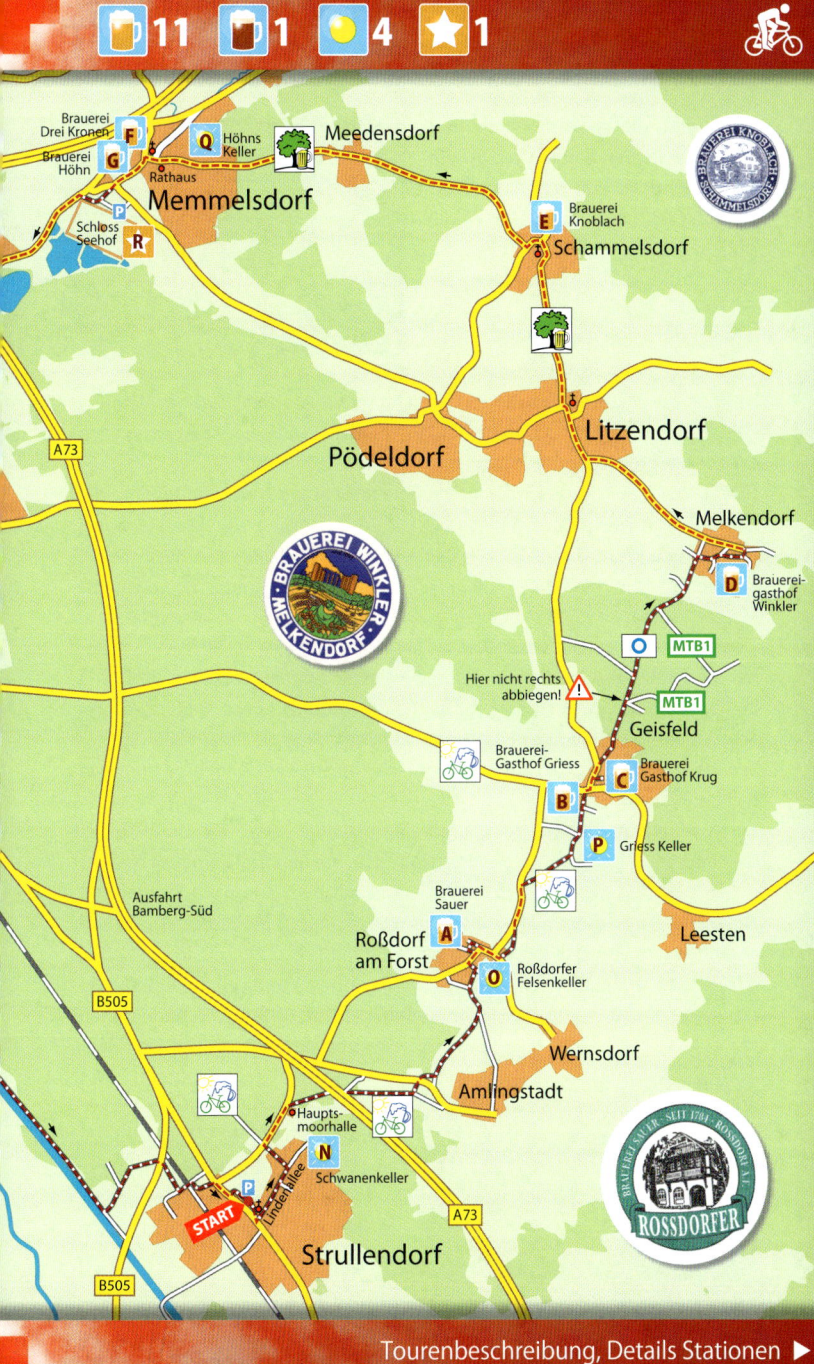

Startpunkt dieser Radtour ist der Parkplatz in der Bamberger Straße in Strullendorf. Von dort radeln Sie Richtung Kirche und biegen in die Lindenallee ein. Bis Geisfeld folgen Sie der „Strullendorfer Bierkellerrunde" mit der Markierung „Rad mit Bierkrug und Sonne". Über den Mühlberg geht es wieder aus Strullendorf hinaus und

dann an der Hauptsmoorhalle vorbei Richtung Amlingstadt. Kurz vor dem Ort geht es links nach Roßdorf weg. In Roßdorf führt Sie ein kleiner Abstecher in den Ort zur Brauerei Sauer.

Nun fahren Sie ein kurzes Stück auf der Straße Richtung Wernsdorf bis links der Radweg nach Geisfeld abzweigt. In Geisfeld verlassen Sie an der Brauerei Griess die Markierung der „Strullendorfer Bierkellerrunde" und fahren rechts Richtung Melkendorf. Nun geht es bergauf in den Wald hinein und immer geradeaus bis Melkendorf, wo die nächste Brauerei wartet. Über den straßenbegleitenden Radweg geht es weiter nach Litzendorf, wo Sie an der Kirche rechts Richtung Schammelsdorf abbiegen. In Schammelsdorf geht es an der Brauerei vorbei und dann immer Richtung Memmelsdorf. An der Memmelsdorfer Kirche biegen Sie links ab, passieren zwei weitere Brauereien und fahren dann geradeaus zum Schloss Seehof. Über den Radweg an der Memmelsdorfer Straße gelangen Sie nun nach Bamberg hinein.

Kurz vor der Bahnunterführung lohnt ein Abstecher nach links zur Röstmalzbierbrauerei Weyermann in der Brennerstraße. Am Bahnhof Bamberg besteht die Möglichkeit die Tour zu verkürzen und mit dem Zug nach Strullendorf zu fahren. Sonst biegen Sie kurz vor dem Bahnhof in die Klosterstraße und gelangen dann im Zick-Zack durch kleine Straßen zur „Unteren Königstraße", wo Sie die Brauereien Fässla und Spezial vorfinden. Vorbei an der Volkshochschule geht es nun zum Main-Donau-Kanal. Auf der Uferpromenade folgen

UNSER TIPP

Die Gasthöfe in Memmelsdorf (Drei Kronen und Höhn) bieten sich als Übernachtungs-Stationen an.

Sie nun der Ausschilderung „Regnitz-Radweg (Kanalroute)". Wer möchte kann an der Straße „Wunderburg" noch einen Abstecher zu zwei weiteren Brauereien machen. Am Kanal entlang geht es nun der Markierung folgend zurück nach Strullendorf.

Brauerei Sauer Roßdorf A

Im Sommer lohnt auch der Weg zum ehemaligen Felsenkeller der Brauerei – inklusive Führung durch die Stollen.

Bier-Klassiker: Unfiltriertes Urbräu

Anschrift: Sutte 5
96129 Roßdorf am Forst

Öffnungszeiten:
Täglich ab 11 Uhr
Montag Ruhetag

Kontakt:
Tel.: 09543-1578
www.brauerei-sauer.de

Brauerei-Gasthof Griess B

Zur Brotzeit gehören hier vor allem Ziebeleskäse, Knoblauchkäse und Zwetschgenbames.

Bier-Klassiker: Kellerbier

Anschrift: Magdalenenstraße 6
96129 Strullendorf-Geisfeld

Öffnungszeiten:
Täglich ab 15 Uhr
Sa und So ab 10 Uhr
Mittwoch Ruhetag

Kontakt:
Tel.: 09505-1624
www.brauerei-griess.de

Brauerei Gasthof Krug C

Bei der kleinen Familienbrauerei Krug – mit Gastwirtschaft und Biergarten – ist irgendwie alles noch wie früher.

Bier-Klassiker: Lagerbier

Anschrift: Alte Dorfstraße 11
96129 Strullendorf-Geisfeld

Öffnungszeiten:
Täglich ab 16 Uhr
Dienstag Ruhetag

Kontakt:
Tel.: 09505-484
www.brauerei-krug.de

Brauereigasthof Winkler D

Das Vollbier, fast ein bisschen ölig, kommt sehr süffig daher und macht Laune auf mehr.

Bier-Klassiker: Vollbier

Anschrift: Otterbachstraße 13
96123 Litzendorf-Melkendorf

Öffnungszeiten:
Mo bis Do ab 16, Fr bis So ab 10 Uhr, Di Ruhetag

Kontakt:
Tel.: 09505-224
www.brauerei-winkler.
onlinehome.de

Brauerei Knoblach   E

Leckeres Räuschlabier, schöner Biergarten und klassische fränkische Küche wissen zu begeistern.

Bier-Klassiker: Räuschla

Anschrift: Kremmeldorfer Straße 1
96129 Schammelsdorf

Öffnungszeiten:
Di bis Fr ab 15 Uhr, Sa, So und Feiert. ab 9 Uhr, Mo Ruhetag (wenn Mo Feiertag, Di Ruhetag)

Kontakt:
Tel.: 09505-267
www.brauerei-knoblach.de

Brauerei-Gasthof Drei Kronen (mehr S. 118)   F

Die kleine Feinschmecker-Brauerei bietet alles, was das Herz begehrt. Gute Übernachtungsmöglichkeit!

Bier-Klassiker: Stöffla (Kellerrauchbier)

Anschrift: Hauptstraße 19
96117 Memmelsdorf

Öffnungszeiten:
Täglich ab 9 Uhr,
So ab 15 Uhr bis Mo 17 Uhr geschlossen

Kontakt:
Tel.: 0951-944330
www.drei-kronen.de

Brauerei Gasthof Höhn   G

Erst 1960 erbaut, kann der Brauereigasthof doch auf eine vielhundertjährige Geschichte zurückblicken.

Bier-Klassiker: Görchla-Bier

Anschrift: Hauptstraße 11
96117 Memmelsdorf

Öffnungszeiten:
Täglich ab 8 Uhr
Dienstag Ruhetag

Kontakt:
Tel.: 0951-406140
www.gasthof-hoehn.de

Heinz Weyermann® Röstmalzbierbrauerei   H

Die Mälzerei verfügt über eine mit allen Finessen ausgestattete Braumanufaktur.

Bier-Klassiker: Schlotfegerla®

Anschrift: Brennerstraße 17-19
96052 Bamberg

Öffnungszeiten:
Fanshop: Mo bis Do 10 bis 12 Uhr und 13 bis 16 Uhr, Fr 10 bis 12 Uhr und 13 bis 15 Uhr

Kontakt:
Tel.: 0951-93220-33
www.weyermann.de

Brauerei Fässla J

Seit 1649 entsteht in dem kleinen Häuschen in der Königstraße das Fässla-Bier.

Bier-Klassiker: Zwergla

Anschrift: Obere Königstraße 19-21 96052 Bamberg

Öffnungszeiten:
Mo bis Sa ab 8 Uhr
So 8 bis 12.30 Uhr
Kein Ruhetag

Kontakt:
Tel.: 0951-26516 und -22998
www.faessla.de

Brauerei Spezial K

Bambergs älteste Rauchbierbrauerei ist voll im Trend. Mit eigenem Solarstrom und holzbefeuerter Malzdarre.

Bier-Klassiker: Lager-Rauchbier

Anschrift: Obere Königstraße 10 96052 Bamberg

Öffnungszeiten:
Täglich ab 9 Uhr
Sa von 9 bis 14 Uhr
Kein Ruhetag

Kontakt:
Tel.: 0951-24304
www.brauerei-spezial.de

Brauerei Keesmann L

Ganz untypisch für eine fränkische Brauerei hat sich beim Keesmann das Pils als Klassiker herausgebildet.

Bier-Klassiker: Bamberger Herren Pils

Anschrift: Wunderburg 5 96050 Bamberg

Öffnungszeiten:
Mo bis Fr ab 10 Uhr
Sa 9 bis 15 Uhr
Sonntag Ruhetag

Kontakt:
Tel.: 0951-981980
www.keesmann-braeu.de

Mahrs-Bräu M

Die Familie Michel hat es vorbildlich verstanden, die historische Atmosphäre der Brauerei zu erhalten.

Bier-Klassiker: Ungespundetes Kellerbier

Anschrift: Wunderburg 10 96050 Bamberg

Öffnungszeiten:
Täglich ab 9.30 Uhr
Kein Ruhetag

Kontakt:
Tel.: 0951-915170
www.mahrs.de

Schwanenkeller N

Der Schwanenkeller ist insbesondere ein Highlight für Naturfreaks. Traufhafte Lage.

Anschrift/Kontakt:
Kellerberg 9
96129 Strullendorf
Tel.: 09543-41278

Öffnungszeiten:
Täglich ab 11 Uhr
So und Feiertage ab 10 Uhr
1. Mai und Herrentag ab 9 Uhr
Kein Ruhetag, bei schlechtem Wetter geschlossen

Roßdorfer Felsenkeller O

Idyllisch unter Bäumen liegt der Bierkeller der Brauerei Sauer.

Anschrift/Kontakt:
Zum Felsenkeller
96129 Roßdorf am Forst
Tel.: 0170-1202906
www.rossdorfer-felsenkeller.de

Öffnungszeiten:
Täglich ab 15.30 Uhr
So und Feiertage ab 11 Uhr
Kein Ruhetag
Bei schlechtem Wetter geschlossen

Griess Keller P

Das vielfältige Angebot wird durch ein kräftiges Kellerbier abgerundet.

Anschrift/Kontakt:
Kellerweg 9
96129 Geisfeld
Tel.: 0171-7927315
www.griess-keller.de

Öffnungszeiten:
Täglich ab 16.30 Uhr
So und Feiertage ab 14 Uhr
Kein Ruhetag
Bei schlechtem Wetter geschlossen

Höhnskeller Q

Beim „Höhnskeller" in Memmelsdorf kommen nicht nur die Bier-, sondern auch die Weinkenner auf ihre Kosten.

Anschrift/Kontakt:
Meedensdorfer Straße
96117 Memmelsdorf
Tel.: 0171-1552122

Öffnungszeiten:
Mo bis Sa ab 16 Uhr
So ab 15 Uhr
Feiertage ab 16 Uhr
Kein Ruhetag

Schloss Seehof R

Zauberhaftes Ambiente mit spannedem Schloss und leckerem Restaurant.

Anschrift/Kontakt:
Schloss Seehof
96117 Memmelsdorf
Tel.: 0951-4071640 (Gastro)
www.schlossseehof.de

Öffnungszeiten:
Restaurant: Mo bis Sa 10 bis 18 Uhr, So und Feiertage 9 bis 18 Uhr
Schloss: April-Oktober: täglich 9 bis 18 Uhr, November bis März geschlossen

Memmelsdorfer Feinschmecker-Brauerei

WWW.DREI-KRONEN.DE

Volles Stöffla zum Erfolg – Hans-Ludwig Straub gibt seit vielen Jahren Gas, um aus seiner kleinen Brauerei Drei Kronen einen wahren Biergenusstempel zu machen. Nicht nur, aber auch in Sachen Bier setzt er auf die Zahl drei. So gibt es das süffige Kellerrauchbier namens Stöffla, ein Lagerbier und ein Keller-Pils.

Besonders lecker sind auch die **saisonalen Spezialbiere**, die im jährlichen Wechsel genossen werden dürfen: Balthasar (hell), Caspar (schwarz) und Melchior (bernsteinfarben). Gerne erklärt der Chef das aber auch alles persönlich bei einer Brauereiführung, idealerweise mit anschließendem Bierkulinarium. Neue und kreative Ansätze bringt inzwischen Tochter und Braumeisterin Isabella mit ein.

Die wunderschöne „Gute Stube" und das urgemütliche „Kachelofenzimmer" vermitteln sofort eine **Wohlfühl-Atmosphäre**. Ein lauschiger Wirtsgarten hinter dem Haus liefert die perfekte Gelegenheit, um im Freien laue Sommerabende zu genießen. Hier können dann **fränkische Gerichte** nach Großmutters Rezepten, mal deftig mal leicht, genossen werden. Frische, Regionalität und ein Hang zum Bier werden Sie hier natürlich stets begleiten.

Im Brauereigasthof lässt es sich übrigens auch wunderbar übernachten. **Schöne und moderne Gästezimmer** wissen genauso zu überzeugen wie das feine Frühstücksbuffet mit regionalen Spezialitäten und die tollen Möglichkeiten für Tagungen und Seminare.

Öffnungszeiten Brauereigaststätte:
Täglich ab 9 Uhr, So ab 15 Uhr bis Mo 17 Uhr Ruhetag

Spezialitäten: Frische, fränkische Küche mit saisonalen Spezialitäten, Lagerbier, Kellerrauchbier „Stöffla", Kellerpils, Stöfflabrot, Juralamm, Zwetschgäbaamäs, „bierige" Gerichte, Arrangements

Anschrift/Kontakt:
Hauptstraße 19
96117 Memmelsdorf
Tel. (0951) 944330
Fax (0951) 9443366
E-Mail: info@drei-kronen.de

Öffnungszeiten:
Täglich ab 9 Uhr,
Sonntag ab 15 Uhr bis
Montag 17 Uhr Ruhetag

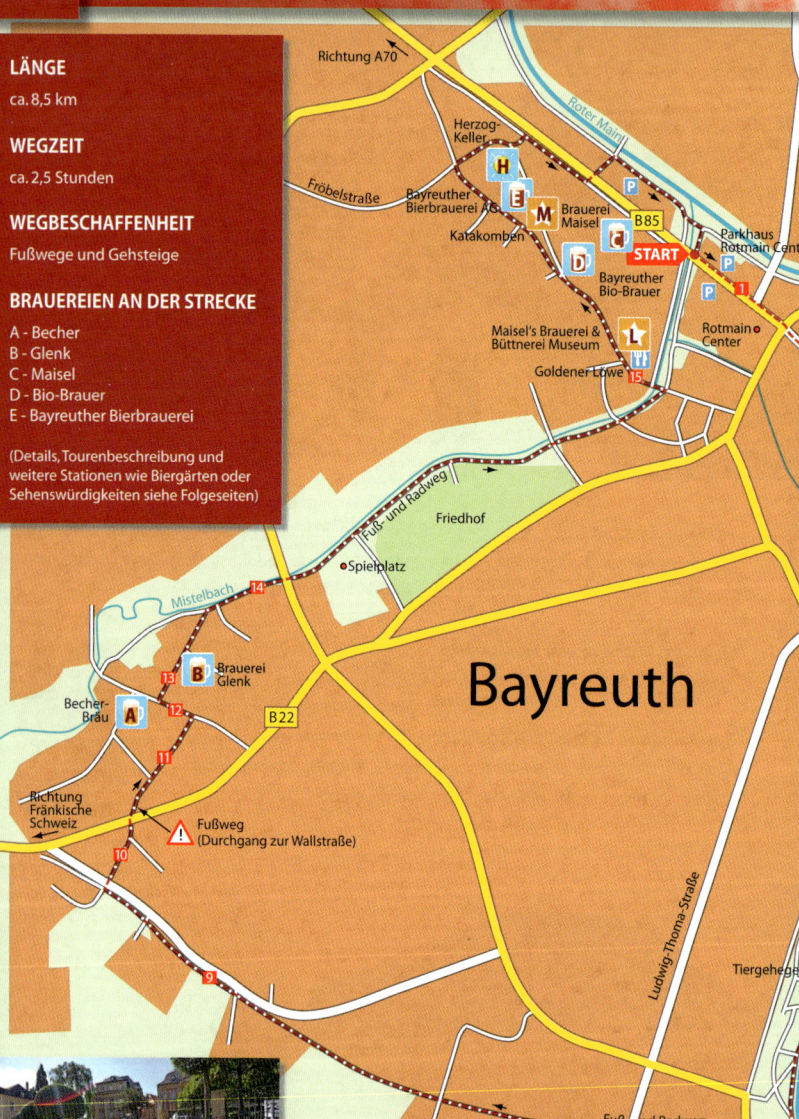

LÄNGE

ca. 8,5 km

WEGZEIT

ca. 2,5 Stunden

WEGBESCHAFFENHEIT

Fußwege und Gehsteige

BRAUEREIEN AN DER STRECKE

A - Becher
B - Glenk
C - Maisel
D - Bio-Brauer
E - Bayreuther Bierbrauerei

(Details, Tourenbeschreibung und
weitere Stationen wie Biergärten oder
Sehenswürdigkeiten siehe Folgeseiten)

Richtung A70

Roter Main

Herzog-
Keller

Fröbelstraße

Bayreuther
Bierbrauerei AG

Katakomben

Brauerei
Maisel

B85

START

Bayreuther
Bio-Brauer

Parkhaus
Rotmain Center

Maisel's Brauerei &
Büttnerei Museum

Goldener Löwe

Rotmain
Center

Bayreuth

Friedhof

Fuß- und Radweg

Mistelbach

Spielplatz

Brauerei
Glenk

Becher-
Bräu

B22

Richtung
Fränkische
Schweiz

Fußweg
(Durchgang zur Wallstraße)

Ludwig-Thoma-Straße

Tiergehege

Fuß- und Radweg

LEGENDE

⬛ Brauerei ohne Gaststätte

⬛ Brauerei mit Gaststätte

🟡 Biergarten

⭐ Freizeit-Tipp

Laufrichtung

Streckenverlauf

Weitere Symbole siehe Seite 3 im Buch

🍺 2 🍺 3 🟡 3 ⭐ 4

Bahnhof

Fußgängerzone

Schlosskirche

Oper

F Oskar - Das Wirtshaus

Vogelsgarten

Neues Schloss

G

J

Freimaurermuseum

Jean-Paul-Museum

Richard-Wagner-Museum (Haus Wahnfried)

Franz-Liszt-Museum

Parkplatz Stadthalle

Mannsbräu

K Bäckerei Lang

Hofgarten

Kolfmsee

Hegelstr.

L

1	Hindenburgstraße	11	Wallstraße
2	Maximilianstraße	12	St.-Nikolaus-Straße
3	La-Spezia-Platz	13	Eichelweg
4	Opernstraße	14	Am Mistelbach
5	Richard-Wagner-Str.	15	Kulmbacher Straße
6	Jean-Paul-Straße		
7	Friedrichstraße		
8	Schleiermacherstr.		
9	Spitzwegstraße		
10	Wörthstraße		

Tourenbeschreibung, Details Stationen ▶

Diese Brauereiwanderung führt Sie durch das Herz Bayreuths, vorbei an vielen historischen Gebäuden und natürlich Brauereien. Startpunkt ist das Parkhaus Rotmain Center. Von dort laufen Sie erst entlang der Hindenburgstraße und dann hinein in die Fußgängerzone der Bayreuther Innenstadt.

Durch den Innenhof des Finanzamtes zweigt der Weg links ab zur sehenswerten Schlosskirche. Über den La-Spezia-Platz und die Opernstraße gelangen Sie wieder zurück zur Fußgängerzone, wo Sie links in die Richard-Wagner-Straße einbiegen. Am Haus Wahnfried geht es dann in den Hofgarten, wo Sie sich rechts Richtung Neues Schloss halten. Vor dem Schloss geht es dann links Richtung Parkplatz Stadthalle. An diesem Parkplatz liegt auch die Bäckerei Lang, die mehrmals im Jahr zu einer Brauerei wird. Weiter geht es über die Friedrichstraße zum Tierpark Röhrensee. Hier geht der Weg am rechten Seeufer entlang bis zum Ende des Sees.

Dort geht es unter der alten Steinbrücke hindurch und dahinter gleich rechts hinauf. Über einen langen Fuß- und Radweg kommen Sie zu den Brauereien Becher und Gelenk. Am idyllischen Mistelbach geht es jetzt bis zur Kulmbacher Straße, in die Sie links einbiegen. Den Abschluss dieser Tour bilden die zwei großen Bayreuther Brauereien und die Möglichkeit Maisel's Brauerei & Büttnerei-Museum oder die Katakomben der Aktien-Brauerei zu besuchen.

UNSER TIPP

An der Strecke liegen noch weitere sehenswerte Museen. Mehr siehe Website: www.bayreuth.de

Becher-Bräu   A

Die älteste Brauerei der Richard-Wagner-Stadt besteht seit 1781 und ist damit älter als das Stadtzentrum selbst.

Bier-Klassiker: Kräusen Pils

Anschrift: St. Nikolaus-Straße 25
95445 Bayreuth

Öffnungszeiten:
Täglich ab 9 Uhr
Dienstag Ruhetag

Kontakt:
Tel.: 0921-68993
www.becherbraeu.de

Brauerei Glenk   B

Der Biergarten nebenan hat werktags ab 16 und Wochende/Feiertage ab 11 Uhr geöffnet. Montag Ruhetag.

Bier-Klassiker: Pils

Anschrift: Eichelweg 9-14
95445 Bayreuth

Öffnungszeiten Brauerei:
Mo bis Fr 7 bis 17 Uhr
April bis Oktober zusätzlich
Sa 10 bis 12.30 Uhr

Kontakt:
Tel.: 0921-757190
www.glenk-braeu.de

Brauerei Gebr. Maisel   C

Die Brautradition der Brauerei Gebr. Maisel reicht zurück bis ins 18. Jhd.

Bier-Klassiker: Maisel's Weisse Original

Anschrift: Hindenburgstraße 9
95445 Bayreuth

Öffnungszeiten (Gasthof Kulmbacher Straße 30):
Fr bis Mo 11 bis 14.30 Uhr
und ab 17 Uhr, Do ab 17 Uhr
Di und Mi Ruhetag

Kontakt:
Tel.: 0921-4010, maisel.com

Bayreuther Bio-Brauer   D

Die Bio-Brauer haben sich echter Bioland-Spitzenqualität verschrieben und schaffen eine sehr leckere Bio-Weisse.

Bier-Klassiker: Bio-Weisse

Anschrift: Hindenburgstraße 9
95445 Bayreuth

Öffnungszeiten:
Mo bis Do 7.30 bis 17 Uhr
Fr 7.30 bis 12.30 Uhr

Kontakt:
Tel.: 0921-401-246
www.bayreuther-bio-brauer.de

Bayreuther Bierbrauerei AG E

Die Bayreuther Bierbrauerei AG steht seit über 150 Jahren für handwerklich gebraute Bierspezialitäten.

Bier-Klassiker: Aktien Original

Anschrift: Hindenburgstraße 9
95445 Bayreuth

Öffnungszeiten:
Mo bis Fr 7.30 bis 17 Uhr
Fr 7.30 bis 12.30 Uhr
(Gastro siehe Herzogkeller)

Kontakt:
Tel.: 0921-401111
bayreuther-bierbrauerei.de

Oskar – Das Wirtshaus am Markt F

Mitten am Markt platzt die Zünftigkeit quasi aus allen Mauerfugen des Oskar.

Anschrift/Kontakt:
Maximilianstraße 33
95444 Bayreuth
Tel.: 0921-5160553
www.oskar-bayreuth.de

Öffnungszeiten:
Täglich ab 8 Uhr
So ab 9 Uhr
Kein Ruhetag

Vogelsgarten G

Neu gestaltet und mit leckeren Bayreuther Bieren ausgestattet.

Anschrift/Kontakt:
Friedrichstraße 13
95444 Bayreuth
Tel.: 0921-50709426
www.vogels-garten.de

Öffnungszeiten:
Täglich ab 16 Uhr

Herzogkeller H

Er verweist mit über 1.000 Plätzen alle anderen in der Stadt auf die Plätze.

Anschrift/Kontakt:
Hindenburgstraße 9
95445 Bayreuth
Tel.: 0921-43419
www.herzogkeller.de

Öffnungszeiten:
Ende April bis Mitte Sep.
Täglich ab 16 Uhr
Kein Ruhetag

Neues Schloss J

Von Joseph Saint-Pierre ab 1753 erbaute neue Stadtresidenz.

Anschrift/Kontakt:
Ludwigstraße 21
95444 Bayreuth
Tel.: 0921-759690
schloesser.bayern.de

Öffnungszeiten:
April bis Sept.: 9 bis 18 Uhr täglich geöffnet
Okt. bis März: 10 bis 16 Uhr
Montags geschlossen

Halbstündliche Führungen im Italienischen Bau

Buschenschänke Bäckerei Konditorei Lang K

Etwas ganz Besonderes! Hinter der Bäckerei verbirgt sich absoluter Kult!

Anschrift/Kontakt:
Jean-Paul-Straße 7
95444 Bayreuth
Tel: 0921-64408
www.baeckerei-lang.de

Öffnungszeiten:
Jeweils eine Woche im Mai, Juni, September und Oktober
Mehr siehe Website

Maisel's Brauerei- & Büttnerei-Museum L

Museum im Stammhaus der Brauerei Gebr. Maisel aus dem 19. Jahrhundert.

Anschrift/Kontakt:
Kulmbacher Straße 40
95445 Bayreuth
Tel.: 0921-401234
www.maisel.com/museum

Öffnungszeiten:
Führungen für Einzelbesucher: Mo bis So jeweils um 14 Uhr. Gruppenführungen ab 12 Personen sind nach telefonischer Absprache an allen sieben Tagen in der Woche buchbar.

Katakomben der Bayreuther AKTIEN-Brauerei M

Steigen Sie hinab in die faszinierende Welt der Felsenkeller.

Anschrift/Kontakt:
Kulmbacher Straße 60
95445 Bayreuth
Tel.: 0921-401234
www.bayreuther-bier.de

Öffnungszeiten:
Führungen für Einzelpersonen: Mo bis So um 16 Uhr. Gruppenführungen sind ab 12 Personen nach telefonischer Anmeldung jederzeit möglich, auch am Abend.

Maisel's Brauerei- & Büttnerei-Museum

Das zinnengeschmückte Stammhaus der Brauerei Gebr. Maisel aus dem 19. Jahrhundert beherbergt heute auf über 2400 m² ein weltweit einzigartiges Biermuseum. Bereits 1988 erfolgte der Eintrag in das Guinness-Buch der Rekorde.

Während der einstündigen Führung durch 20 Räume bestaunen die Besucher die Brauanlagen noch an den originalen Wirkungsstätten. Seit der Eröffnung besuchten bereits über 500.000 Gäste die Bayreuther Bier-Erlebniswelt, die sich besonders bei Vereinen und Betriebsausflügen großer Beliebtheit erfreut. Highlights des Museums sind neben der komplett erhaltenen historischen Brauerei zwei Räume mit 400 seltenen Emailleschildern verschiedener Brauereien und Biermarken. Ebenfalls ein Glanzpunkt: In zwei großen Vitrinengewölben werden über 5400 Biergläser und Krüge sowie eine Bierdeckelsammlung kunstvoll in Szene gesetzt. Nachdem in den tiefen Lagerkellern die letzten Geheimnisse der Braukunst gelüftet wurden, endet die Tour in der „Alten Abfüllerei" bei einer frischen Maisel's Weisse.

Anschrift/Kontakt

Kulmbacher Straße 40
95445 Bayreuth
Tel.: 0921-401234
Fax: 0921-401233
brauereimuseum@maisel.com

Katakomben der Bayreuther AKTIEN-Brauerei

Die kühlen Felsenkeller werden in Franken seit alters her zum Lagern der einzigartigen Bierspezialitäten verwendet. Während auf dem Lande viele kleinere Gewölbe zu finden sind, können viele Städte kilometerlange Katakomben aufweisen. In Bayreuths beeindruckender Unterwelt liegt der Ursprung der handwerklichen Brautradition begründet.

So bietet sich dem Besucher in den Katakomben der AKTIEN-Brauerei eine ganz besondere Bier-Tour. Hier unten erfährt er viel über die Brauereigeschichte und die Stadtgeschichte. Ab dem 16. Jahrhundert wurden die verwinkelten Gänge in den Sandstein getrieben. Warum, weiß bis heute niemand so genau. Waren es vielleicht Schutz- und Fluchtanlagen? Nur eines steht fest: Es waren die besten und kühlsten Keller im ausgehenden 19. Jahrhundert und damit die ideale Lagerstätte für die AKTIEN-Bierspezialitäten, die nach der einstündigen Führung auch auf die Besucher warten. Im gemütlichen Bräustüberl mit der original Wirtshausatmosphäre aus der guten alten Zeit schmeckt das AKTIEN Original 1857, das Zwick'l Kellerbier oder das AKTIEN Landbier besonders gut.

Feiern lässt es sich im Keller der Feste. Im angrenzenden AKTIEN-Keller ist von der Familienfeier im kleinen Kreis bis zu kompletten Veranstaltungskonzepten alles möglich, was das Herz begehrt.

Anschrift/Kontakt

AKTIEN-Katakomben
Kulmbacher Straße 60
95445 Bayreuth
Tel: 0921/401-234
www.bayreuther-bier.de

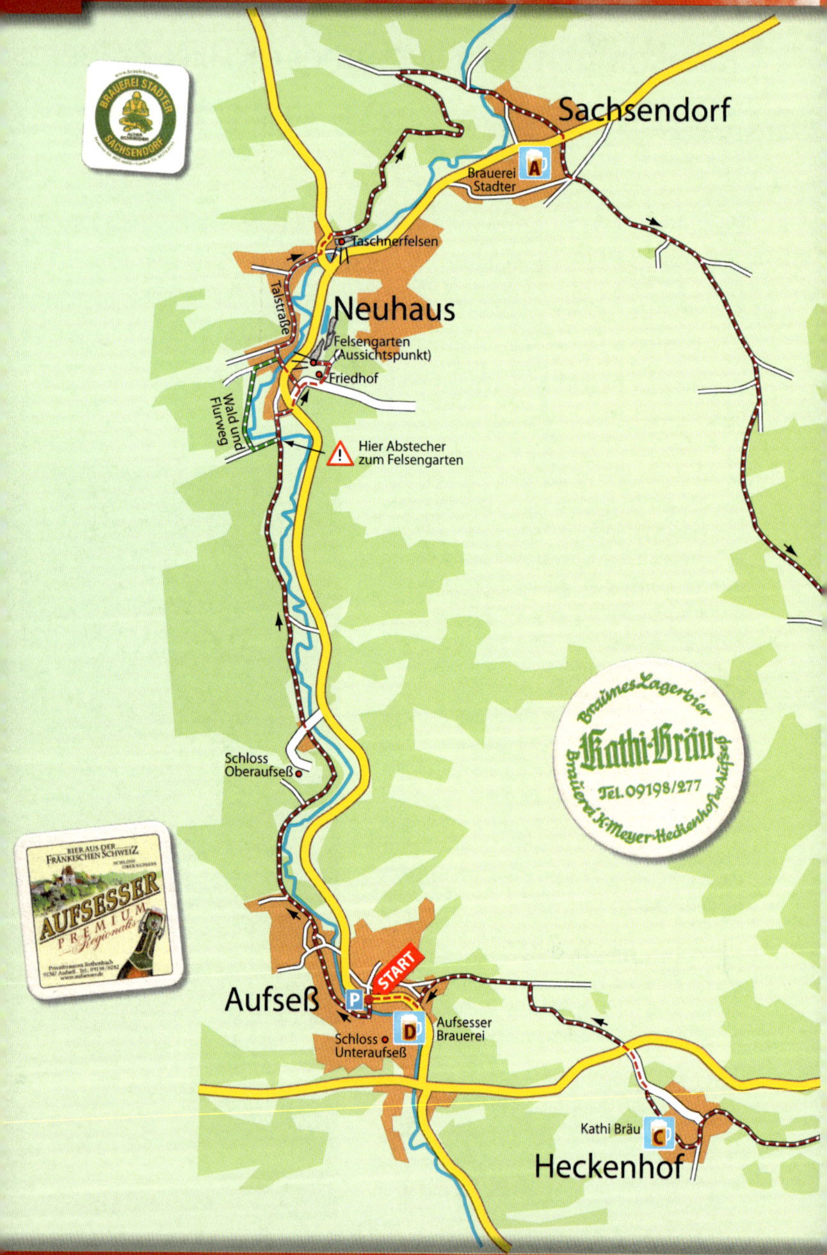

Sachsendorf

Brauerei
Stadter

A

Taschnerfelsen

Neuhaus

Felsengarten
(Aussichtpunkt)

Friedhof

Wald und
Flurweg

Talstraße

Hier Abstecher
zum Felsengarten

Schloss
Oberaufseß

Kathi-Bräu
Brazines Lagerbier
Tel. 09198/277
Brauerei K. Meyer-Heckenhof/Aufseß

AUFSESSER
PREMIUM
Regionalts

START

Aufseß

P

D

Aufsesser
Brauerei

Schloss
Unteraufseß

Kathi Bräu

C

Heckenhof

4

LÄNGE
ca. 15 km

WEGZEIT
ca. 4 Stunden

WEGBESCHAFFENHEIT
Meist geschotterte Wanderwege, teils geteert

BRAUEREIEN AN DER STRECKE
A - Stadter
B - Reichold
C - Kathi Bräu
D - Aufsesser Brauerei

(Details, Tourenbeschreibung und weitere Stationen wie Biergärten oder Sehenswürdigkeiten siehe Folgeseiten)

Brauereienweg

Tiefenlesau

Brauereigasthof Reichold **B**

Hochstahl

LEGENDE

🍺 Brauerei ohne Gaststätte

🍺 Brauerei mit Gaststätte

🟡 Biergarten

⭐ Freizeit-Tipp

↘ Laufrichtung

↘ Streckenverlauf

Weitere Symbole siehe Seite 3 im Buch

Tourenbeschreibung, Details Stationen ▶

An der Straße „Im Tal", nahe der Brauerei „Aufsesser" liegt der Parkplatz, an dem diese Tour startet. Von dort geht es auf einer kleinen Brücke über das Flüsschen „Aufseß" und dann der Ausschilderung „Brauereienweg" folgend Richtung Norden bis zur kleinen Ortschaft Oberaufseß.

Das gleichnamige Schloss oberhalb der Häuser ist in Privatbesitz und kann leider nicht besichtigt werden. Immer an der Aufseß entlang geht es weiter bis kurz vor Neuhaus. Dort gabelt sich der Weg auf, und man kann die kürzere Route entlang der Straße oder den längeren „Wald- und Flurweg" nehmen. Wir möchten Ihnen eine Mischung aus beidem ans Herz legen. Sie folgen erst der kürzeren Variante nach rechts und biegen gleich an den ersten Häusern wieder rechts ab zur Landstraße. Wenn Sie diese überquert haben, führt auf der anderen Seite eine kleine Straße hinauf zum Friedhof.

Hinter dem Friedhof geht es nach links weiter bergauf und nach ca. 100 Metern nochmals links (schmaler Pfad) zu den Felsen des Felsengartens. Von dort haben Sie eine schöne Aussicht auf das Tal. Den gleichen Weg geht es wieder bergab. Kurz vor der Landstraße müssen Sie sich rechts halten und in die Talstraße laufen. Dort finden Sie wieder die Beschilderung „Brauereienweg", der Sie nach Sachsendorf folgen. In Sachsendorf muss die Hauptstraße überquert werden. Zur Brauerei Stadter ist es von hier ein kurzer Abstecher, ca. 150 Meter bergab.

UNSER TIPP

Motorrad-Fans sollten an sonnigen Sonntagen etwas mehr Zeit für den Kathi Bräu einplanen.

Im weiteren Verlauf folgen Sie dem gut ausgeschilderten Brauereienweg über die Hochebene bis nach Hochstahl, wo der Brauereigasthof Reichold auf Sie wartet. Jetzt geht es weiter nach Heckenhof mit der kultigen Kathi Bräu und von dort wieder bergab nach Aufseß.

Brauerei Stadter A

Hier wird einerseits noch sehr traditionell gebraut, andererseits gibt es auch Gelegenheit mitzumachen.

Bier-Klassiker: Landbier

Anschrift: Hauptstraße 26
91347 Sachsendorf

Öffnungszeiten:
Di bis Fr ab 10; Sa, So und Feiertage ab 9 Uhr; Mo Ruhetag (Mo Feiertag, Di Ruhetag);

Kontakt:
Tel.: 09274-8193
www.brauerei-stadter.de

Brauereigasthof Reichold B

Das über 100-jährige Familienunternehmen hat neben Bier auch einen sehr feinen Bierschnaps im Angebot.

Bier-Klassiker: Hochstahler Lager

Anschrift: Hochstahl 24
91347 Aufseß

Öffnungszeiten:
April bis Oktober:
Mi bis So ab 8 Uhr
Mo und Di ab 17 Uhr
Winter: Mo und Di Ruhetag

Kontakt:
Tel.: 09204-27, reichold.de

Kathi Bräu Heckenhof C

Der besondere Charme des urigen Anwesens mit seinem Biergarten hat sich bis heute erhalten.

Bier-Klassiker: Lagerbier dunkel

Anschrift: Heckenhof 1
91347 Aufseß

Öffnungszeiten:
Täglich ab 9 Uhr
Kein Ruhetag

Kontakt:
Tel.: 09198-277
Fax: 09198-996594

Aufsesser Brauerei D

Die Öffnungszeiten des Brauereigasthofs Rothenbach finden Sie auf www.brauereigasthof-rothenbach.de

Bier-Klassiker: Aufsesser Dunkel

Anschrift: Im Tal 70b
91347 Aufseß

Öffnungszeiten Brauerei:
Mo bis Do 8 bis 12 Uhr und 13 bis 16.30 Uhr
Fr 8 bis 12 Uhr

Kontakt:
Tel.: 09198-8282
www.aufsesser.de

20 Ritter und Helden Bierwanderung

LÄNGE

ca. 8 km

WEGZEIT

ca. 2,5 Stunden

WEGBESCHAFFENHEIT

Waldwege, teils schmale Felsen-Pfade

BRAUEREIEN AN DER STRECKE

A - Held

(Details, Tourenbeschreibung und weitere Stationen wie Biergärten oder Sehenswürdigkeiten siehe Folgeseiten)

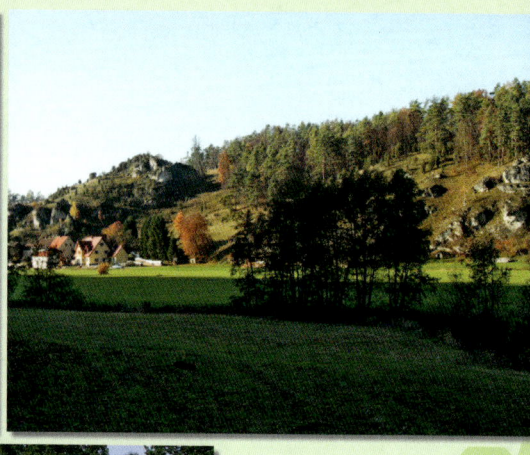

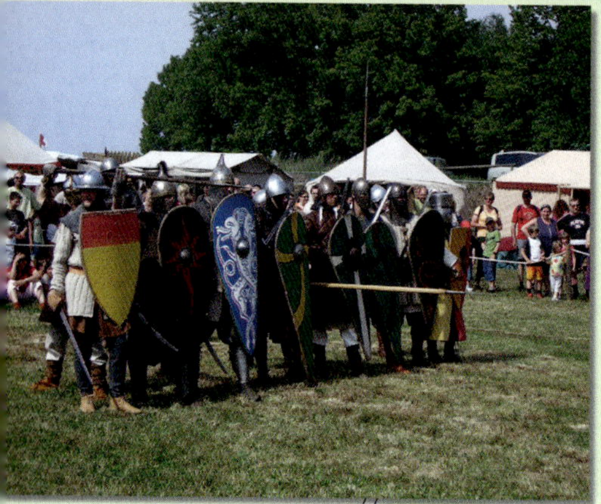

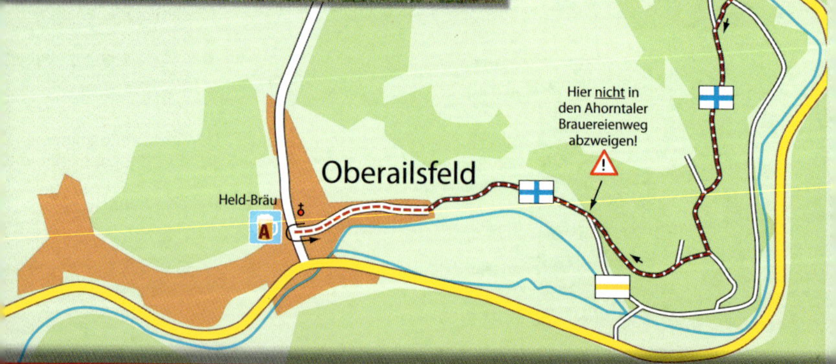
Rennerfelsen
Höhle
Hier nicht in den Ahorntaler Brauereienweg abzweigen!
Oberailsfeld
Held-Bräu
A
P

Aussichtspunkt Schweinsberg

Klausstein

START

Sophienhöhle

D

Ludwigshöhle

Höhle

Keltendorf

Falknerei

B

Neumühle

C

Burg Rabenstein

E

Schneider-loch

Höhle

HELD-BRÄU · GEBRAUT NACH DEM REINHEITSGEBOT · PRIVATBRAUEREI · OBERAILSFELD · FRÄNK. SCHWEIZ

LEGENDE

🍺 Brauerei ohne Gaststätte

🍺 Brauerei mit Gaststätte

🌕 Biergarten

⭐ Freizeit-Tipp

➤ Laufrichtung
Streckenverlauf

Weitere Symbole siehe Seite 3 im Buch

Tourenbeschreibung, Details Stationen ▶

Diese Wanderung kann zwar nur eine Brauerei entlang der Strecke bieten, ist aber landschaftlich sicher eine der schönsten Strecken in der Fränkischen Schweiz. Sie beginnt am Parkplatz Schweinsberg. Von dort folgen Sie der Ausschilderung Richtung Sophienhöhle.

Auf dem Promenadenweg (Markierung: grüne Schachfigur) geht es an der Höhle und der Burg Rabenstein vorbei durch das Ailsbachtal bis zum Rennerfelsen. Dort verlassen Sie den Promenadenweg und folgen dem blauen Kreuz Richtung Oberailsfeld, wo die Brauerei Held auf Sie wartet. Danach geht es auf dem gleichen Weg zurück zum Rennerfelsen, von wo Sie nun auf der anderen Talseite wieder dem Promenadenweg folgen. Er führt durch ein Loch im Fels – das Schneiderloch – und vorbei an einigen kleinen Höhlen bis zur Ludwigshöhle. Dort wechselt der Weg auf die andere Talseite und erreicht nach kurzem den Abzweig zurück zum Parkplatz Schweinsberg.

UNSER TIPP

Auf Burg Rabenstein finden immer wieder tolle Veranstaltungen statt. Mehr: www.burg-rabenstein.de

Held Bräu   A

Seit über 300 Jahren braut die Familie von Helmut Polster im Zeichen des Helden. Toller Biergarten!

Bier-Klassiker: Dunkles Bauernbier

Anschrift: Oberailsfeld 19
95491 Ahorntal

Öffnungszeiten:
Täglich ab 10 Uhr
Mittwoch Ruhetag

Kontakt:
Tel.: 09242-295
www.held-braeu.de

Gutsschenke der Burg Rabenstein   B

Der Biergarten der Gutsschenke lädt zum Relaxen im Schatten ein.

Anschrift/Kontakt:
Rabenstein 33
95491 Ahorntal
Tel.: 09202-9700440
www.burg-rabenstein.de

Öffnungszeiten:
Täglich 11 bis 18 Uhr
Montag Ruhetag
(an Feiertagen geöffnet)
Anfang Nov. bis Ende März
geschlossen

Gasthof-Pension Neumühle   C

Pausenstation in einem der schönsten Täler der Fränkischen Schweiz.

Anschrift/Kontakt:
Neumühle 31
95491 Ahorntal
Tel.: 09202-228
www.gasthof-pension-neumuehle.de

Öffnungszeiten:
Täglich ab 8 Uhr
Dienstag Ruhetag

Sophienhöhle   D

In unmittelbarer Nähe der Burg Rabenstein (ca. 10 Min. Fußweg) begeistert ein fremde unterirdische Welt Jung und Alt.

Anschrift/Kontakt:
Tel.: 09202-9700440
www.burg-rabenstein.de

Öffnungszeiten:
April bis Oktober
Di bis So Führungen 10.30
bis 17 Uhr durchgehend
Mo Ruhetag (außer Feiertage), Führungen für Gruppen
täglich nach Absprache
möglich

Burg Rabenstein   E

Auf einer hinausragenden Felsspitze liegt die Burg Rabenstein.

Anschrift/Kontakt:
Rabenstein 33
95491 Ahorntal
Tel.: 09202-9700440
www.burg-rabenstein.de

Führungen:
April bis Okt.: Di bis Fr 11,14
und 16.30 Uhr, Sa, So und
Feiertage 11 bis 17 Uhr
durchgehend, Führungen
für Gruppen nach Abspra-
che möglich. Winterzeit nur
Sa, So und Ferien.

Details zur Burg Rabenstein ▶

Die Abenteuer- und Freizeitburg

WWW.BURG-RABENSTEIN.DE

Im Herzen der Fränkischen Schweiz werden Träume wahr. Vorn auf dem Felssporn hoch über dem Ailsbachtal steht die trutzige Burg Rabenstein wie früher zu Zeiten der Ritter und Edelleute. Im Innern der Burg präsentiert sich in der Beletage ein Ambiente wie im Schloss, geschaffen für Feiern, Tagungen und Hochzeiten!

Empfang in den barocken Salons, Champagner auf der großen Burgterrasse, Speisen und Tanzen im prunkvollen Renaissance-Saal, Mitternachtsbuffet im prächtigen Waffensaal, Entspannen im Kaminzimmer, Übernachten in romantischen Hotelzimmern im individuellen Burgstil, Frühstücken im Markgrafensaal… **Eine ganze Burg – exklusiv für die Gäste, eine Feier wie im Märchen!**

Auch für **Tagungen** bietet die Burg Rabenstein einen einmaligen Rahmen. Nicht weit von Nürnberg, Fürth, Erlangen entfernt, ist die Anfahrt durch die Hügel der Fränkischen Schweiz doch Garant für Distanz zum Alltag. Kleine Workshops in der holzvertäfelten Drachenstube, eine erlesene „Artusrunde" im geschichtsträchtigen Waffensaal oder die große Konferenz im Prunksaal der Burg – **für jeden Anlass findet sich das richtige Ambiente.**

Für den Ausflug zu zweit oder mit Familie und Freunden gibt es tagsüber ein **volles Programm** von Dienstag bis Sonntag: **Führungen** durch die 800 Jahre alte Burg Rabenstein mit ihren Prunk-, Waffen- und Rittersälen, **Flugschauen** in der Falknerei mit großem Eulen- und Greifvogelpark, Besichtigungen der **Sophienhöhle** mit ihrer einzigartigen Tropfstein-Wunderwelt und einem der vollständigsten Höhlenbärenskelette weltweit. Die urige Gutsschenke bietet gute fränkische Küche und regionale Biere, im idyllischen Biergarten duften die Flammkuchen. Am Abend ist das Burgrestaurant geöffnet. An ausgewählten Abenden begeistern Burg- und Höhlenkonzerte, Murder Mystery Dinner, Gruseldinner und Wildschwein-Grillbuffets. Die anschließende Übernachtung im **Burghotel** rundet die Erlebnisse ab und lässt aus dem Ausflug in die Fränkische Schweiz einen wunderbaren Kurzurlaub werden.

Und wer es ganz ritterlich und mittelalterlich mag, lässt sich zweimal im Jahr auf dem größten **Mittelaltermarkt** Nordbayerns mit Aktionskünstlern, Handwerkern, Händlern, buntem Lagerleben, Ritterschaukämpfen, Musik und faszinierender Feuershow unterhalten. Genaue Informationen zu allen aktuellen Terminen finden sich unter www.burg-rabenstein.de oder Tel.: 09202-9700440.

Anschrift/Kontakt:
Rabenstein 33
95491 Ahorntal
Tel.: 09202-9700440

Öffnungszeiten Biergarten:
Täglich 11 bis 18 Uhr
18 bis 21 Uhr Burgküche
Montag Ruhetag
(an Feiertagen geöffnet)
Nov. bis Ende März geschlossen
Burg ganzjährig geöffnet

Pottenstein

Aussichtspunkt
Bergwachtkreuz

START

Bergwachthütte

Bruckmayer's
Biergarten

Am Stadtgraben

D **B** Mager

A

Urbräu

Hufeisen

C

Burg

Aussichtspunkt
Wetterfahne

Richtung
Tüchersfeld

B470

BRAUEREI
MAGER
POTTENSTEIN

Schullandheim

Sommer-
rodelbahn

B470

Schöngrundsee

LÄNGE

ca. 8,5 km

WEGZEIT

ca. 2,5 Stunden

WEGBESCHAFFENHEIT

Waldwege, teils schmale Felsen-
Pfade

BRAUEREIEN AN DER STRECKE

A - Hufeisen
B - Mager
C - Urbräu

(Details, Tourenbeschreibung und
weitere Stationen wie Biergärten oder
Sehenswürdigkeiten siehe Folgeseiten)

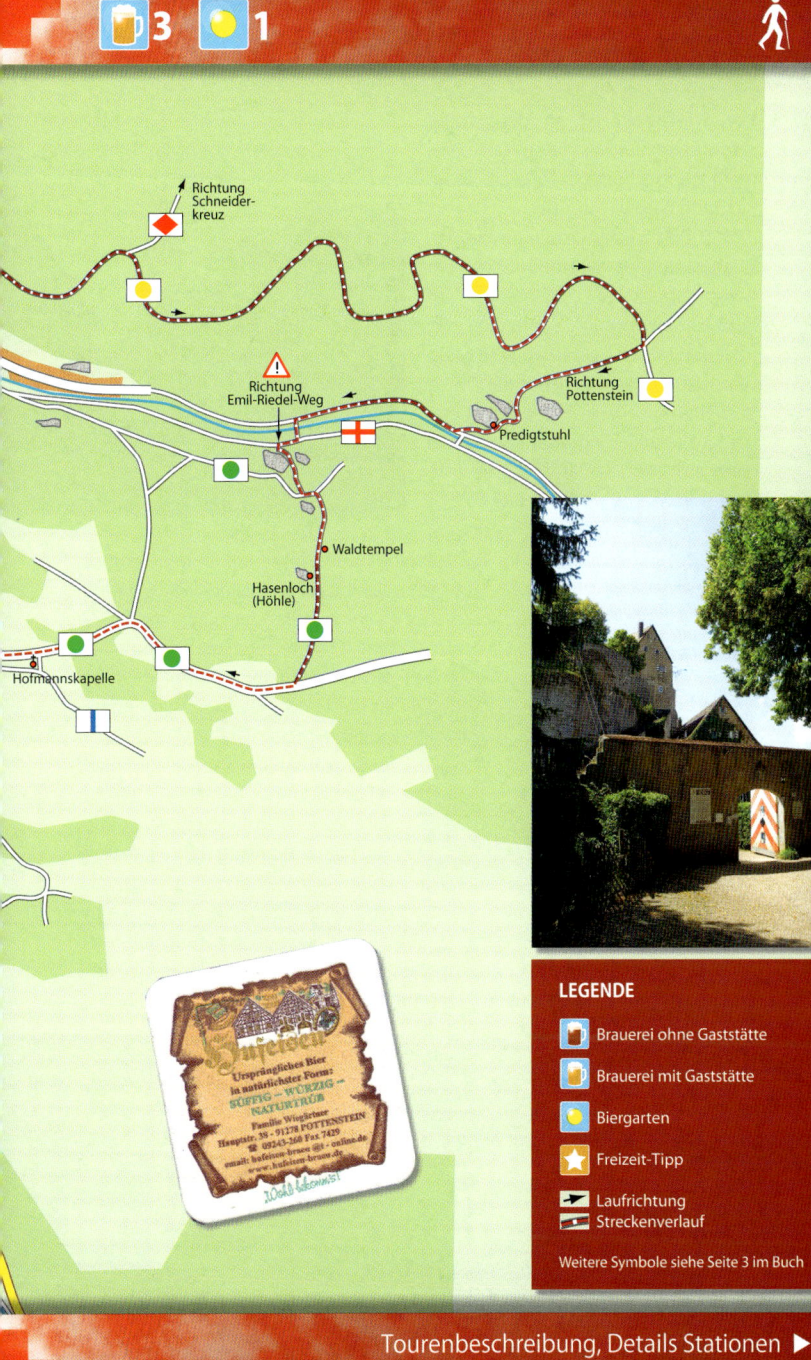

3 1

Richtung
Schneider-
kreuz

Richtung
Pottenstein

Richtung
Emil-Riedel-Weg

Predigtstuhl

Waldtempel

Hasenloch
(Höhle)

Hofmannskapelle

LEGEND

Brauerei ohne Gaststätte

Brauerei mit Gaststätte

Biergarten

Freizeit-Tipp

Laufrichtung

Streckenverlauf

Weitere Symbole siehe Seite 3 im Buch

Tourenbeschreibung, Details Stationen ▶

Der Startpunkt ist an der Straße „Fronfeste". Zwischen den Hausnummern 5 und 9 führt ein Fußweg hinauf Richtung Bergwachthütte.

An der Bergwachthütte lohnt ein Abstecher zum Bergwachtkreuz, einem Aussichtspunkt mit tollem Blick auf Pottenstein. Dorthin gelangt man z. B. über den steilen Heiner-Treuheit-Steig (Vorsicht: Trittsicherheit nötig!).

Im weiteren Verlauf führt der Weg erst bergauf (Markierung: rote Raute) und dann am Häng entlang, bis die rote Raute links abzweigt. Ab hier folgen Sie dem gelben Kreis, bis rechts ein

Weg Richtung Pottenstein ins Püttlachtal hinunter führt. Im Tal geht es nach rechts weiter, bis Sie eine kleine Brücke erreichen, auf der Sie die Püttlach überqueren. Auf der anderen Seite kurz rechts, bis links ein Pfad zum Emil-Riedel-Weg hinauf führt. Durch eine schöne Felsenschlucht geht es bergauf, vorbei an der Höhle Hasenloch und immer weiter dem grünen Punkt folgend.

Von der Hofmannskapelle aus laufen Sie dann immer gerade aus bis zur Burg Pottenstein, wo es rechts über den alten Burgweg hinunter nach Pottenstein geht. Unten angekommen biegen Sie links in die Hauptstraße ein, wo Sie die ersten beiden Brauereien finden und am Ende der Straße ist auch die letzte der drei Pottensteiner Brauereien ausgeschildert. Über die Straße „Am Stadtgraben" geht es dann zurück zum Startpunkt.

UNSER TIPP

Vor oder nach der Wanderung empfiehlt sich ein Besuch der Pottensteiner Sommerrodelbahn.

Gasthausbrauerei Hufeisen   A

Im Hufeisen wird in den Sommermonaten regelmäßig am Mittwoch und Donnerstag gebraut.

Bier-Klassiker: Pottensteiner Urdunkel

Anschrift: Hauptstraße 38
91278 Pottenstein

Öffnungszeiten:
Täglich ab 11 Uhr
Montag Ruhetag
(Nov., Jan., Feb. Betriebsruhe)

Kontakt:
Tel.: 09243-260
www.hufeisen-braeu.de

Brauerei Mager   B

Aus der Brauerei kommen heute vier süffige Biere und saisonal verschiedene Fest- und Starkbiere.

Bier-Klassiker: Pils

Anschrift: Hauptstraße 15
91278 Pottenstein

Öffnungszeiten:
Täglich ab 9 Uhr
1. Nov. bis 2 Wochen vor
Ostern: Sa Ruhetag

Kontakt:
Tel.: 09243-333
www.brauerei-mager.de

Bruckmayers Urbräu   C

Eine alte Brauerei mit ihrem seltenen, unverfälschten Ambiente bildet den Rahmen für Bruckmayers Urbräu.

Bier-Klassiker: Höhlen Trunk

Anschrift: Nürnberger Str. 10
91278 Pottenstein

Öffnungszeiten:
Biervortrag Mi und Fr 17 Uhr
von April bis Okt. Außerdem
auf Anfrage ab 20 Personen.

Kontakt:
Tel.: 09243-700167
www.hotel-bruckmayer.de

Bruckmayers Biergarten   D

Weitläufiger Biergarten am Minigolfplatz mit schattenspendenden Bäumen.

Anschrift/Kontakt:
Am Stadtgraben 1-3
91278 Pottenstein
Tel.: 09243-924450
www.hotel-bruckmayer.de

Öffnungszeiten:
Täglich ab 12 Uhr
Kein Ruhetag

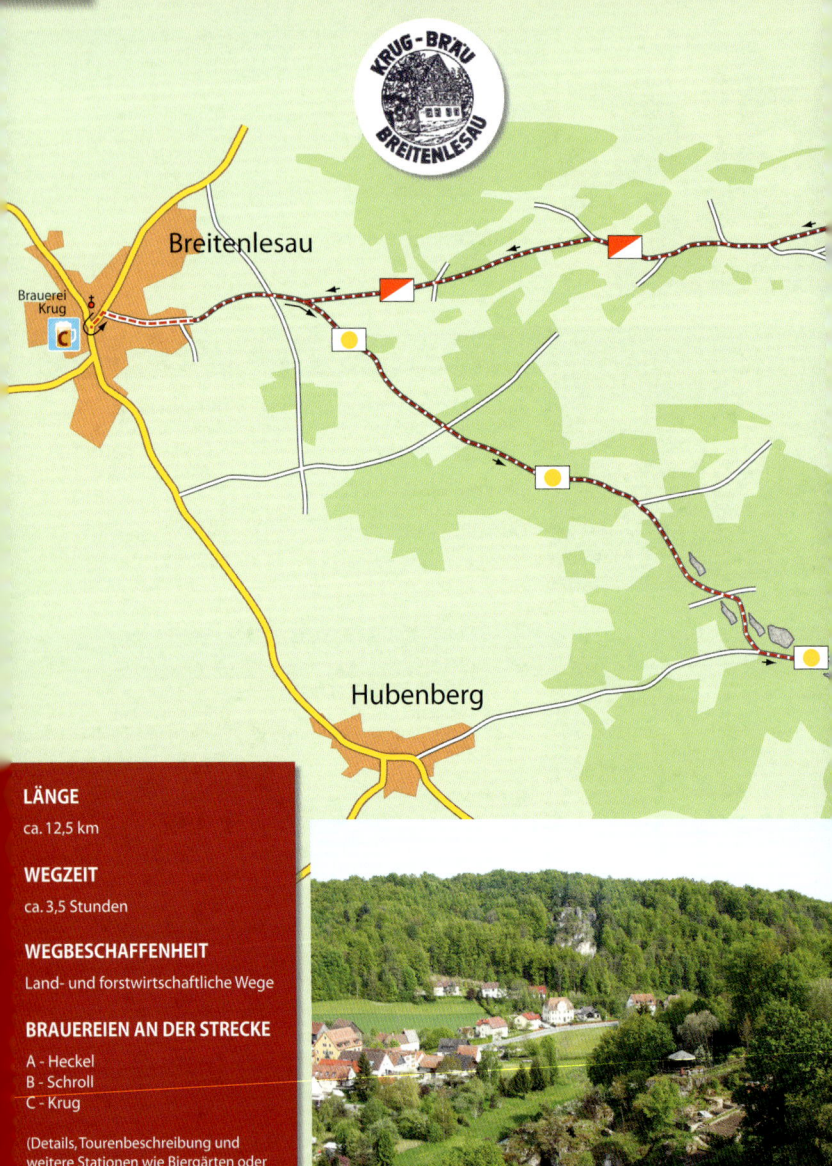

Breitenlesau

Brauerei Krug

Hubenberg

LÄNGE

ca. 12,5 km

WEGZEIT

ca. 3,5 Stunden

WEGBESCHAFFENHEIT

Land- und forstwirtschaftliche Wege

BRAUEREIEN AN DER STRECKE

A - Heckel
B - Schroll
C - Krug

(Details, Tourenbeschreibung und weitere Stationen wie Biergärten oder Sehenswürdigkeiten siehe Folgeseiten)

Brauerei Schroll
Nankendorf

Brauerei
Gaststätte
Schroll **B**

Mühle

Nankendorf

Wiesent

Höhenweg nach
Nankendorf

Schlößlein

Freibad

Waischen-
feld

Gutenbiegen

Brauerei
Heckel

D Burg **A**

START

P

Rathaus
(Tourist-Info)

Mühle

Zufahrt zur Burg

Drückt
Dich ein Kummer,
plagt Dich ein Schmerz,
trink a Maß
Heckel
und leichter wird's
Herz

Richtung
Behringersmühle

LEGENDE

🍺 Brauerei ohne Gaststätte

🍺 Brauerei mit Gaststätte

🟡 Biergarten

⭐ Freizeit-Tipp

Laufrichtung

Streckenverlauf

Weitere Symbole siehe Seite 3 im Buch

Tourenbeschreibung, Details Stationen ▶

**Die Tour startet oberhalb von Wai-
schenfeld am Parkplatz der Burg
(Zufahrt über den Ortsteil Guten-
biegen).** Von dort gehen Sie über die
Straße „Schlossberg" hinunter nach
Waischenfeld und biegen dann in die
Straße „Kaulberg" ein, die zum Rathaus
führt.

Am Rathaus geht es links vorbei über
die Wiesent (Mühle auf der rechten
Seite). Am anderen Flussufer finden Sie
rechter Hand die erste Brauerei. Jetzt
geht es links über die Fischergasse
aus Waischenfeld hinaus (Markierung
gelber Querstrich). Über den Höhen-

weg mit der gleichen Markierung gelangen Sie nach Nankendorf, wo die zweite
Brauerei auf Sie wartet.

Teilweise ist dieser Weg mit der Markierung „Brauereienweg" und dem Waischenfelder Wappen markiert. Von dorf führt Sie die Markierung rot-weiß geteiltes
Rechteck nach Breitenlesau zur Brauerei Nr. 3. Hier drehen Sie um und verlassen
den Ort auf dem gleichen Weg, bis
rechts die Markierung gelber Punkt
abzweigt, die Sie durch den Stagers-
graben zum Waischenfelder Ortsteil
Gutenbiegen bringt. Dort überqueren
Sie die Landstraße und laufen durch
den Weiler Schlößlein nach Waischenfeld. Über den bekannten Weg geht es
zurück zur Burg.

UNSER TIPP

Das Freibad in Waischenfeld
bietet sich als erfrischender
Zwischenstopp an. Mehr Infos:
www.freibad-waischenfeld.de

Brauerei Heckel — A

Braumeister Rainer Heckel braut ein helles Schankbier, das nur in der eigenen Gaststätte ausgeschenkt wird.

Bier-Klassiker: Heckel-Bier

Anschrift: Vorstadt 3
91344 Waischenfeld

Öffnungszeiten:
Mo bis Fr ab 16.30 Uhr, Sa 9 bis 13 Uhr und ab 16.30 Uhr, So und Feiertage 10 bis 12.30 Uhr und ab 16.30 Uhr

Kontakt:
Tel.: 09202-493

Brauerei Schroll Zum Weißen Lamm — B

Braumeister Georg Schroll findet vor allem seinen Bock bärenstark, was wir nur bestätigen können.

Bier-Klassiker: Landbier

Anschrift: Nankendorf 41
91344 Waischenfeld

Öffnungszeiten:
Täglich ab 9 Uhr
Dienstag Ruhetag

Kontakt:
Tel.: 09204-248
www.brauerei-schroll.de

Konrad Krug Brauerei und Tanzsaal — C

Seit 1834 geht die Familie Krug dem Brauerhandwerk nach. Drei Generationen arbeiten in der Traditionsbrauerei.

Bier-Klassiker: Krug-Bräu Lagerbier

Anschrift: Breitenlesau 1b
91344 Waischenfeld

Öffnungszeiten:
Täglich ab 9 Uhr, Anfang April bis Okt. Mo Ruhetag, Okt. bis Ende März Mo und Di Ruhetag

Kontakt:
Tel.: 09202-535
www.krug-braeu.de

Burgschänke Waischenfeld — D

Früher war die Burgschänke einmal ein kleiner Bauernhof innerhalb der Burg.

Anschrift/Kontakt:
Schlossberg 20
91344 Waischenfeld
Tel.: 09202-970447
www.burg-waischenfeld.de

Öffnungszeiten:
Täglich ab 11 Uhr
Montag und Dienstag Ruhetag

LÄNGE

ca. 25 km

WEGZEIT

ca. 2,5 Stunden

WEGBESCHAFFENHEIT

Landwirtschaftliche Wege und Nebenstraßen mit einigen Steigungen

BRAUEREIEN AN DER STRECKE

A - Kürzdörfer
B - Gradl
C - Herold
D - Jura Bräu
E - Brauer-Vereinigung Pegnitz

(Details, Tourenbeschreibung und
weitere Stationen wie Biergärten oder
Sehenswürdigkeiten siehe Folgeseiten)

Neueben

Bahnhof

START

P

P

Krügemuseum

F

Creußen

⚠ Hier Richtung Lindenhardt abzweigen!

B2

Schnabelwaid

• Bahnhof

Zips

LEGENDE

🍺 Brauerei ohne Gaststätte

🍺 Brauerei mit Gaststätte

⭐ Biergarten

⭐ Freizeit-Tipp

Laufrichtung

Streckenverlauf

Weitere Symbole siehe Seite 3 im Buch

Tourenbeschreibung, Details Stationen ▶

Wenn Sie mit dem Auto anreisen, startet diese Radtour am Bahnhof in Pegnitz. Von dort geht es zuerst mit dem Zug nach Creußen. Wer mit dem Zug anreist, startet gleich in Creußen. Vom Bahnhof aus geht es über die Bahnhofstraße in den Ort hinein. Über die Straße „Vorstadt" fahren Sie den Berg hinauf Richtung Kirche. Über den Marktplatz und die Gasse „Am Rennsteig" gelangen Sie zum Krügemuseum. Durch das Stadttor verlassen Sie die Altstadt und fahren hinun-

ter zur Bundesstraße 2, der Sie nach links folgen. Nach ein paar Metern zweigt links der Radweg „Casanovas Ausritt" (Markierung: rote Silhouette Casanovas) Richtung Pegnitz ab, der Sie aus Creußen hinaus nach Lindenhardt zur ersten Brauerei führt.

Von dort geht es weiter nach Leups zur nächsten Brauerei und dann durch den Wald nach Kaltenthal. Dort verlassen Sie den Radweg und machen einen Abstecher nach Büchenbach zur Brauerei Herold. Nun geht es zurück nach Kaltental und auf einer kleinen Landstraße bis Buchau.

UNSER TIPP

Die originelle „Biergarten-Holzhütte" der Kürzdörfers in Lindenhardt muss man gesehen haben!

Der Radweg neben der B 2 bringt Sie nach Pegnitz. Sie müssen immer parallel zur Bundesstraße fahren, bis Sie rechter Hand die beiden letzten Brauereien erreichen. Kurz danach kommen Sie zur Zaussenmühle mit dem Quelltopf der Pegnitz und biegen dann links in die Hauptstraße ein. Vorbei am historischen Rathaus durchqueren Sie die Altstadt und gelangen dann über den Bahnhofsteig und die Bahnhofstraße zurück zum Startpunkt am Bahnhof.

Brauerei und Gasthof Kürzdörfer — A

Die Brauerei Kürzdörfer bietet die gesamte Fränkische Bierkultur konzentriert auf wenigen Quadratmetern.

Bier-Klassiker: Lindenhardter Vollbier

Anschrift: Brauhausgasse 3
95473 Creussen-Lindenhardt

Öffnungszeiten:
Täglich ab 11 Uhr
So ab 10 Uhr
Montag Ruhetag

Kontakt:
Tel.: 09246-221
www.brauerei-kuerzdoerfer.de

Brauerei Gradl — B

Abgerundet durch das süffige Dunkle vom Fass, lässt sich hier so manch genussvoller Moment verbringen.

Bier-Klassiker: Leupser Dunkel

Anschrift: Leups 6
91257 Pegnitz

Öffnungszeiten:
Täglich ab 9 Uhr
Dienstag Ruhetag

Kontakt:
Tel.: 09246-247

Brauerei Gasthof Herold — C

Beck'n Bier, hausmacher Brotzeit und selbst gebackenes Brot, das ist das probate Rezept für die Gäste der Herolds.

Bier-Klassiker: Beck'n Bier

Anschrift: Marktstraße 29
91257 Pegnitz-Büchenbach

Öffnungszeiten:
Täglich ab 9 Uhr
Dienstag Ruhetag

Kontakt:
Tel.: 09241-3311
www.beckn-bier.de

Jura Bräu — D

Die Adresse zum Verkosten: Ratsstube, Hauptstraße 43, geöffnet täglich ab 17 Uhr, So Ruhetag.

Bier-Klassiker: Anno 1900

Anschrift: Buchauer Berg 8-10
91257 Pegnitz

Öffnungszeiten:
Täglich 7 bis 12 Uhr und 13 bis 16 Uhr, Fr 7 bis 12 Uhr, Sa 9 bis 11.30 Uhr

Kontakt:
Tel.: 09241-2019
www.jura-braeu.de

Weitere Infos zur Tour ▶

Brauer-Vereinigung Pegnitz   E

In der Hauptstraße 2 können Sie das Bier im Gasthaus Ponfick testen. Täglich ab 9 Uhr, Mo Ruhetag.

Bier-Klassiker: Hell

Anschrift: Am Buchauer Berg 4
91257 Pegnitz

Öffnungszeiten:
Täglich 7 bis 16 Uhr

Kontakt:
Tel.: 09241-4839937
www.brauervereinigung.de

Krügemuseum der Stadt Creußen   F

Führungen durch das Museum sind auf Voranmeldung jederzeit möglich.

Anschrift/Kontakt:
Am Rennsteig 8
95373 Creußen
Tel.: 09270-5805
www.kruegemuseum.de

Öffnungszeiten:
Ostern bis 31. Oktober
Mi, Sa, So 10 bis 12 Uhr und 14 bis 17 Uhr
1. November bis Ostern
Sa 14 bis 17 Uhr
So 10 bis 12 Uhr und 14 bis 17 Uhr

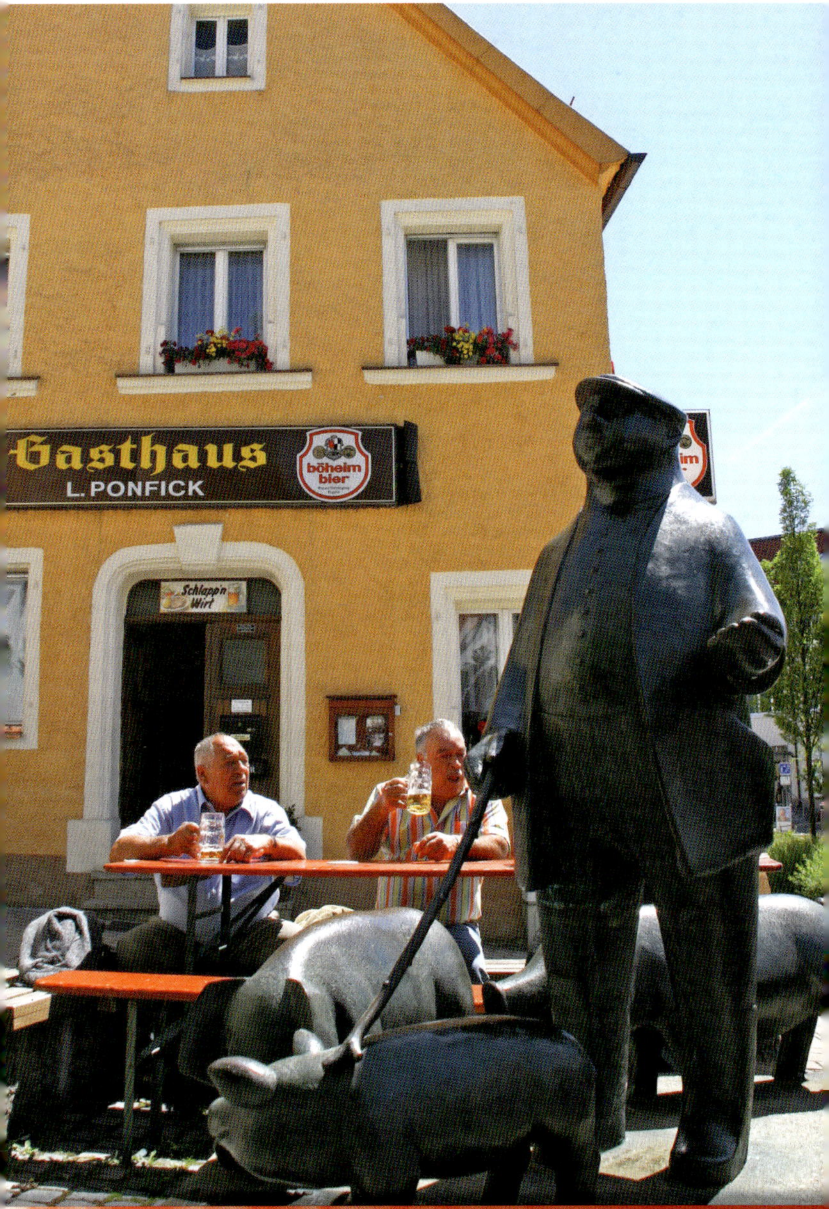
Gasthaus
L. PONFICK
böheim bier
Schlapp'n Wirt

LÄNGE

ca. 9 km

WEGZEIT

ca. 3 Stunden

WEGBESCHAFFENHEIT

Breite, forstwirtschaftliche Wege,
kurz vor Oeslau ca. 1 km auf einem
schmalen Pfad

BRAUEREIEN AN DER STRECKE

A - Grosch

(Details, Tourenbeschreibung und
weitere Stationen wie Biergärten oder
Sehenswürdigkeiten siehe Folgeseiten)

Cortendorf

Coburg

B4

1 Kanalstraße
2 Mohrenstraße
3 Spitalgasse
4 Marktplatz
5 Herrngasse

Burgschänke
Veste

Folgen Sie hier der
Ausschilderung
„Treppenweg" zur
Veste

Bahnhof

START

P Post

Naturkunde-
museum

Hofgarten

Schloss

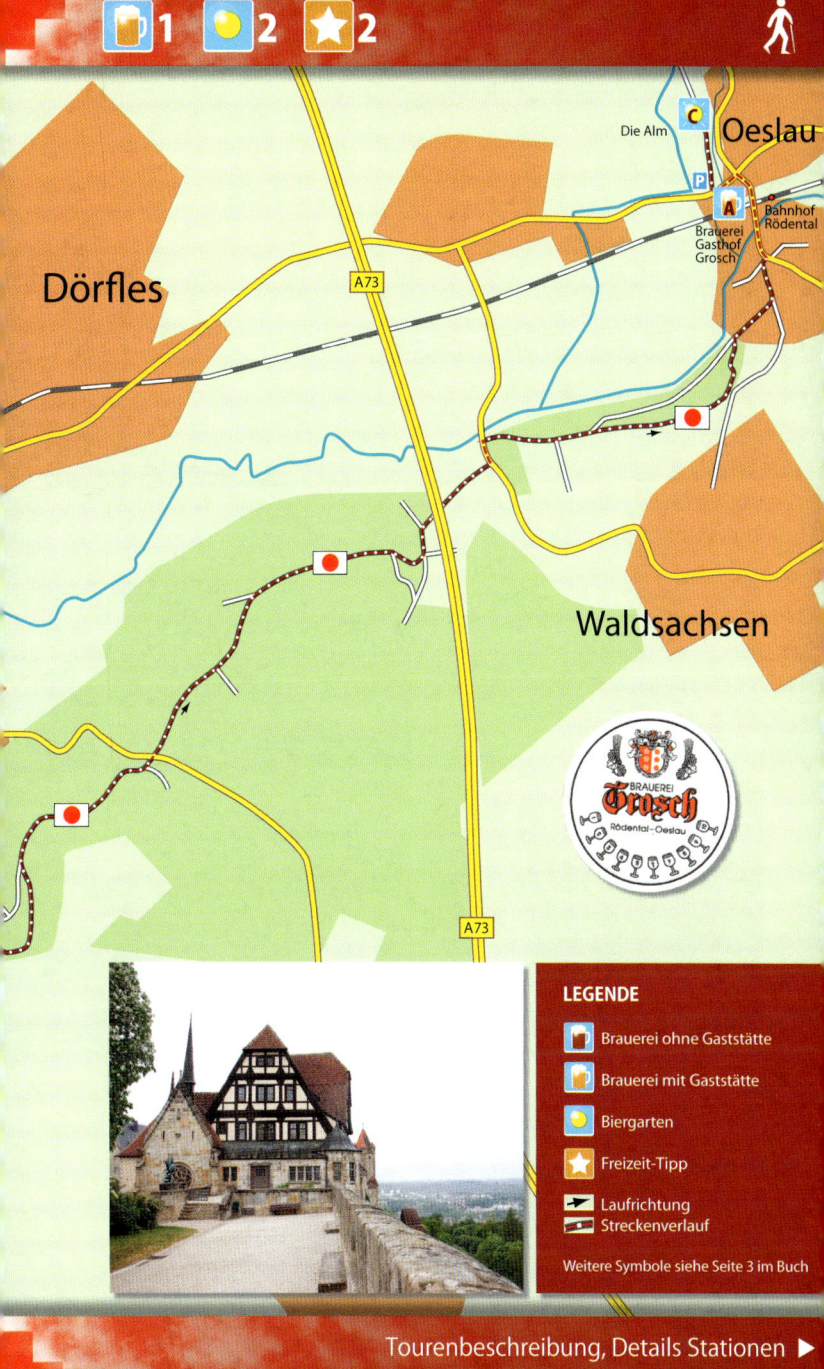

Dörfles

Oeslau

Die Alm

C

P

A

Bahnhof
Rödental

Brauerei
Gasthof
Grosch

A73

Waldsachsen

BRAUEREI
Grosch
Rödental-Oeslau

A73

LEGENDE

Brauerei ohne Gaststätte

Brauerei mit Gaststätte

Biergarten

Freizeit-Tipp

Laufrichtung

Streckenverlauf

Weitere Symbole siehe Seite 3 im Buch

Tourenbeschreibung, Details Stationen ▶

Startpunkt dieser Bierwanderung ist der Coburger Bahnhof. Von dort geht es durch die Innenstadt bis zum Schlossplatz am Schloss Ehrenburg. Sie überqueren den Schlossplatz und gelangen zum Hofgarten.

Ab hier folgen Sie der Ausschilderung „Veste Coburg" bergauf durch den Park. Auf der Veste können Sie Coburg aus der Vogelperspektive betrachten oder die Kunstsammlung besuchen. Ab dem Gasthof Festungshof folgen Sie der Ausschilderung „roter Punkt" (Carl-Escher-Weg) durch den Wald Richtung Oeslau. In der Ortsmitte von Oeslau befindet sich die Brauerei Grosch und nur ca. 300 m davon entfernt der dazugehörige Biergarten „Die Alm". Nach der Einkehr geht es ein Stück zurück bis zum Bahnhof Rödental, von wo Sie mit dem Zug zurück nach Coburg gelangen.

UNSER TIPP

Der Abstecher auf die „Alm" lohnt sich – herrliche Biergartenstimmung mit frischem Grosch-Bier!

Brauerei Gasthof Grosch   A

Beim Grosch hat man den Spagat zwischen Tradition und den nötigen Veränderungen sehr gut hinbekommen.

Bier-Klassiker: Fuhrmannstrunk

Anschrift: Oeslauerstraße 115
96472 Rödental

Öffnungszeiten:
Täglich ab 7 Uhr
Kein Ruhetag

Kontakt:
Tel.: 09563-7500
www.der-grosch.de

Burgschänke Veste Coburg B

Für Hartgesottene gibt es auf Anfrage ein echtes Ritteressen.

Anschrift/Kontakt:
Veste Coburg 1b
96450 Coburg
Tel.: 09561-2343194
www.burgschaenke-veste-coburg.de

Öffnungszeiten:
Täglich ab 10 Uhr
1. Apr. bis 31. Okt. kein Ruhetag
1. Nov. bis 31. März Montag und Dienstag Ruhetag

Die Alm C

Spaßiges Almfeeling mit Grosch-Bier.

Anschrift/Kontakt:
Rosenauer Weg
(Bei den SG-Tennisplätzen)
96472 Rödental
Tel.: 09563-548848
www.der-grosch.de

Öffnungszeiten:
Mi bis Fr ab 16 Uhr
Sa, So und Feiertage ab 14 Uhr
Montag und Dienstag Ruhetag

Schloss Ehrenburg D

Schloss Ehrenburg präsentiert sich im neugotischen Gewand des 19. Jhd.

Anschrift/Kontakt:
Schlossplatz 1
96450 Coburg
Tel.: 09561-808832
www.sgvcoburg.de

Öffnungszeiten:
Führungen:
1. April bis 30. September:
9, 10, 11, 12, 13, 14, 15, 16, 17 Uhr
1. Oktober bis 31. März:
10, 11, 12, 13, 14, 15 Uhr

Naturkunde-Museum Coburg E

Das Naturkunde-Museum Coburg beherbergt 700.000 Sammlungstücke.

Anschrift/Kontakt:
Park 6
96450 Coburg
Tel.: 09561-80810
www.naturkunde-museum-coburg.de

Öffnungszeiten:
Täglich 9 bis 17 Uhr
Mehr siehe Website

LÄNGE

ca. 45 km

WEGZEIT

ca. 3,5 Stunden

WEGBESCHAFFENHEIT

Geteerte oder geschotterte Radwege, wenig befahrene Nebenstraßen

BRAUEREIEN AN DER STRECKE

A - Kommunbrauhaus Seßlach
B - Scharpf
C - Schleicher
D - Sonnenbräu
E - Fischer
F - Goldener Adler
G - Schwanen-Bräu

(Details, Tourenbeschreibung und weitere Stationen wie Biergärten oder Sehenswürdigkeiten siehe Folgeseiten)

LEGENDE

🏠	Brauerei ohne Gaststätte
🏠	Brauerei mit Gaststätte
●	Biergarten
★	Freizeit-Tipp
➤	Laufrichtung
▬	Streckenverlauf

Weitere Symbole siehe Seite 3 im Buch

Neundorf

B303

Hattersdorf

Seßlach

Roter Ochse
Reinwand

Kommun-
brauhaus A

H J K

Altstadthof

Heiligersdorf

Brauerei
Scharpf B

Setzelsdorf

Memmelsdorf

Fortsetzung siehe
nächste Doppelseite!

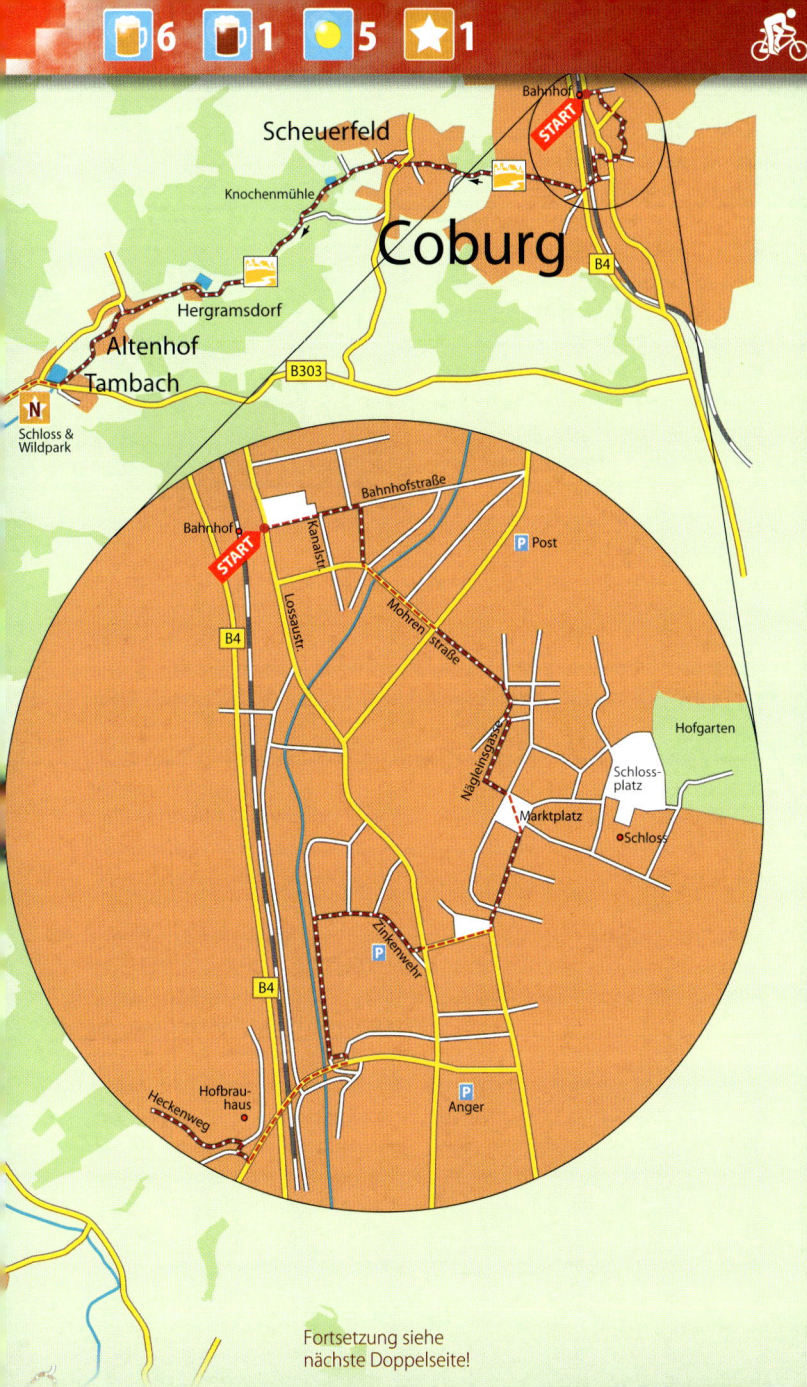

🍺 6 🍺 1 🌞 5 ⭐ 1

Scheuerfeld

Knochenmühle

Coburg

Hergramsdorf

Altenhof

Tambach

B303

Schloss & Wildpark

B4

Bahnhof

START

Bahnhofstraße

Bahnhof

START

Kanalstr.

Lossaustr.

B4

Mohrenstraße

Post

Nägleinsgasse

Marktplatz

Schlossplatz

Schloss

Hofgarten

Zinkenwehr

B4

Heckenweg

Hofbrauhaus

Anger

Fortsetzung siehe
nächste Doppelseite!

Diese anspruchsvolle Radtour durch den Norden Oberfrankens startet am Coburger Bahnhof. Von dort folgen Sie der Ausschilderung „Main-Coburg-Tour" (gelbe Stadtsilhouette) durch die Innenstadt von Coburg.

Sie müssen hier gut aufpassen, da man die kleinen Schilder in der Stadt leicht übersieht. Über den Heckenweg geht es schließlich steil bergauf und aus Coburg hinaus zum Vorort Scheuerfeld. Über Land führt der Radweg bis nach Tambach mit seinem sehenswerten Schloss und dann auf dem Radweg an der B 303 weiter nach Seßlach.

In Seßlach angekommen fahren Sie durch das Stadttor in den Ort hinein und müssen dann rechts in die Pfarrgasse abbiegen um zum Kommunbrauhaus zu gelangen. Durch ein weiteres Stadttor geht es wieder aus dem Ort hinaus und weiter nach Heilgersdorf, wo Sie die nächste Brauerei vorfinden. Nun verläuft der Radweg ca. 4 km auf der Landstraße bis Memmelsdorf. Ab Memmelsdorf ist dann wieder ein Radweg vorhanden.

Dieser führt nach Untermerzbach und dann durch den Itzgrund nach Kaltenbrunn zur nächsten Brauerei. Nun folgen Sie der Ausschilderung „Bayernnetz® für Radler" bis Hilkersdorf. Dort verlassen Sie diesen Radweg und fahren rechts über die Landstraße nach Mürsbach zur Brauerei „Sonnenbräu". Auf einer Nebenstraße geht es nun über Freudeneck (Fischer-Bräu) und Höfen (Brauerei Zum Goldenen Adler) nach Rattelsdorf.

In der Ortsmitte biegen Sie links ab, überqueren auf einer Brücke die B 4 und biegen dann rechts in den Radweg nach Ebing ein. In Ebing ist es nur ein kurzer Abstecher am Marktplatz um zur Schwanen-Bräu zu gelangen. Zuletzt verlassen Sie Ebing und fahren zum kleinen Bahnhof etwas außerhalb der Ortschaft. Der Zug bringt Sie dann wieder zurück nach Coburg (umsteigen in Lichtenfels). Die Parkplatz-Situation am Coburger Bahnhof ist etwas schwierig. Wenn Sie mit dem Auto anreisen möchten, empfehlen wir Ihnen den kostenlosen Parkplatz „Anger" in der Schützenstraße.

UNSER TIPP

Der Wildpark Tambach ist ein Erlebnis-Pflichtstopp! Tierpark, Biergarten und Schloss haben einiges zu bieten.

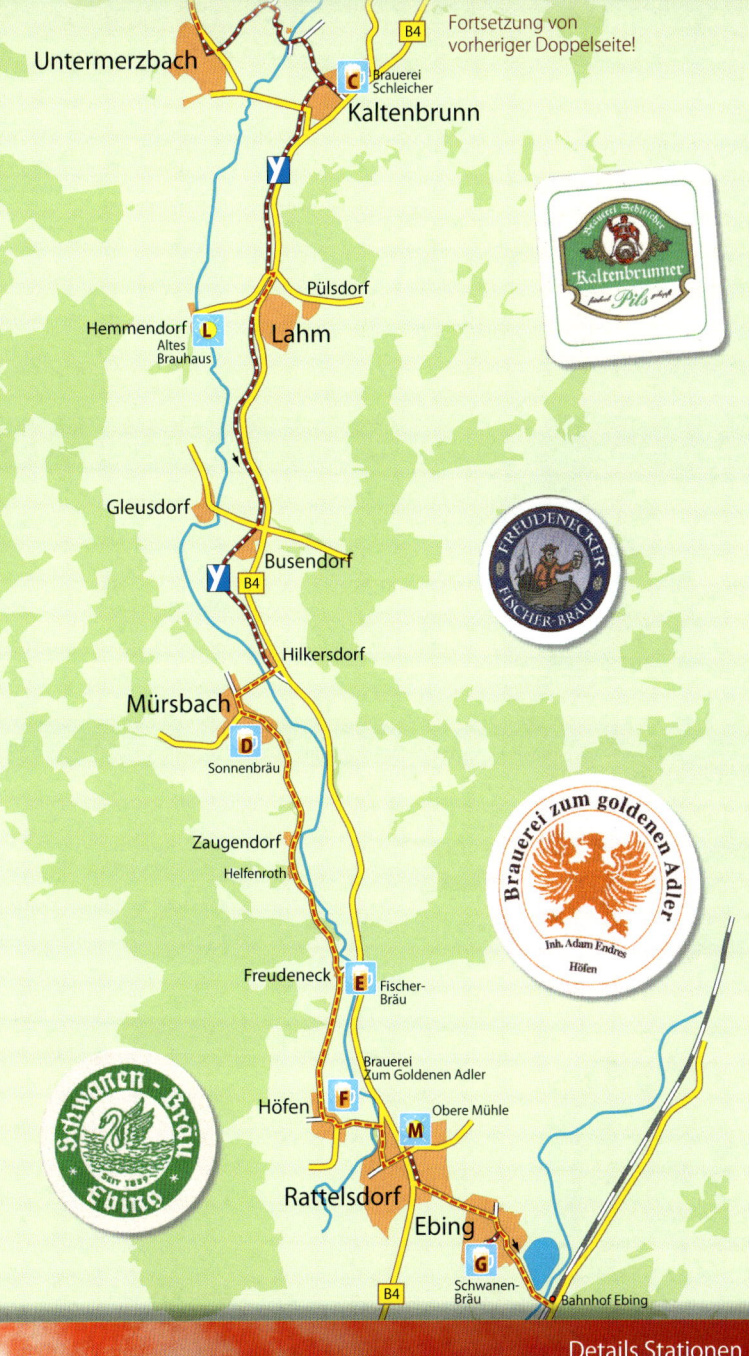

Fortsetzung von
vorheriger Doppelseite!

Untermerzbach

B4

C Brauerei
Schleicher

Kaltenbrunn

y

Pülsdorf

Hemmendorf **L**
Altes
Brauhaus

Lahm

Gleusdorf

y B4
Busendorf

Hilkersdorf

Mürsbach

D
Sonnenbräu

Zaugendorf

Helfenroth

Freudeneck **E** Fischer-
Bräu

Brauerei
Zum Goldenen Adler

Höfen **F**

Obere Mühle

M

Rattelsdorf

Ebing

G

Schwanen-
Bräu

B4

Bahnhof Ebing

Details Stationen ▶

Kommunbrauhaus Seßlach — A

Die guten Biere sind in den diversen Gasthäusern Seßlachs zu verkosten.

Bier-Klassiker: Original Seßlacher Hausbrauerbier

Anschrift: Pfarrgasse 1
96145 Seßlach

Öffnungszeiten:
Fr und Sa von 10 bis 17 Uhr

Kontakt:
Tel.: 09569-452

Brauerei – Gastwirtschaft – Tanzsaal Scharpf — B

Die Biertankstelle für den Ort. Viele durstige Heilgersdorfer holen ihr Bier direkt von der Theke nach Hause.

Bier-Klassiker: Märzen

Anschrift: Hauptstraße 16
96145 Seßlach-Heilgersdorf

Öffnungszeiten:
Mo bis Do 10 bis 13 Uhr und ab 16.30 Uhr, Fr bis So ab 10 Uhr, Dienstag Ruhetag

Kontakt:
Tel.: 09569-1232
www.scharpf-heilgersdorf.de

Brauerei Schleicher — C

Zu den Braten oder auch der beliebten Bräustübla-Pfanne serviert Maria Döllinger echte Thüringer Klöße.

Bier-Klassiker: Kaltenbrunner Pils

Anschrift: Coburger Straße 22
96274 Itzgrund

Öffnungszeiten Gaststätte:
Fr und Sa ab 17 Uhr, So ab 11 bis 14 Uhr und ab 17 Uhr
Mo bis Do Ruhetag

Kontakt:
Tel.: 09533-229
www.brauerei-schleicher.de

Sonnenbräu Mürsbach — D

Alle zwei Wochen entsteht in dem alten Sudhaus der Hausbrauerei hier in der Sonne das süffige Lagerbier.

Bier-Klassiker: Lager

Anschrift: Zaugendorfer Straße 4
96179 Mürsbach

Öffnungszeiten:
Di bis Fr ab 10; Sa, So und Feiert. ab 9 Uhr, Mo Ruhetag. Okt. bis Apr. 14 bis 17 Uhr geschl.

Kontakt:
Tel.: 09533-981017
www.gasthaus-schmitt.de

Freudenecker Fischer-Bräu   E

Das vorzügliche Lagerbier von Brauer Jürgen Fischer begeistert eine riesige Fangemeinde.

Bier-Klassiker: Helles Lagerbier

Anschrift: Freudeneck 2
96179 Rattelsdorf

Öffnungszeiten:
Täglich ab 11 Uhr
Montag Ruhetag

Kontakt:
Tel.: 09547-488
www.hahnerla.de

Brauerei Zum Goldenen Adler   F

Die kleine Brauerei wird von Familie Endres geleitet. Bierliebhaber sollten das Kellerbier genießen.

Bier-Klassiker: Ungespundetes Lager

Anschrift: Höfen 21
96179 Rattelsdorf

Öffnungszeiten:
Mo bis Fr ab 15 Uhr
So ab 11 Uhr
Di und Sa Ruhetag

Kontakt:
Tel.: 09547-264
Fax: 09547-288

Brauerei Schwanen-Bräu   G

Das Fachwerkgebäude, in dem die Brauereigaststätte ihre Pforten öffnet, steht schon lange unter Denkmalschutz.

Bier-Klassiker: Dunkles Vollbier

Anschrift: Marktplatz 11
96179 Ebing

Öffnungszeiten:
Täglich ab 9 Uhr, Fr ab 10 Uhr, Donnerstag Ruhetag

Kontakt:
Tel.: 09547-481
www.schwanen-braeu-ebing.de

Landgasthof Roter Ochse   H

Das süffige Seßlacher Hausbräu lockt Genießer aus einem weiten Umfeld an.

Anschrift/Kontakt:
Flenderstraße 95
96145 Seßlach
Tel.: 09569-1220
www.roter-ochse-sesslach.de

Öffnungszeiten:
Täglich 11 bis 14 Uhr und ab 16.30 Uhr
Montag und Donnerstag Ruhetag

Weitere Infos zur Tour ▶

Gasthof Reinwand — J

Das Haus steht auf dem malerischen Maximiliansplatz.

Anschrift/Kontakt:
Maximiliansplatz 99
96145 Seßlach
Tel.: 09569-304
www.gasthof-reinwand.de

Öffnungszeiten:
Täglich ab 9 Uhr
Mittwoch Ruhetag

Restaurant und Café Altstadthof — K

Inhabersohn Raphael sorgt als Koch bereits für Kontinuität.

Anschrift/Kontakt:
Flenderstraße 39
96145 Seßlach
Tel.: 09569-1432
www.altstadt-hof.de

Öffnungszeiten:
Täglich ab 9 Uhr
Dienstag Ruhetag

Altes Brauhaus Hemmendorf — L

Johannes und Birgit Scharf schufen im historischen Dorf noch eine Perle.

Anschrift/Kontakt:
Hemmendorf 19
96190 Untermerzbach
Tel.: 09533-479 oder -1797
www.altesbrauhaushemmendorf.de

Öffnungszeiten:
Mi bis Sa ab 17 Uhr
So und Feiertage ab 10 Uhr
Montag und Dienstag
Ruhetag

Obere Mühle — M

Etwas Spürsinn braucht man schon, um den traumhaften Biergarten an der Itz zu finden.

Anschrift/Kontakt:
An der Itz 11
96179 Rattelsdorf
Tel.: 09547-7627

Öffnungszeiten:
Fr und Sa ab 16 Uhr
So und Feiertage ab 10 Uhr
Tag vor einem Feiertag ab
16 Uhr, Montag bis Donnerstag Ruhetag
(die Saison endet Anfang August)

Schloss und Wildpark Tambach

Besonders spannend sind die Flugvor-
führungen um 10.30 und 15 Uhr.

Anschrift/Kontakt:
Schloßallee 3
96479 Weitramsdorf-Tambach
Tel.: 09567-92290
www.wildpark-tambach.de

Öffnungszeiten:
Ganzjährig 8 bis 18 Uhr
(Wildpark)
Details zu Führungen und
Veranstaltungen siehe
Website

LÄNGE

ca. 6 km

WEGZEIT

ca. 2 Stunden

WEGBESCHAFFENHEIT

Fußwege und Gesteige

BRAUEREIEN AN DER STRECKE

A - Hebendanz
B - Neder
C - Eichhorn
D - Greif

(Details, Tourenbeschreibung und weitere Stationen wie Biergärten oder Sehenswürdigkeiten siehe Folgeseiten)

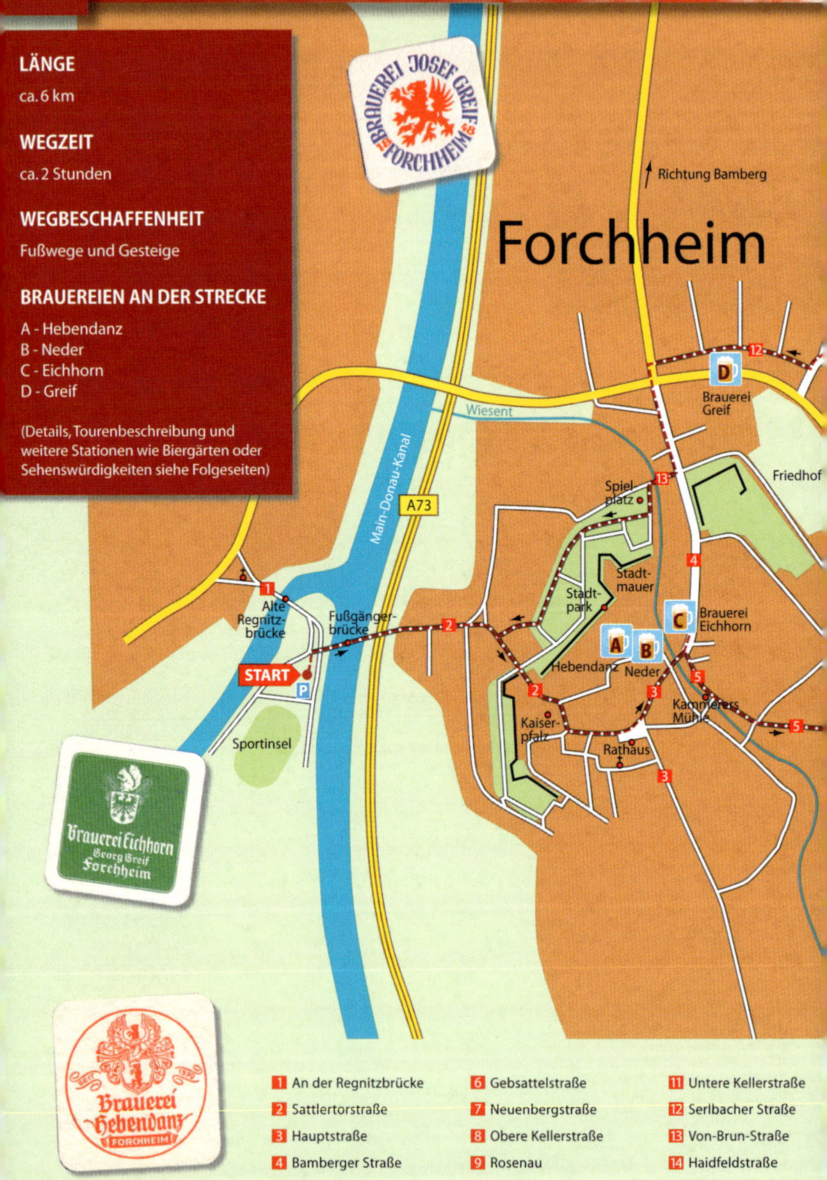

BRAUEREI JOSEF GREIF FORCHHEIM

↑ Richtung Bamberg

Forchheim

Wiesent

Main-Donau-Kanal

A73

Brauerei Greif

Friedhof

Spiel-platz

Stadt-mauer

Stadt-park

Brauerei Eichhorn

Alte Regnitz-brücke

Fußgänger-brücke

START

Hebendanz Neder

Kammerers Mühle

Sportinsel

Kaiser-pfalz

Rathaus

Brauerei Eichhorn Georg Greif Forchheim

Brauerei Hebendanz Forchheim

1 An der Regnitzbrücke	6 Gebsattelstraße	11 Untere Kellerstraße
2 Sattlertorstraße	7 Neuenbergstraße	12 Serlbacher Straße
3 Hauptstraße	8 Obere Kellerstraße	13 Von-Brun-Straße
4 Bamberger Straße	9 Rosenau	14 Haidfeldstraße
5 Wiesentstraße	10 Auf den Kellern	

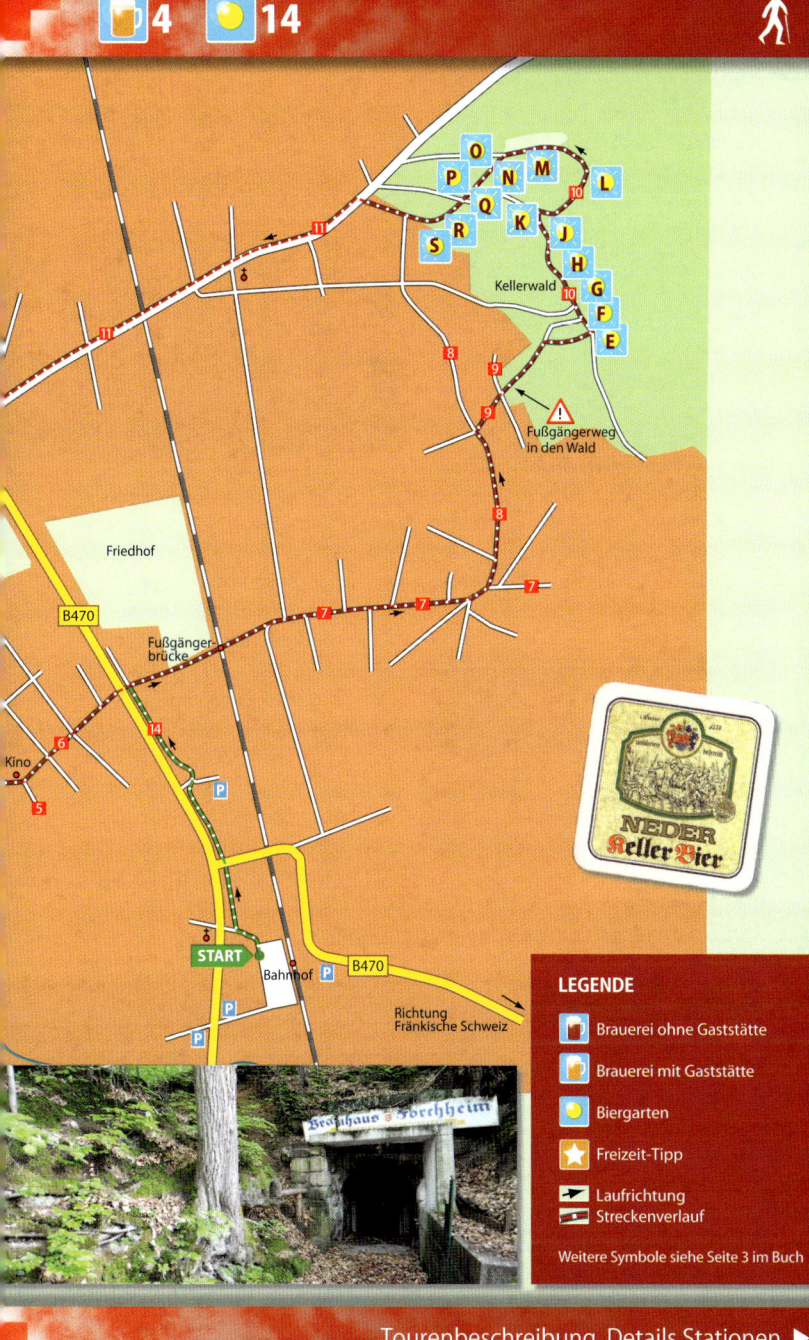

4   14

Kellerwald

P O N M L

Q K

S R J H

10 G

10 F E

8 9

9

Fußgängerweg
in den Wald

8

Friedhof

B470

Fußgänger
brücke

7 7 7

14

6

Kino

5

P

START

Bahnhof P B470

Richtung
Fränkische Schweiz

P

P

NEDER
Keller Bier

LEGENDE

Brauerei ohne Gaststätte

Brauerei mit Gaststätte

Biergarten

Freizeit-Tipp

Laufrichtung

Streckenverlauf

Weitere Symbole siehe Seite 3 im Buch

Tourenbeschreibung, Details Stationen ▶

Startpunkt ist der Parkplatz auf der Sportinsel direkt am Main-Donau-Kanal. (Alternativ können Sie auch am Bahnhof starten -> grüne Route. Dann führt Sie die Tour zuerst in den Kellerwald und danach zu den Brauereien in der Stadt.) Vom Parkplatz aus führt eine Treppe hinauf zur Fußgängerbrücke, die Sie über den Kanal und Richtung Innenstadt bringt.

Nach der Brücke folgen Sie der Sattlertorstraße bis zur Kaiserpfalz, den ersten zwei Brauereien und dem schönen Rathausplatz. Von dort geht es weiter (halb links halten) über die Hauptstraße zur Bamberger Straße, der Sie bis zur Brauerei Eichhorn folgen. An der Brauerei müssen Sie wieder umdrehen und nach kurzem Weg links in die Wiesentstraße einbiegen. Vorbei an der schiefen Kammerers Mühle führt Sie der Weg bis zur B 470, die Sie kreuzen und dann auf der anderen Seite gerade (Fußgängerbrücke) die Eisenbahn überqueren. Nun geht es den Berg hinauf zum Kellerwald mit seinen vielen Bierkellern. Vorbei an den Kellerwirtschaften geht es nun wieder bergab und durch die Untere Kellerstraße zurück Richtung Innenstadt. Vorher wartet in der Serlbacher Straße noch die letzte Brauerei dieser Stadtrunde. Durch den Stadtpark und entlang der alten Stadtmauer geht es dann zurück Richtung Ausgangspunkt.

UNSER TIPP

Die Stadt bietet eine sehr spannende Kellerberg-Bierkellerführung an.
Mehr: www.forchheim.de

Brauerei Hebendanz   A

Mit Martina Hebendanz steht bereits die Tochter von Fritz Hebendanz mit am Sudkessel.

Bier-Klassiker: Export Hell

Anschrift: Sattlertorstraße 14
91301 Forchheim

Öffnungszeiten:
Täglich ab 10 Uhr
Donnerstag Ruhetag

Kontakt:
Tel.: 09191-1222
www.brauerei-hebendanz.de

Brauerei Neder   B

1998 konnte Hilmar Neder ein ganz besonderes Jubiläum feiern: 444 Jahre Neder-Bier in Forchheim.

Bier-Klassiker: Schwarze Anna

Anschrift: Sattlertorstraße 10
91301 Forchheim

Öffnungszeiten:
Täglich ab 10 Uhr
So 9 bis 13 Uhr
Dienstag Ruhetag

Kontakt:
Tel.: 09191-2400
Fax: 09191-2424

Privatbrauerei Eichhorn   C

Gab es hier lange Zeit nur Brotzeit zum Bier, hat man sich mittlerweile zu einer umfangreichen Speisekarte vorgearbeitet.

Bier-Klassiker: Vollbier hell

Anschrift: Bamberger Straße 9
91301 Forchheim

Öffnungszeiten:
Mo, Do und Fr ab 12 Uhr
Sa, So und Feiert. ab 10 Uhr
Di und Mi Ruhetag

Kontakt:
Tel.: 09191-2379
Fax: 09191-729944

Brauerei Josef Greif   D

Eine Speisekarte sucht man hier vergebens, es steht ganz klar das leckere Bier im Vordergrund.

Bier-Klassiker: Greif Hell

Anschrift: Serlbacher Straße 10
91301 Forchheim

Öffnungszeiten:
Mo, Mi und Fr ab 8.30 Uhr
Di, Do und Sa 8.30 bis 14 Uhr
Sonntag Ruhetag

Kontakt:
Tel.: 09191-727920
www.brauerei-greif.de

Weitere Infos zur Tour ▶

Schützenkeller   E

Der Schützenkeller ist ganz obenauf. Und der Aufstieg lohnt sich.

Anschrift/Kontakt:
Auf den Kellern 27
91301 Forchheim
Tel.: 09191-15225

Öffnungszeiten:
Täglich ab 11 Uhr
So und Feiertage ab 10 Uhr
Mai bis Sept. Dienstag Ruhetag
Okt. bis Apr. Montag und Dienstag Ruhetag

Neder-Keller   F

Die Gemütlichkeit kommt auch bei der Größe des Kellers nicht zu kurz.

Anschrift/Kontakt:
Auf den Kellern 25
91301 Forchheim
Tel.: 09191-2885

Öffnungszeiten:
Täglich ab 11 Uhr
Mittwoch Ruhetag

Weiss-Tauben-Keller   G

Allabendlich wird hier die heimelige Beleuchtung angeschaltet.

Anschrift/Kontakt:
Auf den Kellern 19
91301 Forchheim
Tel.: 09191-975001
www.weisstaubenkeller.de

Öffnungszeiten:
Täglich ab 11 Uhr
Sa, So und Feiertage ab 10 Uhr
Montag Ruhetag

Eichhorn-Keller   H

Bei vielen Forchheimern ein Synonym für die besten Hähnchen der Stadt.

Anschrift/Kontakt:
Auf den Kellern 17
91301 Forchheim
Tel.: 09191-60626

Öffnungszeiten:
Täglich ab 16 Uhr
So und Feiertage ab 9 Uhr
Montag Ruhetag
Bei schlechtem Wetter geschlossen

Stäffala-Keller   J

Der Stäffala-Keller ist altersmäßig wohl die Nummer zwei auf dem Kellerberg.

Anschrift/Kontakt:
Auf den Kellern 15
91301 Forchheim
Tel.: 09191-66030 o. 01577-3220000

Öffnungszeiten:
Mai bis Oktober
Do bis Sa ab 14 Uhr
So und Feiertage 11 bis 20 Uhr
Montag bis Mittwoch Ruhetag

Glocken-Keller   K

Wer gerne im Mittelpunkt steht, der sollte zu Annafest-Zeiten sein Quartier im Glocken-Keller aufschlagen.

Anschrift/Kontakt:
Auf den oberen Kellern 36
91301 Forchheim
Tel.: 09191-14035

Öffnungszeiten:
Mo bis Fr ab 13.30 Uhr
Sa ab 11 Uhr
So und Feiertage ab 9.30 Uhr
Dienstag Ruhetag

Schlößla Keller   L

Der älteste Keller ist der Treffpunkt der Jugend auf dem Annafest.

Anschrift/Kontakt:
Auf den Kellern 13
91301 Forchheim
Tel.: 0172-8440343
www.schloessla-keller.de

Öffnungszeiten:
Täglich ab 16.30 Uhr
So ab 15 Uhr
Kein Ruhetag
Bei schlechtem Wetter geschlossen

Schindler Keller   M

Auf dem ehemaligen Kaiserpfalz-Keller trifft sich das Forchheimer Who-is-Who am Annafest-Mittwoch.

Anschrift/Kontakt:
Auf den unteren Kellern 28
91301 Forchheim
Tel.: 09191-729695 o. 0160-6824820

Öffnungszeiten:
Täglich ab 15 Uhr
So ab 10 Uhr
Mittwoch Ruhetag

Hebendanz Keller N

Mit einer Qualitätsoffensive konnte die Gunst der Einheimischen wieder gewonnen werden.

Anschrift/Kontakt:
Auf den Kellern 22
91301 Forchheim
Tel.: 0151-57127588

Öffnungszeiten:
Täglich ab 15 Uhr
Sa ab 14 Uhr
So und Feiertage ab 11 Uhr
Kein Ruhetag
Bei schlechtem Wetter
geschlossen

Greif's Keller O

Das Bier ist besonders kräftig und schon des öfteren offiziell von den Stadtoberen prämiert worden.

Anschrift/Kontakt:
Auf den Kellern 9
91301 Forchheim
Tel.: 09191-14735

Öffnungszeiten:
Täglich ab 14 Uhr
So und Feiertage ab 9 Uhr
Kein Ruhetag

Winterbauerkeller P

Der Winterbauerkeller ist einer von etwa sieben Kellern, die zum Annafest mit eigenem Musikpodium antreten.

Anschrift/Kontakt:
Auf den Kellern 7
91301 Forchheim
Tel.: 09195-5130

Öffnungszeiten:
Fr, Sa und an den Tagen vor Feiertagen ab 15 Uhr
So und Feiertage ab 11 Uhr
Montag bis Donnerstag geschlossen

Rappen-Keller Q

Interessierte können hier auch an einer Kellerführung teilnehmen.

Anschrift/Kontakt:
Auf den Kellern 14
91301 Forchheim
Tel.: 09191-704756
www.rappenkeller.de

Öffnungszeiten:
Anfang Mai bis Ende Okt.
Täglich ab 11 Uhr
Montag Ruhetag
Ende Okt. bis Anfang Mai
Täglich ab 14 Uhr
Montag Ruhetag

Schaufel-Keller   R

Auch im Winter ist hier ein Besuch etwas Besonderes: Der kleine Gastraum fasst gerade einmal 25 Personen.

Anschrift/Kontakt:
Auf den unteren Kellern 12
91301 Forchheim
Tel.: 09191-66582

Öffnungszeiten:
Do bis So ab 17 Uhr
Montag, Dienstag und
Mittwoch Ruhetag

Kaiser Keller   S

Der Kellerberg-Keller in Randlage, für alle die etwas mehr Ruhe möchten.

Anschrift/Kontakt:
Auf den Kellern 8
91301 Forchheim
Tel.: 0160-2123756
www.stadtlockal.de

Öffnungszeiten:
Fr, Sa und Mo ab 17.30 Uhr
So ab 11 Uhr
Dienstag bis Donnerstag
geschlossen

27 Bier- und Kirschenweg

LÄNGE

ca. 12,5 km

WEGZEIT

ca. 3,5 Stunden

WEGBESCHAFFENHEIT

Geschotterte Wanderwege, teils schmale Waldpfade, innerorts Asphalt

BRAUEREIEN AN DER STRECKE

A - Nikl
B - Schwanen Bräu
C - Sonnenbräu

(Details, Tourenbeschreibung und weitere Stationen wie Biergärten oder Sehenswürdigkeiten siehe Folgeseiten)

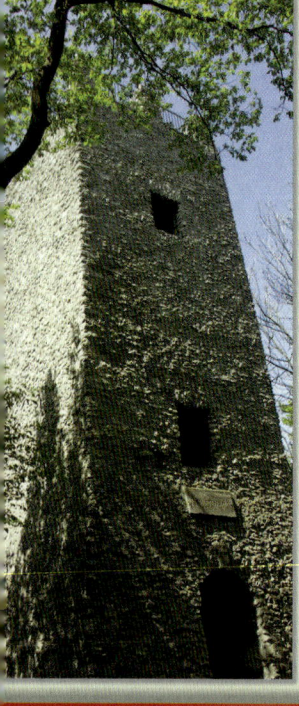

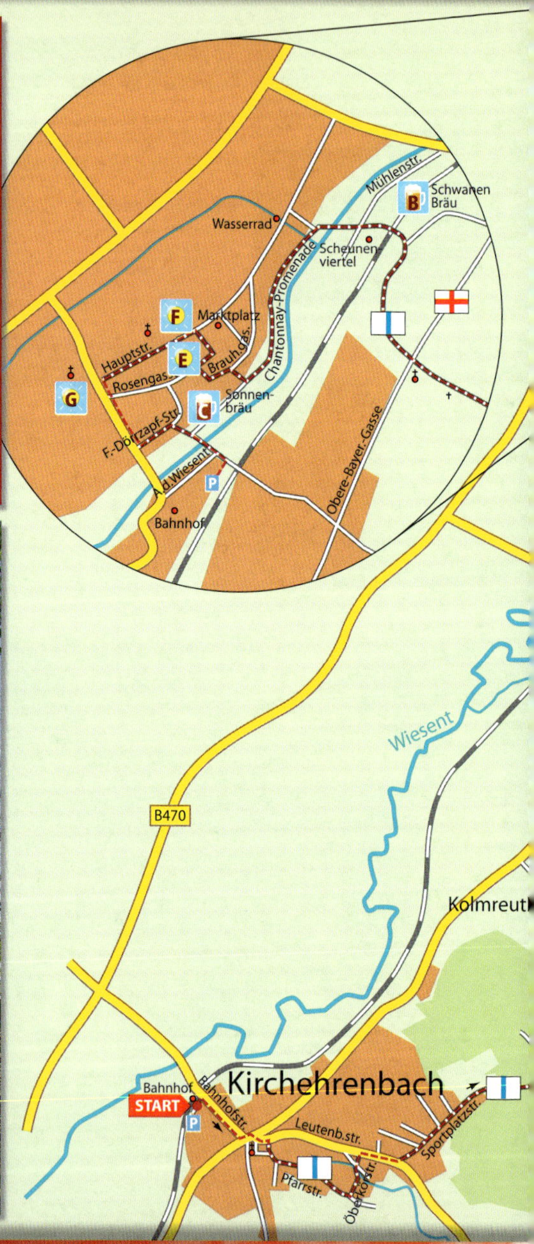

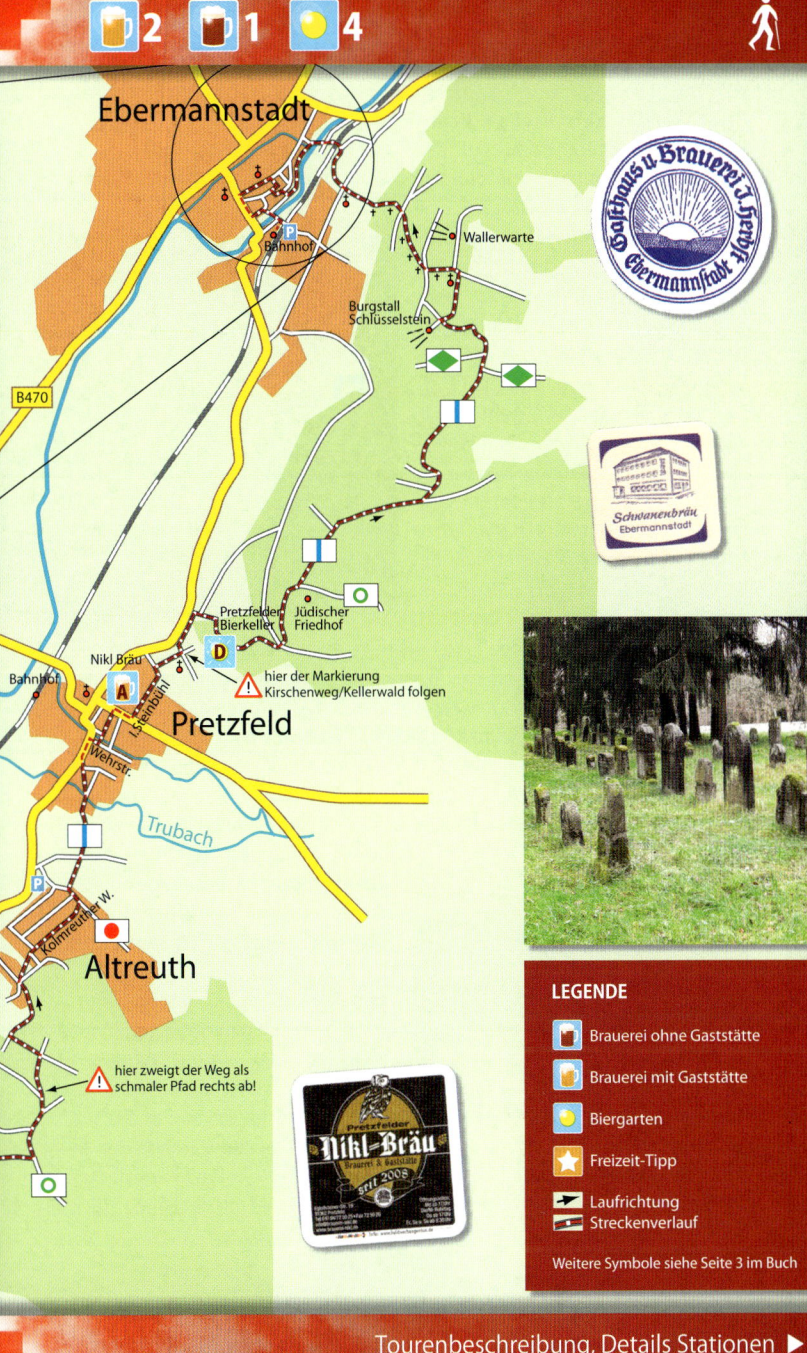

Diese Wanderung startet am Bahnhof von Kirchehrenbach. Auf der Bahnhofstraße laufen wir in den Ort hinein Richtung Kirche. Dort beginnt der Wanderweg mit der Markierung „senkrechter, blauer Strich" der Sie bis Ebermannstadt begleiten wird. Von der Kirche aus geht es durch den Ort bis zum Sportplatz, wo der Weg in den Wald Richtung Pretzfeld führt. Der gut markierte Weg geht durch den Wald, bis Sie die Häuser des kleinen Weilers Kolmreuth erreichen.

Durch das Wohngebiet von Altreuth geht es dann hinunter nach Pretzfeld. In der Ortsmitte bietet sich die Brauerei Nikl für eine erste Pause an. Von der Brauerei aus geht es durch die Straße „Im Steinbühl" den Berg hinauf Richtung Pretzfelder Keller. An den Kellern vorbei führt der Weg steil bergauf Richtung Jüdischer Friedhof (der Friedhof ist abgeschlossen, man kann aber einen Blick durch das Tor werfen). Dort zweigt die Markierung links Richtung Schlüsselstein ab.

Dieser wunderschöne Aussichtspunkt ist nach 2 km erreicht und bietet eine herrliche Fernsicht. Auch der Aussichtsturm Wallerwarte ist den kurzen Abstecher wert. Von der kleinen Kapelle in der Nähe der Wallerwarte führt ein steiler Kreuzweg hinunter nach Ebermannstadt. Dort geht es durch das Scheunenviertel (Braustätte der Schwanen Bräu kurzer Abstecher nach rechts in der Mühlenstraße) und dann auf der Chantonnay-Promenade entlang der Wiesent.

Nach ca. 200 Metern führt ein Durchgang rechts in der Mauer in die Brauhausgasse, in der Sie die letzte Brauerei dieser Tour finden. In der Hauptstraße liegen die beiden Brauereigaststätten der Ebermannstädter Brauereien. Nun geht es zurück zum Bahnhof, von wo Sie mit der Bahn zurück nach Kirchehrenbach kommen (bitte Fahrplan beachten).

UNSER TIPP

Das Pretzfelder Kirschenfest ist einmalig in Franken und wäre für diese Tour die passende Krönung. Mehr: www.kirschenfest-pretzfeld.de

Nikl Bräu (mehr S. 178) A

Im Jahr 2008 gegründet, hat sich die Nikl Bräu schnell als Pflichtbesuch für Bierfreunde etabliert.

Bier-Klassiker: Helles Lager

Anschrift: Egloffsteiner Straße 19
91362 Pretzfeld

Öffnungszeiten:
Mo und Do ab 17 Uhr
Fr bis So ab 9.30 Uhr
Di und Mi Ruhetag

Kontakt:
Tel.: 09194-725025
www.brauerei-nikl.de

Schwanen Bräu B

Bei der Brauerei in der Mühlenstraße liegt der urige Bierkeller (Sommer), am Marktplatz das tolle Gasthaus.

Bier-Klassiker: Lagerbier dunkel

Anschrift: Mühlenstraße 1
91320 Ebermannstadt

Öffnungszeiten (Gaststätte Am Marktplatz 2):
Täglich ab 7 Uhr
So 7 bis 15 Uhr

Kontakt:
Tel.: 09194-76719-0 o. -209
www.schwanenbraeu.de

Brauerei Sonnenbräu Ebermannstadt C

Von den sechs Bieren der Brauerei möchten wir das Sonnengold Export ausdrücklich empfehlen.

Bier-Klassiker: Eber-Weisse

Anschrift: Brauhausgasse 6
91320 Ebermannstadt

Öffnungszeiten (Gaststätte Hauptstraße 29):
Täglich ab 10 Uhr
Montag Ruhetag

Kontakt:
Tel.: 09194-9093
brauerei-gasthof-sonne.de

Pretzfelder Keller D

Bierkeller-Klassiker auf dem Kirschen-fest-Gelände.

Anschrift/Kontakt:
Zwischen Pretzfeld und Ebermannst.
91362 Pretzfeld
Tel.: 09199-216 oder 0172-8184281
www.pretzfelderkeller.de

Öffnungszeiten:
Täglich ab 16 Uhr
So und Feiertage ab 11 Uhr
Kein Ruhetag
Bei schlechtem Wetter geschlossen

Weitere Infos zur Tour ▶

Hotel – Restaurant Schwanenbräu — E

Die perfekte Basis vor jedem Ausflug in die Fränkische Schweiz.

Anschrift/Kontakt:
Am Marktplatz 2
91320 Ebermannstadt
Tel.: 09194-76719-0 oder -209
www.schwanenbraeu.de

Öffnungszeiten:
Täglich ab 7 Uhr
So 7 bis 15 Uhr
Kein Ruhetag

Brauereigasthof Sonnenbräu — F

Die eigene Brennerei bietet hoch prozentige Spezialitäten.

Anschrift/Kontakt:
Hauptstraße 29
91320 Ebermannstadt
Tel.: 09194-767480
www.brauerei-gasthof-sonne.de

Öffnungszeiten:
Täglich ab 10 Uhr
Montag Ruhetag

Wiesent-Garten — G

Passend zum idyllischen Ambiente direkt am Frankenflüsschen Wiesent.

Anschrift/Kontakt:
Am Kirchenwehr 10
91320 Ebermannstadt
Tel.: 0170-3529133
www.wiesent-garten.de

Öffnungszeiten:
Bei schönem Wetter
Mo bis Sa ab 15 Uhr
So und Feiertage ab 14 Uhr
Kein Ruhetag

D

Kirschenfest Pretzfeld

Neues Bier-Herz der Fränkischen Schweiz

WWW.BRAUEREI-NIKL.DE

Das kommt wirklich nicht alle Tage vor: Zu den Brauereien Meister in Unterzaunbach und Penning-Zeißler in Hetzelsdorf kam in der Gemeinde Pretzfeld eine dritte Brauerei dazu. Am 11. Oktober 2008 haben Braumeister Mike Schmitt und seine Frau Alexandra die Nikl-Bräu in Pretzfeld in der Egloffsteiner Straße eröffnet.

Das Brauereiwirtshaus wurde in einen ehemaligen Stall gebaut, und das besondere daran: die Wirtshausbesucher haben direkten Blick ins Sudhaus, das nur durch Glasfenster vom Wirtshaus getrennt ist. Ein Alleinstellungsmerkmal der besonderen Art also, das den Gästen eine besondere Beziehung zu den Bieren der Nikl-Bräu geben wird. Der Name der Brauerei, so Mike Schmitt, kommt übrigens vom Großvater, dem Nikl, der über Pretzfeld hinaus als Heimatdichter bekannt war.

Vom Schweine- in den Kuhstall – diesen Weg legen die feinen fränkischen Gerichte und Brotzeiten zurück, wenn Sie von der Küche, die im ehemaligen Schweinestall liegt, in den Gastraum, den ehemaligen Kuhstall, gebracht werden. **Neben dem hellen Land- und dem dunklen Kellerbier kommen bei besonderen Anlässen Spezialbiere zum Einsatz, wie z.B. Festbier oder Bockbier.**

Spezialitäten:

Mo: Riffala (Schälrippchen)

Do: Bohnakern mit Dörrfleisch & Klöß

Fr: Heringe

So: Schäuferla & versch., wechselnde fränkische Braten

Fr, Sa und So: selbstgebackene Kuchen und Torten
Jeden Sa saure Lende mit Sauerkraut und Kloß
(nach einem über 100 Jahre alten Familienrezept)

Anschrift/Kontakt:
Egloffsteiner Straße 19
91362 Pretzfeld
Tel.: 09194-725025
Fax: 09194-725026
eMail: info@brauerei-nikl.de

Öffnungszeiten:
Mo und Do ab 17 Uhr
Fr, Sa und So ab 9.30 Uhr
Di und Mi Ruhetag

Kirchehrenbach

Straße zur Ehrenbürg

Infopavillion

START

Lindenkeller

Schranke

zwei Wege mit der Markierung: Rechts halten!

Walberla

Keltische Wallanlage

Rodenstein

Schlaifhausen

Hochbehälter

Ehrenbürg

Dietzhof

Brauerei Alt

Brauerei Alt Dietzhof

LÄNGE

ca. 9 km

WEGZEIT

ca. 2,5 Stunden

WEGBESCHAFFENHEIT

Geschotterte Wanderwege, teils schmale Stein- und Waldpfade (bei Nässe teils rutschig!)

BRAUEREIEN AN DER STRECKE

A - Alt
B - Drummer

(Details, Tourenbeschreibung und weitere Stationen wie Biergärten oder Sehenswürdigkeiten siehe Folgeseiten)

Leutenbach

Brauerei
Drummer

Rathaus

Rosenau

BRAUEREI DRUMMER
LEUTENBACH

LEGENDE

Brauerei ohne Gaststätte

Brauerei mit Gaststätte

Biergarten

Freizeit-Tipp

Laufrichtung

Streckenverlauf

Weitere Symbole siehe Seite 3 im Buch

Tourenbeschreibung, Details Stationen ▶

An der Kirche in Kirchehrenbach geht es die „Straße zur Ehrenbürg" hinauf zu einem Wanderparkplatz, der der Startpunkt dieser Tour ist. Von dort führt Sie der Wanderweg immer weiter bergauf. Sie folgen der Markierung „roter Querstrich" bis das Hochplateau des Walberla erreicht ist. An der Walburgis-Kapelle lohnt es sich einen Abstecher nach rechts oder links zu den Aussichtspunkten zu machen und die herrliche Fernsicht zu genießen.

Der Weg führt nun etwas bergab und auf der anderen Seite wieder hinauf zum zweiten Gipfel des Hochplateaus, dem Rodenstein. Auf einem schmalen Steinpfad geht es jetzt immer weiter talwärts bis nach Dietzhof. Dort gehen Sie auf der Hauptstraße kurz nach rechts, bis links eine Straße abzweigt, in der sich die Brauerei Alt befindet. Der Weg folgt dieser Straße, bis kurz hinter dem Ortsschild links ein Feldweg nach Leutenbach führt.

Am Rathaus vorbei kommen Sie zur Brauerei Drummer in der Dorfstraße. Gleich nach der Brauerei geht es vor der Kirche links in die Ehrenbürgsstraße. Im weiteren Verlauf folgen Sie dem Walberla-Rundweg (Markierung: rotes Schild mit weißem Kreis und schwarzer Walberla-Silhouette). Dieser führt auf halber Höhe am Hang entlang durch den Wald. Zuletzt verlässt der Weg den Wald, und nach kurzer Strecke führt die Markierung roter Querstrich wieder hinunter zum Ausgangspunkt.

UNSER TIPP

Das Walberla ist Kult. Besonders zum Walberla-Fest jedes Jahr am ersten Wochenende im Mai.

Brauerei Alt A

Markus Alt führt das kleine alte Brauhaus von Dietzhof mittlerweile in der fünften Generation.

Bier-Klassiker: Vollbier dunkel

Anschrift: Dietzhof 42
91359 Leutenbach

Öffnungszeiten:
Di bis Fr ab 17, Sa ab 16, So ab 11.30 Uhr, Mo Ruhetag

Kontakt:
Tel.: 09199-267
www.brauerei-alt.de

Brauerei Gasthof Drummer B

Die Brauerei hat sich auf die vielen Walberla-Wanderer eingestellt, die hier regelmäßig einkehren.

Bier-Klassiker: Dunkles Vollbier

Anschrift: Dorfstraße 10
91359 Leutenbach

Öffnungszeiten:
Di bis Fr 11 bis 14.30 Uhr und ab 17 Uhr; Sa, So und Feiertage ab 11 Uhr; Mo Ruhetag;

Kontakt:
Tel.: 09199-403
Fax: 09199-8720

Ehrenbürg C

Wundervoller Biergarten mit traumhafter Aussicht.

Anschrift/Kontakt:
Schlaifhausen 68
91369 Wiesenthau
Tel.: 09199-696930
www.ehrenbuerg.com

Öffnungszeiten:
Täglich ab 11.30 Uhr
Dienstag Ruhetag

Lindenkeller D

Manchmal werden in dem ehemaligen Bierlager sogar ganze Schweine gegrillt.

Anschrift/Kontakt:
Hauptstraße 45
91356 Kirchehrenbach
Tel.: 09191-94448
www.gasthaus-sponsel.de

Öffnungszeiten:
Mo bis Fr ab 16 Uhr
Sa, So und Feiertage ab 12 Uhr
Kein Ruhetag
Bei schlechtem Wetter geschlossen

29 Biermeister-Weg

LÄNGE
ca. 7,5 km

WEGZEIT
ca. 2,5 Stunden

WEGBESCHAFFENHEIT
Waldwege, teils geschottert

BRAUEREIEN AN DER STRECKE
A - Penning-Zeissler
B - Meister

(Details, Tourenbeschreibung und weitere Stationen wie Biergärten oder Sehenswürdigkeiten siehe Folgeseiten)

LEGENDE

- Brauerei ohne Gaststätte
- Brauerei mit Gaststätte
- Biergarten
- Freizeit-Tipp
- Laufrichtung
- Streckenverlauf

Weitere Symbole siehe Seite 3 im Buch

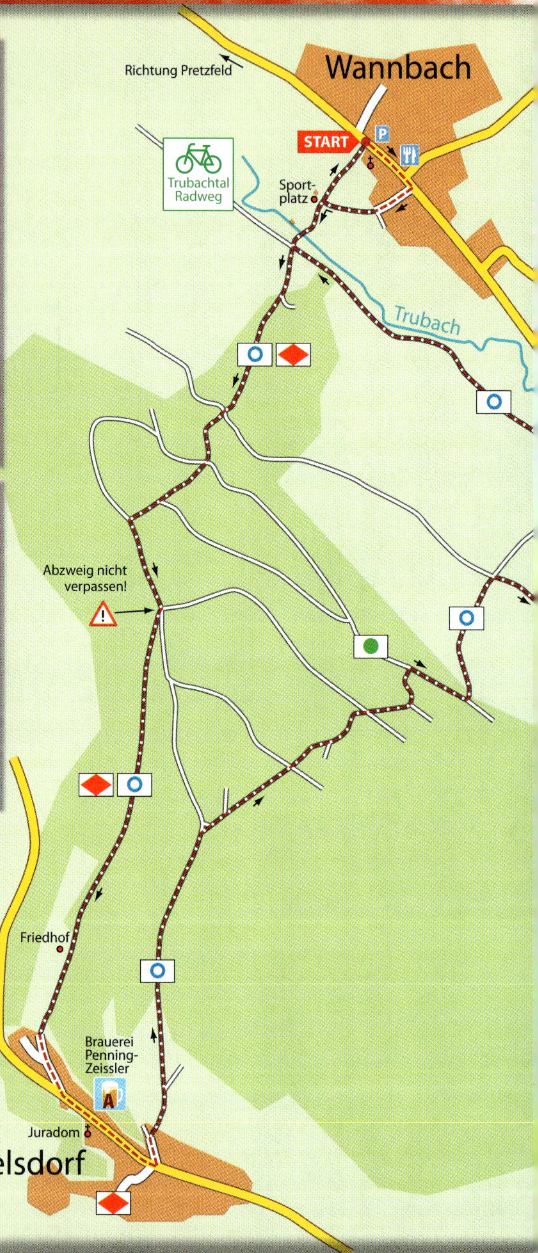

Richtung Pretzfeld
Wannbach
START
P
Trubachtal Radweg
Sport-platz
Trubach
Abzweig nicht verpassen!
Friedhof
Brauerei Penning-Zeissler
A
Juradom
Hetzelsdorf

Brauerei Penning Zeißler
Hetzelsdorf

 Nächster Bahnhof: Forchheim (ca. 14 km zum Startpunkt) DB

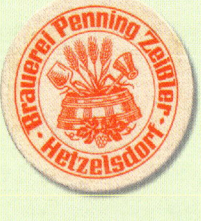

A

Spielplatz

Unterzaunsbach

Glockenhaus

P B Brauerei
Meister

Startpunkt ist der Parkplatz gegenüber der Kirche in Wannbach. Von dort laufen Sie weiter in den Ort hinein, bis rechts der Wanderweg (Markierung: blauer Kreis) abzweigt.

Dieser Weg führt über das Flüsschen Trubach und dann teils steil den Berg hinauf Richtung Hetzelsdorf. Der Wanderweg wird von einigen Forstwegen gekreuzt, führt aber immer gerade aus den Berg hinauf. Oben kommen Sie an eine T-Kreuzung, an der der Weg nach links abzweigt und vorbei am Friedhof nach Hetzelsdorf hinein führt. Im Ort geht es auf der Straße noch etwas den Berg hinauf, an der Brauerei Penning-Zeissler vorbei, bis der blaue Kreis schließlich links abzweigt und wieder in den Wald führt. Jetzt geht es stetig bergab bis nach Unterzaunsbach. Im Ort angekommen müssen Sie einen kurzen Abstecher nach rechts machen um zur Brauerei Meister zu gelangen. Dort angekommen drehen Sie wieder um und laufen auf dem Trubachtal-Weg aus dem Ort hinaus. Nach einem Kilometer geht es wieder rechts nach Wannbach hinein, wo Sie dieses mal etwas abkürzen können und einfach gerade aus zur Kirche und dem Ausgangspunkt laufen.

UNSER TIPP

Beide Brauereien verfügen über kleine, feine und sonnige Biergärten direkt am Haus.

Brauerei Penning-Zeissler A

Klassisch gegenüber der Kirche gelegen, erwartet den Gast ein kleiner Biergarten und frisches Bier.

Bier-Klassiker: Fränkisches Vollbier

Anschrift: Hetzelsdorf 9
91362 Pretzfeld

Öffnungszeiten:
Mi bis Fr ab 16 Uhr
Sa, So und Feiertage ab 9 Uhr
Mo und Di Ruhetag

Kontakt:
Tel.: 09194-252

Brauerei-Gasthof Georg Meister B

Das süffige Vollbier des Hauses hat einen wahren Feinschmeckersiegeszug angetreten.

Bier-Klassiker: Vollbier

Anschrift: Unterzaunsbach 8
91362 Pretzfeld

Öffnungszeiten:
Täglich ab 11 Uhr
Dienstag und Donnerstag Ruhetag

Kontakt:
Tel.: 09194-9126
www.meisterbräu.de

LÄNGE

ca. 10 km

WEGZEIT

ca. 3 Stunden

WEGBESCHAFFENHEIT

Wald- und Wiesenwege,
teils schmale Pfade

BRAUEREIEN AN DER STRECKE

A - Klosterbrauerei
B - Friedmann
C - Lindenbräu
D - Hofmann
E - Elch-Bräu

(Details, Tourenbeschreibung und
weitere Stationen wie Biergärten oder
Sehenswürdigkeiten siehe Folgeseiten)

Fortsetzung siehe
rechts unten

Turmuhren-
museum

Brauerei-Gasthof
Lindenbräu

Biergarten zum
Bergschlösschen

Brauerei
Friedmann

Hilpolt-
steiner
Tor

Friedmann's
Bräustüberl

Treppenabgang:
leicht zu übersehen!

Gräfenberg

Marktpl.

Bahnhof

Funkmast

Sollenberg

Weißenohe

LEGENDE

🍺 Brauerei ohne Gaststätte

🍺 Brauerei mit Gaststätte

🍺 Biergarten

⭐ Freizeit-Tipp

➜ Laufrichtung

Streckenverlauf

Weitere Symbole siehe Seite 3 im Buch

START
Bahnhof

Klosterbrauerei
Weißenohe

Nächster Bahnhof: Weißenohe (direkt am Startpunkt)

DB

Thuisbrunn

Burg

Elch-Bräu **E**

THUISBRUNNER
ELCH-BRÄU

Brauerei-Gasthof
Hofmann

D

Hohenschwärz

Sportplatz

Frankenweg

Brauerei Hofmann
Hohenschwärz

LINDENBRÄU
GRÄFENBERG

Frankenweg

P

Frankenweg

Gräfenbergerhüll

Fortsetzung von
links oben

Frankenweg

Startpunkt ist der Bahnhof in Weißenohe. Von dort überqueren Sie die Bundesstraße 2 und laufen in den Ort hinein.

Der ganze Wanderweg ist sehr gut mit Schildern „5-Seidla-Steig" versehen. Schon nach kurzem erreichen Sie die Klosterbrauerei. Weiter geht es dann Richtung Sollenberg die Straße hinauf und über die Höhe nach Gräfenberg, wo wir die nächsten zwei Brauereien finden. Über einen Hangweg verlassen

Sie Gräfenberg und gelangen über Wiesen- und Waldwege nach Hohenschwärz. Zur Brauerei Hofmann ist es ein kleiner Abstecher, d. h. Sie müssen nach dem Besuch der Brauerei wieder zurück auf den eigentlichen Weg.

Kurz hinter Hohenschwärz ist dann mit der Brauerei in Thuisbrunn das Ende der Wanderung erreicht. Für den Rückweg haben Sie drei Möglichkeiten: 1. Sie nehmen die ausgeschilderte Alternativ-Strecke und laufen zurück nach Weißenohe (Distanz: noch einmal 10 km). 2. Sie nehmen die Buslinie 226 zum Bahnhof Gräfenberg. 3. Sie nutzen den Shuttle-Service der Firma Schmetterling-Reisen unter Tel.: 09197-6282528 (5 Euro pro Person).

UNSER TIPP

Der Blick vom Bergschlösschen ist bezaubernd und sollte bei einem frischen Bier genossen werden.

Klosterbrauerei Weißenohe   A

Bier-Klassiker: Altfränkisch Klosterbier

Anschrift: Klosterstraße 20
91367 Weißenohe

Kontakt:
Tel.: 09192-591
klosterbrauerei-weissenohe.de

Öffnungszeiten Gaststätte:
Anfang April bis Ende Okt.:
Di ab 16 Uhr, Mi bis Fr ab 11 Uhr, So und Feiertage ab 10 Uhr, Mo Ruhetag
Anfang Nov. bis Ende März: Mi bis Fr ab 17 Uhr, Sa und So ab 11 Uhr, Mo und Di Ruhetag

Brauerei Friedmann — B

Das gute Friedmann Bier ist optimalerweise im Bergschlösschen und im Bräustüberl zu verkosten.

Bier-Klassiker: Pils

Anschrift: Jägersberg 16
91322 Gräfenberg

Öffnungszeiten:
Mo bis Fr 7 bis 18 Uhr
Sa 7.30 bis 12.30 Uhr

Kontakt:
Tel.: 09192-318
www.brauerei-friedmann.de

Brauerei-Gasthof Lindenbräu — C

Braumeister Ralf Stockum stellt die mittlerweile vierte Generation, gemeinsam mit seiner Frau Irene.

Bier-Klassiker: Vollbier dunkel

Anschrift: Am Bach 3
91322 Gräfenberg

Öffnungszeiten:
Mo bis Sa ab 11 Uhr
So ab 16 Uhr
Freitag Ruhetag

Kontakt:
Tel.: 09192-348
www.lindenbraeu.de

Brauereigasthof Hofmann — D

Drei Brauereien in Gräfenberg stehen unter der Ägide von Frauen, in Hohenschwärz braut Elfriede Hofmann.

Bier-Klassiker: Hofmann Export

Anschrift: Hohenschwärz 16
91322 Gräfenberg

Öffnungszeiten:
Mo ab 15 Uhr
Mi bis So ab 9.30 Uhr
Dienstag Ruhetag

Kontakt:
Tel.: 09192-251
www.brauerei-hofmann.de

Elch-Bräu — E

Aus den Zapfhähnen kommen Pils, Dunkles und Bock, alle drei naturtrüb und voller gesunder Inhaltsstoffe.

Bier-Klassiker: Dunkel

Anschrift: Thuisbrunn 11
91322 Gräfenberg

Öffnungszeiten:
Di und Fr bis So ab 10 Uhr
Mo, Mi und Do Ruhetag

Kontakt:
Tel.: 09197-221
www.elchbraeu.de

Friedmann's Bräustüberl F

Im Bräustüberl unweit der Brauerei Friedmann geht es ziemlich gemütlich zu.

Anschrift/Kontakt:
Bayreuther Straße 14
91322 Gräfenberg
Tel.: 09192-992318

Öffnungszeiten:
Täglich ab 10 Uhr
Anfang Mai bis Ende Okt.
Montag Ruhetag
Anfang Nov. bis Ende Apr.
Montag und Dienstag
Ruheta

Biergarten zum Bergschlösschen G

Über Gräfenberg thront das terrassenförmig angelegte Bergschlösschen.

Anschrift/Kontakt:
Jägersberg 16
91322 Gräfenberg
Tel.: 09192-318 o. 0162-5890690
www.brauerei-friedmann.de

Öffnungszeiten:
Fr 16 bis 22 Uhr
Sa, So und Feiertage 14 bis
22 Uhr
Montag bis Donnerstag
geschlossen

Turmuhren- und Fossilienmuseum H

Für Groß und Klein interessant und auf jeden Fall einen Besuch wert.

Anschrift/Kontakt:
Kasberger Straße 19 a
91322 Gräfenberg
Tel.: 09192-8266
www.turmuhren-graefenberg.de

Öffnungszeiten:
ca. März bis Oktober
Sa und So 14 bis 18 Uhr
(oder nach Vereinbarung)

31 Hallerndorfer Bierpilgertour

LÄNGE
ca. 24 km

WEGZEIT
ca. 2,5 Stunden

WEGBESCHAFFENHEIT
Land- und forstwirtschaftliche Wege, kleine Nebenstraßen

BRAUEREIEN AN DER STRECKE
A - Witzgall
B - Rittmayer
C - Lieberth
D - Brauhaus am Kreuzberg
E - Roppelt
F - Gänstaller

(Details, Tourenbeschreibung und weitere Stationen wie Biergärten oder Sehenswürdigkeiten siehe Folgeseiten)

LEGENDE
Brauerei ohne Gaststätte
Brauerei mit Gaststätte
Biergarten
Freizeit-Tipp
Laufrichtung
Streckenverlauf

Weitere Symbole siehe Seite 3 im Buch

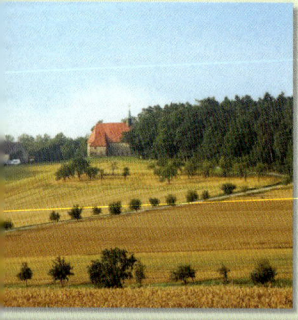

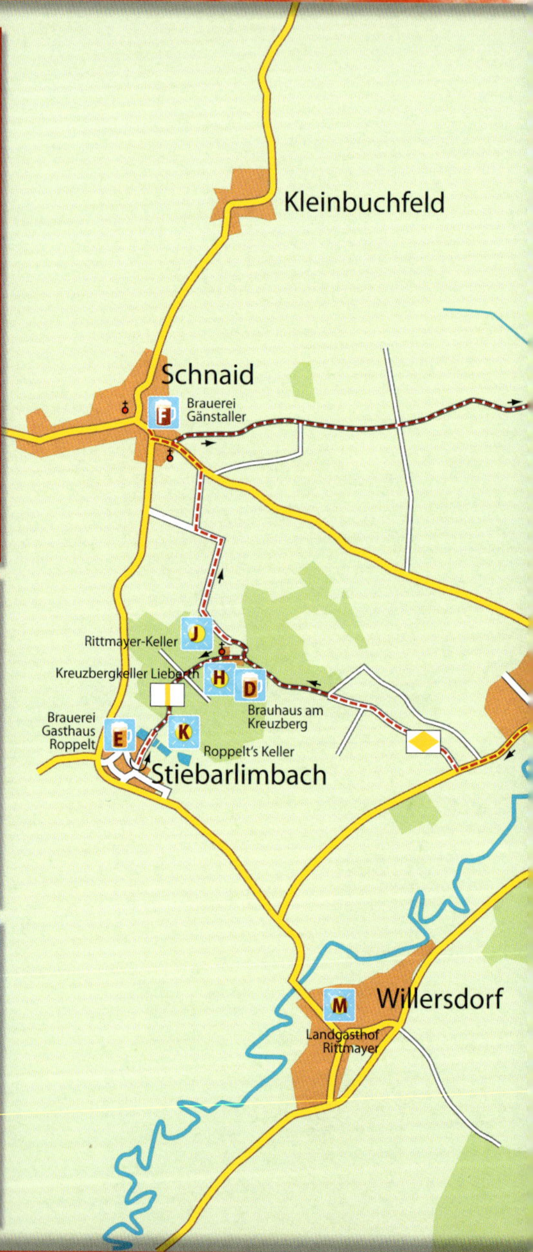
Kleinbuchfeld
Schnaid
Brauerei Gänstaller
F
Rittmayer-Keller
J
Kreuzbergkeller Lieberth
H
D
Brauhaus am Kreuzberg
Brauerei Gasthaus Roppelt
E
K
Roppelt's Keller
Stiebarlimbach
M
Willersdorf
Landgasthof Rittmayer

Brauerei
Witzgall
Schlammersdorf

Main-Donau-Kanal

Trailsdorf

Neuses
Fischtreppe

Regnitz

START

Industrie-
gebiet

Brauerei-
gaststätte
Witzgall

A

L Witzgall-Keller

Schlammersdorf

Aisch

Pautzfeld

Hallerndorf

Brauerei-Gasthaus
Rittmayer

C
Brauerei
Lieberth

G
Dorfkeller Lieberth

B
Brauerei
Rittmayer

Überreitermarter

Brauerei
Rittmayer

Der Startpunkt dieser Radtour ist die Industriestraße im Industriegebiet Hallerndorf. Dort gibt es leider keinen Parkplatz, aber man kann weiter hinten in der Straße am Rand parken (Vorsicht hier fahren unter der Woche viele Lkw).

Mit dem Rad fahren Sie weiter in die Industriestraße hinein, vorbei an der schönen Fischtreppe an der Regnitz und durch die Fluß- und Weiherlandschaft an der Aisch nach Schlammersdorf (diese Wegstrecke hat keine Beschilderung!). In Schlammersdorf biegen Sie links und dann gleich wieder rechts ab und haben schon die erste Brauerei erreicht. Nun folgen Sie der Ausschilderung Radweg „FO2" aus dem Ort hinaus.

Sie überqueren die Landstraße und fahren in den Wald hinein (Markierung: grünes Kreuz). Nun geht es langsam aber stetig bergauf bis zur Überreitermarter, nach der Sie rechts Richtung Kreuzberg abbiegen (Markierung: gelbe Raute). Jetzt geht es bergab zu den beiden Brauereien in Hallerndorf. Nachdem Sie den Ort durchquert haben, geht es kurz nach dem Ortsausgang rechts zum Kreuzberg hinauf, wo eine weitere Brauerei und drei idyllische Bierkeller warten.

Das Rad lassen Sie jetzt ab besten auf dem Kreuzberg stehen, denn zur nächsten Brauerei in Stiebarlimbach gelangt man nur über einen kurzen aber nicht radtauglichen Pfad. Dannach geht es wieder zurück auf den Kreuzberg und mit dem Fahrrad weiter Richtung Schnaid, wo die letzte Brauerei zu finden ist. Sie verlassen Schnaid wieder auf der gleichen Straße und biegen am Ortsausgang an der kleinen Kapelle links in einen unmarkierten Weg, dem Sie immer gerade aus folgen. Zuerst über den Höhenzug und dann hinunter in ein kleines Tal. Unten angekommen geht es rechts Richtung Hallerndorf und dann über die kleine Verbindungsstraße nach Trailsdorf. Dorf angekommen geht es nach rechts über die Aisch und durch Schlammersdorf Richtung Neuses, bis Sie wieder im Industriegebiet angekommen sind.

UNSER TIPP

> Der Hallerndorfer Kreuzberg ist ein richtiges Biermekka mit drei großen Biergärten, Brauerei und Brennerei.

Brauereigaststätte Witzgall   A

Hinter dem Zapfhahn am Fass stehen der Brauereichef Helmut Witzgall oder sein Bruder Erich.

Bier-Klassiker: Vollbier

Anschrift: Schlammersdorfer Straße 17
91352 Hallerndorf

Öffnungszeiten:
Täglich ab 9 Uhr
Mai bis Ende Sept.:
So 9 bis 12.30 Uhr
Donnerstag Ruhetag

Kontakt:
Tel: 09545-7452

Brauerei Rittmayer Hallerndorf   B

Neben der klassischen, fränkischen Küche bietet sich im Gasthaus der Rittmayers eine erweiterte Bierprobe an.

Bier-Klassiker: Hallerndorfer Landbier

Anschrift: An der Mark 1
91352 Hallerndorf

Öffnungszeiten (Gaststätte Trailsdorfer Straße 4):
Di bis Sa ab 16 Uhr, So ab 11 Uhr, Mo Ruhetag

Kontakt:
Tel.: 09545-44094-0
www.rittmayer.de

Brauerei Lieberth   C

Im Sommer locken die beiden Bierkeller der Brauerei auf dem Kreuzberg und im Dorf.

Bier-Klassiker: Pils

Anschrift: Forchheimer Straße 2
91352 Hallerndorf

Öffnungszeiten:
Ende Sept. bis Karfreitag:
Täglich ab 17 und So ab 10 Uhr, Mo und Mi Ruhetag, während Kellersaison geschlossen

Kontakt:
Tel.: 09545-8558

Brauhaus am Kreuzberg Friedels Keller   D

Neben den Bieren hat sich Norbert Winkelmann übrigens auch noch aufs Brennen spezialisiert. (mehr S. 200)

Bier-Klassiker: Schlotfegerla

Anschrift: Kreuzberg 1
91352 Hallerndorf

Öffnungszeiten:
Sommer: Täglich ab 11 Uhr
Okt. bis Apr.: Mo und Do Ruhetag

Kontakt:
Tel.: 09545-4736
brauhaus-am-kreuzberg.de

Weitere Infos zur Tour ▶

Brauerei Gasthaus Roppelt E

Zum Aischgrunder Karpfen (aus eigenen Weihern) servieren die Roppelts den hausgemachten Kartoffelsalat.

Bier-Klassiker: Kellerbier

Anschrift: Stiebarlimbach 9
91352 Hallerndorf

Öffnungszeiten:
Täglich ab 10 Uhr
Mi und Do Ruhetag
Mai bis Sept. geschlossen

Kontakt:
Tel.: 09195-7263
www.brauerei-roppelt.de

Gänstaller Bräu F

Andreas Gänstaller hat schon viele Jahrzehnte Brauereierfahrung auf dem Buckel.

Bier-Klassiker: Zoiglbier

Anschrift: Schnaid 10
91352 Hallerndorf

Öffnungszeiten:
Geöffnet nur auf Anfrage!
Gastronomie in Straßgiech:
www.zoiglstube.net

Kontakt:
Tel: 09542-7741255
www.gaenstaller.de

Dorfkeller Lieberth G

Weit über 200 Jahre schenkt man hier unter großen Bäumen das feine Kellerbier aus.

Anschrift/Kontakt:
Kreuzbergstraße 17
91352 Hallerndorf
Tel.: 09545-4437373

Öffnungszeiten:
Mo bis Fr ab 16 Uhr
Sa ab 15 Uhr
So und Feiertage ab 10 Uhr
Kein Ruhetag
Bei schlechtem Wetter
geschlossen

Kreuzbergkeller Lieberth H

Der kleine und feine Bierkeller auf dem Kreuzberg in der Mitte.

Anschrift/Kontakt:
Kreuzberg
91352 Hallerndorf
Tel.: 09545-70746

Öffnungszeiten:
Anfang Mai bis Ende Okt.:
Täglich ab 15 Uhr, So und
Feiertage ab 11.30 Uhr
Anfang Dez. bis Ende Apr.:
Fr und Sa ab 16 Uhr, So und
Feiertage ab 11.30 Uhr, Mo
bis Do geschlossen

Rittmayer-Keller — J

Beim Rittmayer ist vor allem das Räucherla hervorzuheben.

Anschrift/Kontakt:
Kreuzberg 18
91352 Hallerndorf
Tel.: 09545-4554
www.rittmayer-keller.de

Öffnungszeiten:
Anfang Mai bis Ende Sep.:
Di bis So ab 11.05 Uhr, Mo ab 15.05 Uhr
Anfang Okt. bis Ende Apr.:
So u. Feiertage ab 11.05 Uhr
Montag bis Samstag geschlossen

Roppelt's Keller — K

Rundumsorglospaket für Familien mit Bieraffinität.

Anschrift/Kontakt:
Stiebarlimbach 9
91352 Hallerndorf
Tel.: 09195-7263
www.brauerei-roppelt.de

Öffnungszeiten:
Fr bis Di ab 11 Uhr
Mi und Do ab 15.30 Uhr
Kein Ruhetag
Bei schlechtem Wetter geschlossen

Witzgall-Keller — L

Beim Witzgall-Keller geht es seit über hundert Jahren so zu wie vor über hundert Jahren.

Anschrift/Kontakt:
Karl-Kreul-Straße
91352 Schlammersdorf
Tel.: 09545-50785 o. -7452

Öffnungszeiten:
1. Mai bis 30. Sept.:
Sa, So und Feiertage ab 14 Uhr
Mo bis Fr geschlossen

Landgasthof Rittmayer — M

Traumhafter Landgasthof mit eigener Rinder- und Karpfenzucht.

Anschrift/Kontakt:
Willersdorf 108
91352 Hallerndorf
Tel.: 09195-94730
www.rittmayer.com

Öffnungszeiten:
Mo und Di ab 17 Uhr
Mi bis So 11.30 bis 14 und 17 bis 21 Uhr

Bierkellerkult auf Kultbierkellerberg

Wenn die weltweite Biergemeinde eine gemeinsame Religion hätte, dann wäre der Hallerndorfer Kreuzberg sicher eine ihrer heiligsten Stätten. Schließlich gibt es in dem Ort im Landkreis Forchheim noch sieben Brauereien und fast doppelt so viele Bierkeller.

Die Mitte bildet die Wallfahrtskirche auf dem Kreuzberg. Direkt darunter liegt das Brauhaus, ein - um bei der Analogie zu bleiben - wahrer Tempel der Bierkultur. Norbert Winkelmann und seine Frau Luitgard brauen, kochen, backen und brennen sich in die Herzen ihrer Gäste - und für die Kleinen gibt es einen riesigen Erlebnisspielplatz mit Riesenrutsche und dem kühlenden Schatten großer Bäume. Bier und Edelbrände werden seit vielen Jahren regelmäßig ausgezeichnet, den Gipfel stellte 2011 die Verleihung des goldenen Bundesehrenpreises in Berlin dar. So steht die Brauerei mit über 550jähriger Geschichte nicht nur für Tradition, sondern auch für feinste Biere und Brände, die sich jeder wahre Bierfreund nicht entgehen lassen sollte!

Jetzt auch auf facebook!
www.facebook.com/brauhausamkreuzberg

BrauHaus
— am —
Kreuzberg
DER ERLEBNISBIERKELLER

 Like

Anschrift/Kontakt:
Kreuzberg 1
91352 Hallerndorf
Tel.: 09545-4736
brauhaus-am-kreuzberg.de

Öffnungszeiten:
Sommer:
Täglich ab 11 Uhr
Okt. bis Apr.:
Mo und Do Ruhetag

32 Bierkeller-Entdeckertour

LÄNGE

ca. 36 km

WEGZEIT

ca. 3 Stunden

WEGBESCHAFFENHEIT

Asphaltierte Radwege, geschotterte landwirtschaftliche Wege, teils auf kleinen Landstraßen

BRAUEREIEN AN DER STRECKE

A - Hebendanz
B - Neder
C - Eichhorn
D - Greif
E - Schwarzes Kreuz
F - St. Georgen
G - Löwenbräu
H - Meusel
J - Gunzendorfer
K - Först
L - Pfister

(Details, Tourenbeschreibung und weitere Stationen wie Biergärten oder Sehenswürdigkeiten siehe Folgeseiten)

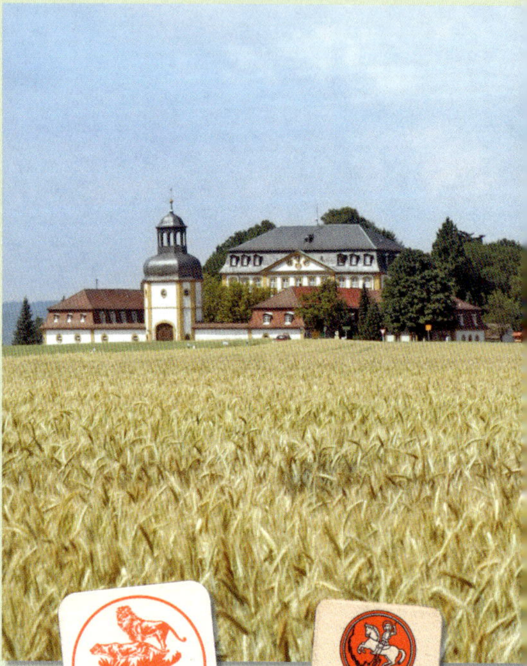

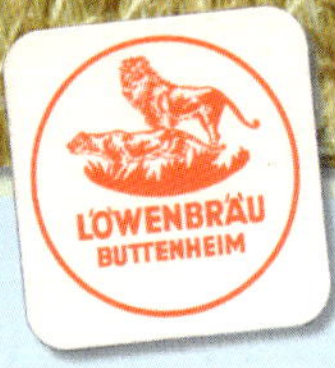

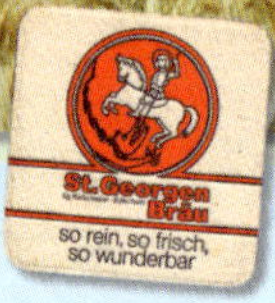

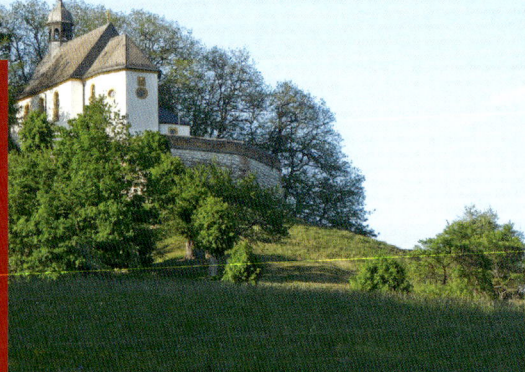

LEGENDE

- Brauerei ohne Gaststätte
- Brauerei mit Gaststätte
- Biergarten
- Freizeit-Tipp
- Laufrichtung
- Streckenverlauf

Weitere Symbole siehe Seite 3 im Buch

Startpunkt der Radtour ist der Bahnhof in Forchheim. Folgen Sie nach rechts der Ausschilderung FO1 / BA12, die Sie auf der ganzen Runde begleiten wird.

Fast parallel zur Bahnlinie geht es durch die Haidfeldstraße, vorbei am neuen Friedhof, bis der Weg zurück an die Gleise führt und ihnen ein Stück folgt. Durch eine Unterführung und dann nach links aus der Stadt hinaus. Über landwirtschaftliche Wege und weniger befahrene Landstraßen geht es nach Eggolsheim (wo die erste Brauerei auf Sie wartet), Buttenheim (Geburtsort des Jeans-Erfinders Levi

Strauss und zwei weitere Brauereien) und weiter über Dreuschendorf nach Gunzendorf. Wer die Tour verlängern möchte, kann hier einen Abstecher zur Senftenberg-Kapelle hinauf machen. Sonst folgen Sie der Jurastraße aus dem Ort hinaus.

Ein Stück hinter Gunzendorf verlassen Sie den Radweg FO1 und biegen in einen unmarkierten Weg links ab (hier bitte nach der Karte fahren). Nach kurzem stößt die Markierung „grüner Senkrechtstrich" von rechts dazu. Bevor Sie die Landstraße Buttenheim – Ebermannstadt erreichen geht es rechts auf einem Feldweg bergab und dann unten ein Stück nach links auf der Landstraße bis Drügendorf. Nach dem Besuch der Brauerei in Drügendorf geht es über die kleine Verbindungsstraße nach Drosendorf, wo Sie wieder auf den markierten Radweg FO1 stoßen. Über Weigelshofen und Kauernhofen geht es nun nach Rettern. In Sichtweite der Jägersburg zweigt der Weg links ab nach Serlbach (Markierung roter Punkt) und dann über den Forchheimer Kellerwald mit seinen unzähligen Bierkellern zurück zum Bahnhof.

> **UNSER TIPP**
>
> Das Bio-Bier der Brauerei Pfister! Wegen Öffnungszeiten des „Schwarzen Kellers" im Wald bitte vorher anfragen.

Wer dann noch Lust auf mehr hat, findet in der Forchheimer Innenstadt vier weitere Brauereien (Eichhorn, Greif, Hebendanz und Neder).

Brauerei Hebendanz A

Mit Martina Hebendanz steht bereits die Tochter von Fritz Hebendanz mit am Sudkessel.

Bier-Klassiker: Export Hell

Anschrift: Sattlertorstraße 14
91301 Forchheim

Öffnungszeiten:
Täglich ab 10 Uhr
Donnerstag Ruhetag

Kontakt:
Tel.: 09191-1222
www.brauerei-hebendanz.de

Brauerei Neder B

1998 konnte Hilmar Neder ein ganz besonderes Jubiläum feiern: 444 Jahre Neder-Bier in Forchheim.

Bier-Klassiker: Schwarze Anna

Anschrift: Sattlertorstraße 10
91301 Forchheim

Öffnungszeiten:
Täglich ab 10 Uhr
So 9 bis 13 Uhr
Dienstag Ruhetag

Kontakt:
Tel.: 09191-2400
Fax: 09191-2424

Privatbrauerei Eichhorn C

Gab es hier lange Zeit nur Brotzeit zum Bier, hat man sich mittlerweile zu einer umfangreichen Speisekarte vorgearbeitet.

Bier-Klassiker: Vollbier hell

Anschrift: Bamberger Straße 9
91301 Forchheim

Öffnungszeiten:
Mo, Do und Fr ab 12 Uhr
Sa, So und Feiert. ab 10 Uhr
Di und Mi Ruhetag

Kontakt:
Tel.: 09191-2379
Fax: 09191-729944

Brauerei Josef Greif D

Eine Speisekarte sucht man hier vergebens, es steht ganz klar das leckere Bier im Vordergrund.

Bier-Klassiker: Greif Hell

Anschrift: Serlbacher Straße 10
91301 Forchheim

Öffnungszeiten:
Mo, Mi und Fr ab 8.30 Uhr
Di, Do und Sa 8.30 bis 14 Uhr
Sonntag Ruhetag

Kontakt:
Tel.: 09191-727920
www.brauerei-greif.de

Brauerei Schwarzes Kreuz   E

Mit uriger Gaststätte und Bierkeller haben die Eggolsheimer gleich zwei zünftige Trümpfe vorzuweisen.

Bier-Klassiker: Vollbier

Anschrift: Hauptstraße 33
91330 Eggolsheim

Öffnungszeiten:
Täglich ab 9 Uhr, Mi Ruhetag geschlossen wenn Bierkeller geöffnet

Kontakt:
Tel.: 09545-8843 oder
0171-8905109

St. Georgen Bräu   F

Das weithin bekannte Kellerbier schmeckt im Gasthaus und auf dem Keller besonders gut.

Bier-Klassiker: Kellerbier

Anschrift: Marktstraße 12
96155 Buttenheim

Öffnungszeiten Gaststätte:
Täglich ab 10.30 Uhr
Dienstag Ruhetag

Kontakt:
Tel.: 09545-4460
www.kellerbier.de

Löwenbräu Buttenheim   G

Die Küche des Hauses ist auch weit über den Landkreis hinaus bekannt, möglichst immer reservieren!

Bier-Klassiker: Lager

Anschrift: Marktstrasse 8
96155 Buttenheim

Öffnungszeiten:
Täglich ab 9 Uhr
So 9 bis 15 Uhr
Montag Ruhetag

Kontakt:
Tel.: 09545-332
loewenbraeu-buttenheim.de

Meusel-Bräu Ottmar Meusel   H

Otto, Ottmar und Maximilian Meusel stellen die drei aktiven Brauergenerationen dieser faszinierenden Familie.

Bier-Klassiker: Kellerbier

Anschrift: Dreuschendorf 27
96155 Buttenheim

Öffnungszeiten:
Mo bis Do 6.15 bis 19 Uhr
Fr 6.15 bis 17 Uhr

Kontakt:
Tel.: 09545-7424
Fax: 09545-70932

Gunzendorfer Bier J

Wenn die Party etwas länger dauert, darf man das kühle Nass hier auch gleich als praktischen Meter ordern.

Bier-Klassiker: Lager

Anschrift: Jurastraße 30
96155 Gunzendorf

Öffnungszeiten:
Do bis Sa ab 17 Uhr
So ab 10 Uhr
Mo, Di und Mi Ruhetag

Kontakt:
Tel.: 09545-215
www.gunzendorf-live.de

Brauerei Först K

Schon 1525 erblickte hier das erste Bier das Licht der Welt.

Bier-Klassiker: Altfränkisches Lagerbier

Anschrift: Drügendorf 26
91330 Eggolsheim

Öffnungszeiten:
Mo bis Sa ab 16 Uhr, Do Ruhetag, auf Bestellung So Mittagstisch

Kontakt:
Tel.: 09545-8583
www.brauerei-foerst.de

Brauerei Gasthof Pfister L

Die Bioland-Biere werden ausschließlich aus ökologisch angebauten Rohstoffen hergestellt.

Bier-Klassiker: Öko-Landbier

Anschrift: Eggerbachstraße 22
91330 Eggolsheim-Weigelshofen

Öffnungszeiten:
Täglich ab 11 Uhr
Mi ab 17 Uhr
Di Ruhetag

Kontakt:
Tel.: 09545-94260
www.gasthof-pfister.de

Schwarzes Kreuz Keller M

Der schöne alte Baumbestand spendet selbst bei der größten Hitze angenehmen Schatten.

Anschrift/Kontakt:
Bammersdorfer Straße 1
91330 Eggolsheim
Tel.: 0176-21315446

Öffnungszeiten:
Täglich ab 14 Uhr
So und Feiertage ab 10 Uhr
Kein Ruhetag
Bei schlechtem Wetter geschlossen

Weitere Infos zur Tour ▶

Löwenbräukeller N

An die 700 Plätze hat der Löwenbräukeller in Buttenheim zu bieten.

Anschrift/Kontakt:
Eremitage 1
96155 Buttenheim
Tel.: 09545-509346

Öffnungszeiten:
Täglich ab 11 Uhr
So ab 10 Uhr
Mai bis Aug. Dienstag Ruhetag
Sept. bis Apr. Dienstag und Mittwoch Ruhetag

St. Georgen Bräu Keller O

Kinder begeistert der neu angelegte Kinderspielplatz.

Anschrift/Kontakt:
Kellerstraße
96155 Buttenheim
Tel.: 09545-44670
www.kellerbier.de

Öffnungszeiten:
Mo, Mi bis Sa ab 14 Uhr
Di, So und Feiertage ab 11 Uhr
Kein Ruhetag
Nur bei schönen Wetter geöffnet

Felsenkeller Senftenberg P

Anschrift/Kontakt:
Senftenberg 1
96155 Buttenheim-Gunzendorf
Tel.: 09545-70693

Öffnungszeiten:
Mai bis Sept.: Mo bis Fr ab 16.30 Uhr, bei schlechtem Wetter geschlossen

Sa, So und Feiertage ab 13 Uhr, auch bei schlechtem Wetter geöffnet
Anfang Okt. bis Ende Nov. und Anfang Jan. bis Ende Apr.: Sa ab 15 Uhr, So und Feiertage ab 13.30 Uhr
Mo bis Fr geschlossen

Kropfeld Keller Q

Schöner Bierkeller mit Attraktionen für die Kinder.

Anschrift/Kontakt:
Feuersteinstraße 1
91330 Eggolsheim-Drosendorf
Tel.: 09545-5992

Öffnungszeiten:
Mo bis Fr ab 16 Uhr
Sa, So und Feiertage ab 14 Uhr
Kein Ruhetag
Bei schlechtem Wetter geschlossen

Schwarzer Keller · R

Schwer zu finden, aber die Suche wert!

Anschrift/Kontakt:
Auf der langen Meile
91330 Weigelshofen
Tel.: 09545-4196
GPS-Daten:
49°46'39"N / 11°06'10"E

Öffnungszeiten:
Sa ab 15 Uhr
So und Feiertage ab 13 Uhr
1. Mai und Christi Himmelfahrt ab 11 Uhr
Montag bis Freitag
geschlossen

Forchheimer Kellerberg · S

Der Weltrekord-Kellerberg bietet eine Auswahl, die so wohl einmalig auf der Welt ist.

Alle Daten zu den einzelnen Bierkellern auf dem Kellerberg finden Sie ab Seite 168

Umweltstation Liasgrube · T

Hier können große und kleine Menschen viel über die Natur lernen.

Anschrift/Kontakt:
Lias-Grube 1
91330 Eggolsheim/Unterstürmig
Tel.: 09545-950399
www.umweltstation-liasgrube.de

Öffnungszeiten:
Abhängig von der Veranstaltung, mehr siehe Website

Geburtshaus Levi Strauss Museum · U

Ein Buttenheimer erfindet eine Hose. Hört sich banal an, ist aber eine Sensation.

Anschrift/Kontakt:
Marktstraße 33
96115 Buttenheim
Tel.: 09545-442602
www.levi-strauss-museum.de

Öffnungszeiten:
Di, Do 14 bis 17 Uhr
Sa, So, Feiertage 11 bis 17 Uhr

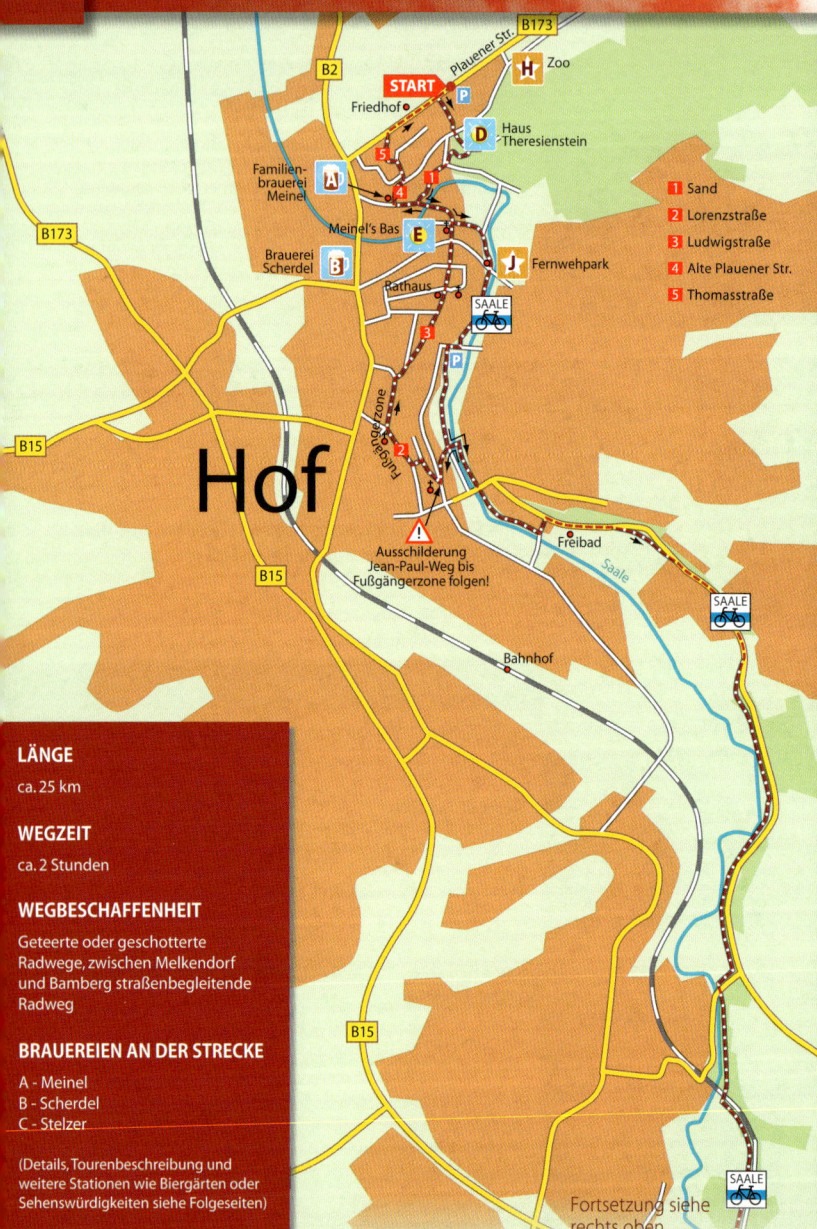

START

Plauener Str.

B173

B2

Zoo

H

Friedhof

P

D

Haus
-Theresienstein

5

Familien-
brauerei
Meinel

A

4

1

B173

1 Sand

Meinel's Bas

E

2 Lorenzstraße

Brauerei
Scherdel

B

J

Fernwehpark

3 Ludwigstraße

4 Alte Plauener Str.

Rathaus

5 Thomasstraße

SAALE

P

3

Fußgängerzone

2

SAALE

Hof

Freibad

Saale

B15

B15

⚠
Ausschilderung
Jean-Paul-Weg bis
Fußgängerzone folgen!

Bahnhof

B15

SAALE

Fortsetzung siehe
rechts oben

LÄNGE
ca. 25 km

WEGZEIT
ca. 2 Stunden

WEGBESCHAFFENHEIT
Geteerte oder geschotterte
Radwege, zwischen Melkendorf
und Bamberg straßenbegleitende
Radweg

BRAUEREIEN AN DER STRECKE
A - Meinel
B - Scherdel
C - Stelzer

(Details, Tourenbeschreibung und
weitere Stationen wie Biergärten oder
Sehenswürdigkeiten siehe Folgeseiten)

LEGENDE

Brauerei ohne Gaststätte

Brauerei mit Gaststätte

Biergarten

Freizeit-Tipp

Laufrichtung
Streckenverlauf

Weitere Symbole siehe Seite 3 im Buch

Klettergarten

Sommergaststätte

Untreusee

Untreusee

Von See zu See

Fortsetzung von links unten

B15

Abstecher zum Untreusee möglich

Vereinsgaststätte Friedrichsruh

SAALE

Oberkotzau

Feldweg ohne Markierung!

Meinel-Bräu HOF/BAYERN
100 Jahre Sudhaus

Stelzer-Bräu
Seit 1353 Schloßbrauerei
Fattigau i.Bay.

SAALE

Schlossbrauerei Stelzer

Fattigau

Diese Radtour startet am Parkplatz in der Plauener Straße. Von dort fahren Sie bergab nach links, bis ein Fußweg links Richtung Theresienstein abzweigt. Im Stadtpark ist das Radfahren verboten, so dass Sie auf dem kurzem Abstecher zum Haus Theresienstein ihr Rad schieben müssen.

Über die Straße „Sand" gelangen Sie zur „Vorstadt", wo Sie rechts die Gastwirtschaft der Familienbrauerei Meinel finden. Kurz dahinter biegen Sie links in den Saale-Radweg – gegenüber der Kirche – ein. Dieser Weg begleitet Sie entlang des Flusses aus Hof hinaus. Wo der Radweg die Bundesstraße 15 unterquert gibt es die Möglichkeit eine Alternativtroute (grüne gestrichelte Linie) zum Untreusee zu wählen. Folgen Sie dazu der Ausschilderung „Untreusee" bzw. „Von See zu See". Egal ob Sie an der Saale bleiben oder zum Untreusee fahren – beide Routen bringen Sie nach Oberkotzau und dann nach Fattigau, wo sich die Schlossbrauerei Stelzer für eine Pause anbietet.

Über die gleiche Strecke an der Saale entlang geht es dann wieder zurück. Achtung: Wo der Radweg in Hof auf die andere Saale-Seite wechselt, machen Sie auf dem Rückweg einen Abstecher durch die Innenstadt. Dazu fahren Sie auf dem mit roten Stangen gesäumten Weg zur Mühlstraße und dann dem Jean-Paul-Weg folgend den Mühlberg hinauf zur Fußgängerzone. Erst geht es durch die Lorenzstraße und dann vorbei am Rathaus und der Gastronomie der Brauerei Scherdel zurück zum Startpunkt.

UNSER TIPP

Der Abstecher zum Untreusee lohnt sich – Klettergarten, Labyrinth, Badespaß und Gastronomie inklusive.

Familienbrauerei Georg Meinel — A

Nicht weit von der Brauerei entfernt liegt die zugehörige Kultgastronomie mit Biergarten: Meinel's Bas.

Bier-Klassiker: Classic Pils

Anschrift: Alte Plauener Straße 24
95028 Hof

Öffnungszeiten:
Mo bis Do von 7 bis 17.30 Uhr
Fr von 7 bis 17 Uhr
Sa von 8 bis 12 Uhr

Kontakt:
Tel.: 09281-3514
www.meinel-braeu.de

Brauerei Scherdel — B

Die Wurzeln der Brauerei Scherdel reichen zurück bis ins Jahr 1610.

Bier-Klassiker: Scherdel Premium Pilsner

Anschrift: Unterkotzauer Weg 14
95028 Hof

Öffnungszeiten:
Mo bis Do 7.30 bis 12 Uhr
und 13 bis 16.30 Uhr
Fr 7 bis 13 Uhr

Kontakt:
Tel.: 09281-8960
www.scherdelbier.de

Schlossbrauerei Stelzer — C

Die Schlossbrauerei Stelzer ist noch eine Familienbrauerei. Der Ursprung der Braustätte reicht zurück bis 1353.

Bier-Klassiker: Fattigauer Hefeweizen

Anschrift: Hauptstrasse 3
95145 Oberkotzau-Fattigau

Öffnungszeiten Gaststätte:
Täglich ab 10 Uhr
Dienstag Ruhetag

Kontakt:
Tel.: 09286-6260
schlossbrauerei-stelzer.de

Biergarten Theresienstein — D

Prachtvolle Jugendstil-Villa im Hofer Stadtpark mit großem Biergarten.

Anschrift/Kontakt:
Theresienstein 1
95028 Hof
Tel.: 09281-839790
www.biergarten-theresienstein.de

Öffnungszeiten:
Mai bis Sept.:
Täglich 10 bis 22 Uhr
Okt. bis Apr.:
Mi bis Sa 14 bis 22 Uhr
So 11 bis 22 Uhr
Montag und Dienstag Ruhetag

Meinel's Bas E

Die Gaststätte ist der traditionelle Ausschank der Brauerei Meinel.

Anschrift/Kontakt:
Vorstadt 13
95028 Hof
Tel.: 09281-141366
www.meinels-bas.eu

Öffnungszeiten:
Täglich ab 8 Uhr
Kein Ruhetag

Sommergaststätte Untreusee F

Ein paar fränkische Brotzeitschmankerl und leckeres Stelzer-Bier in Angebot.

Anschrift/Kontakt:
Am Untreusee
95032 Hof
Tel.: 09281-58261
www.untreusee.net

Öffnungszeiten:
Anfang März bis Ende Okt.
Täglich ab 10 Uhr
Kein Ruhetag

Vereinsgaststätte Friedrichsruh G

Wahrscheinlich einer der schönsten „Vereinsgaststätten"-Gärten Frankens findet sich in Oberkotzau.

Anschrift/Kontakt:
Reuthstrasse 25
95145 Oberkotzau
Tel.: 09286-6212

Öffnungszeiten:
Täglich ab 14 Uhr
So ab 10 Uhr
Montag Ruhetag

Zoologischer Garten Hof H

Der Verein für Aquarien-Terrarien- und volkstümliche Naturkunde Hof gründete 1954 den Hofer Zoo.

Anschrift/Kontakt:
Am Theresienstein 6
95028 Hof
Tel.: 09281-85429

Öffnungszeiten:
Sommer 9 bis 18 Uhr
Winter 9 bis 16 Uhr

Fernwehpark Hof J

Hier ärgert man sich nicht, wenn man viele Schilder auf einmal sieht.

Anschrift/Kontakt:
Graben 26
95028 Hof
Tel.: 09281-94427
www.fernweh-park.de

Öffnungszeiten:
Ganzjährig geöffnet

Klettergarten Untreusee K

Sieben Parcours und zwei Fun Points bieten 111 Stationen.

Anschrift/Kontakt:
Stelzenhofstraße
95032 Hof
Tel.: 0171-7355398
www.kletterpark-untreusee.de

Öffnungszeiten:
Mitte April bis Anfang November:
Mo bis Fr 13-19 Uhr
Sa, So, Feiertage und Ferien 10 bis 19 Uhr
(letzter Einstieg 17 Uhr!)

Made in Bamberg

SCHULZ

Dieses Prädikat tragen nicht nur die Biere aus den vielen Brauereien. Auch die meisten Brauereianlagen in der Stadt und ihrem Umfeld wurden in der Domstadt gebaut. Dort steht der älteste Industriebetrieb Bambergs: die KASPAR SCHULZ Brauereimaschinenfabrik & Apparatebauanstalt e.K.

Der traditionsreiche Familienbetrieb hat zweifellos großen Anteil daran, dass die Brauereidichte und die Biervielfalt im Landkreis Bamberg und in Franken weltweit einmalig sind. Wir möchten die Gelegenheit nutzen, um an dieser Stelle (wo sich doch auf all den Seiten drumrum alles ums Bier und dessen Verkostung dreht) ein paar Worte zu der ehemaligen Kupferschmiede und jetzigem Vorzeigebetrieb zu verlieren: SCHULZ ist spezialisiert auf die Produktion sämtlicher Fabrikationsanlagen für die Bierherstellung. Darüber hinaus werden auch maßgeschneiderte Automatisierungen und innovative Konzepte zur Energieeinsparung für die Braubranche geplant und gefertigt.

Die Brauanlagen aus der UNSECO-WELTERBESTADT werden von den derzeit 110 Mitarbeitern im Norden Bambergs individuell nach Kundenwunsch hergestellt. Neben den fränkischen und bayerischen Brauereien liefert SCHULZ mittlerweile über Deutschland hinaus weltweit in über 55 Länder.

Modernes Sudhaus

SCHULZ Verwaltungsgebäude

Fertige Sudpfanne im Jahr 1929

Brauereimaschinenfabrik Kaspar Schulz

Aus der Fertigung

SCHULZ profitiert dabei vom Trend hin zu qualitativ hochwertigen Spezialbieren, die den Einheitsbieren der großen Konzerne die Stirn bieten. Nach den vielen Brauereistilllegungen der letzten Jahrzehnte entstehen zudem vielerorts wieder neue regionale Kleinbrauereien. Oft geht es dabei um die Wiederbelebung von Braukultur und Biervielfalt. Vor Ort in Franken sind die „Schulz-Männer" insbesondere um die Zukunft der kleinen und mittelständischen Brauereien bemüht.

Ein Teil dieser Kultur ist auch die Brauereimaschinenfabrik KASPAR SCHULZ selbst, und das seit über 335 Jahren. Und genau da liegt das Geheimnis des langfristigen geschäftlichen Erfolges der Bamberger: Ein Brauereibesitzer kann sicher sein, dass auch seine Erben bei SCHULZ eine verlässliche Anlaufstation für Service, Ersatzteile und neue Anlagen haben. Genauso denkt man im eigenen Haus, Firmeninhaber Johannes Schulz-Hess ist bereits die 10. Generation der Schulz-Familie. Das Stammhaus am Unteren Kaulberg 15 in Bamberg beherbergte über 210 Jahre lang die Kupferschmiedewerkstatt, die einst Christian Schulz am 11. Januar 1677 übernommen hatte. In der Tat ein Haus, das eindrucksvoll die Tradition und die Wurzeln des Unternehmens zeigt. KASPAR SCHULZ ist im Übrigen einer der ältesten Metall verarbeitenden Betriebe Deutschlands und der älteste noch existierende Industriebetrieb in Bamberg überhaupt.

Stammhaus an unteren Kaulberg

Frankenwald-Sonnen-Bierstraße

LÄNGE

ca. 30 km

WEGZEIT

ca. 3 Stunden

WEGBESCHAFFENHEIT

Geteerte oder geschotterte Radwege, wenig befahrene Nebenstraßen

BRAUEREIEN AN DER STRECKE

A - Sonnenbräu
B - Frankenwälder Brauhaus

(Details, Tourenbeschreibung und weitere Stationen wie Biergärten oder Sehenswürdigkeiten siehe Folgeseiten)

LEGENDE

- Brauerei ohne Gaststätte
- Brauerei mit Gaststätte
- Biergarten
- Freizeit-Tipp
- Laufrichtung
- Streckenverlauf

Weitere Symbole siehe Seite 3 im Buch

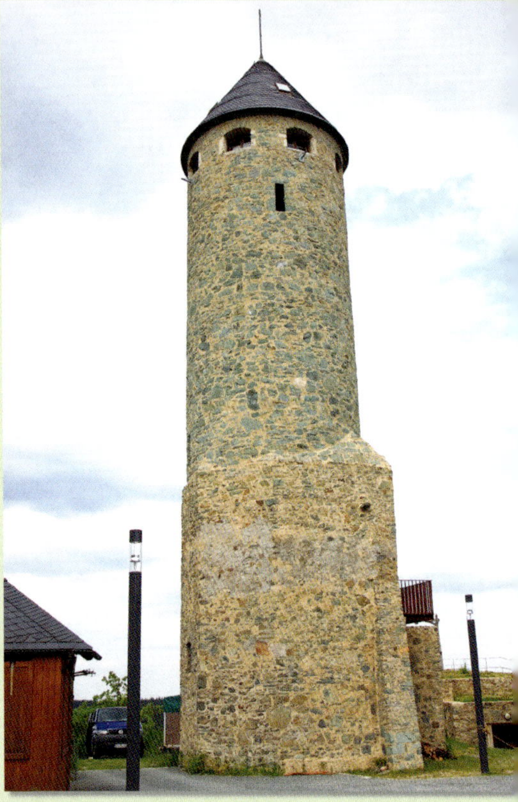

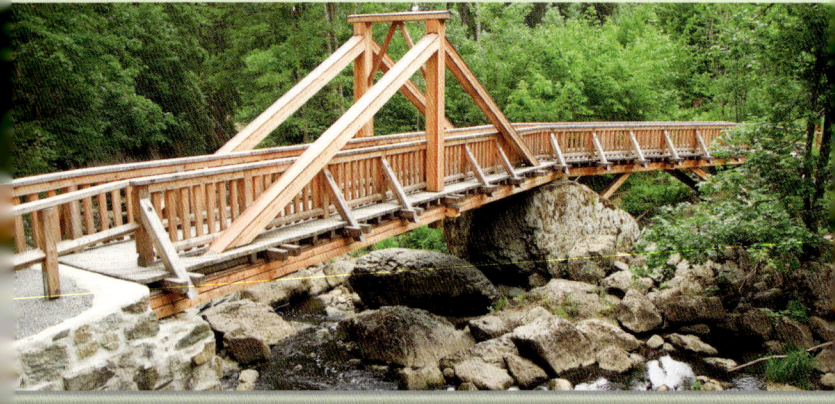

Blechschmidtenhammer

Naturpark
Info-Zentrum

D Besucherbergwerk und
Gasthof „Friedr. Wilh. Stollen"

HO3

Hohlweg

Ruine

Frankenweg

Lichtenberg

Sonnen-
bräu

A

HO3

HO3

START

P

Hohlental

Frankenweg

Gasthaus
Bürgerstüben

C HO3

START

Bahnhof

Hölle

Bad Steben

HO3

Bahnhof

Marxgrün

Bahnhof

HO3

Froschgrün

HO3

Naila

Raubritter
Dunkel

Anger

Hauptstr.

Grüner
Baum **🍴**

Bahnhof

B

Frankenwälder
Brauhaus

Für diese Radtour gibt es zwei alternative Startpunkte. Wer die sportliche Herausforderung sucht und länger radeln will, sollte am Parkplatz in der Seestraße südlich von Lichtenberg starten.

Wenn Sie es eher ruhig angehen wollen, sollten Sie den Startpunkt Bahnhof Bad Steben wählen. In beiden Fällen folgen Sie dem Radweg Saale-Selbitz-Tour (HO3) nach Lichtenberg,

wo Sie kurz nach dem Ortseingang die „Sonnenbräu" finden. Im Zentrum von Lichtenberg lohnt ein Abstecher zur Ruine hinauf. Dort kann man auch den mächtigen Bergfried besteigen (Schlüssel gibt es im Rathaus oder im Gasthof Harmonie an der Ruine).

Von der Ruine geht es dann wieder bergab und rechts haltend aus Lichtenberg hinaus, bis es am Ortsende noch einmal rechts hinab nach Blechschmidtenhammer geht. Dorf fahren Sie rechts am Info-Zentrum vorbei zum Besucherbergwerk „Friedrich-Wilhelm-Stollen". Der Gasthof am Stollen schänkt Bier der Sonnenbräu aus! Nach einem Besuch des Stollens geht es dann wieder zurück zum Eingang ins Höllental. Durch das romantische Tal folgen Sie der Ausschilderung „Frankenweg" bis nach Hölle. Zwischen Hölle und Naila ist es wieder die Saale-Selbitz-Tour (HO3), der Sie folgen müssen.

UNSER TIPP

Wenn Sie in Entdeckungslaune sind, planen Sie unbedingt das Besucherbergwerk mit ein!

Nach dem Ortsteil Froschgrün verlassen Sie diesen Radweg und fahren gerade aus nach Naila hinein. Folgen Sie der Ausschilderung Stadtmitte in den „Angergraben". Nun geht es etwas bergauf, bis links die Hauptstraße abzweigt. Am Marktplatz finden Sie die Gaststätte „Grüner Baum", in der Sie Bier der Nailaer Bürgerbräu bekommen. Die Brauerei finden Sie etwas weiter die Straße runter. Sie folgen der Hofer Straße, in der die Brauerei ist, bis zum Ende und biegen dann scharf links in die Selbitztalstraße ein, die Sie zum Bahnhof bringt. Wer zurück radeln möchte findet hier auch wieder den Radweg HO3. Alle anderen nehmen den Zug nach Bad Steben zurück.

Sonnenbräu Lichtenberg   A

Die Sonnenbräu im kleinen Ritter-städtchen Lichtenberg entstand 1904 aus den Kommunbrauern der Stadt.

Bier-Klassiker: Raubritter dunkel

Anschrift: Nailaer Straße 20
95192 Lichtenberg

Öffnungszeiten:
Mo bis Do 8 bis 12 Uhr und 15.30 bis 17 Uhr, Fr 8 bis 17 Uhr, Sa 9 bis 13 Uhr

Kontakt:
Tel.: 09288-304
Fax: 09288-924625

Frankenwälder Brauhaus   B

Februar 2010 hat der Nailaer Un-ternehmer Walid Aziz die Brauerei gekauft und saniert.

Bier-Klassiker: Pilsner

Anschrift: Hofer Straße 21 (Bürgerbräu Naila GmbH), 95119 Naila

Öffnungszeiten:
Brauerei-Direktverkauf:
Mo bis Fr 9 bis 18 Uhr
Sa 9 bis 13 Uhr

Kontakt:
Tel.: 09282-96090
www.buergerbraeu-naila.de

Gasthaus Bürgerstuben   C

Das Gasthaus Bürgerstuben findet sich unmittelbar am Kurpark.

Anschrift/Kontakt:
Badstraße 24
95138 Bad Steben
Tel.: 09288-1666
www.gasthaus-buergerstuben.de

Öffnungszeiten:
Mo bis Fr ab 17.30 Uhr
Sa und So 10.30 bis 14 Uhr
und ab 17.30 Uhr
Donnerstag Ruhetag

Gasthaus Friedrich-Wilhelm-Stollen   D

Der Friedrich-Wilhelm-Stollen ist ein beliebtes Ausflugsziel.

Anschrift/Kontakt:
Friedrich-Wilhelm-Stollen 1
95192 Lichtenberg
Tel.: 09288-216
www.friedrich-wilhelm-stollen.de

Öffnungszeiten:
Täglich ab 8.30 Uhr
Mittwoch und Donnerstag
Ruhetag

Weitere Infos zur Tour ▶

LÄNGE

ca. 15 km

WEGZEIT

ca. 4,5 Stunden

WEGBESCHAFFENHEIT

Forstwirtschafliche Wege, von Mostrach nach Kronach auf einer wenig befahrenen Nebenstraße

BRAUEREIEN AN DER STRECKE

A - Gampert
B - Kaiserhof
C - Antla

(Details, Tourenbeschreibung und weitere Stationen wie Biergärten oder Sehenswürdigkeiten siehe Folgeseiten)

LEGENDE

Brauerei ohne Gaststätte

Brauerei mit Gaststätte

Biergarten

Freizeit-Tipp

Laufrichtung
Streckenverlauf

Weitere Symbole siehe Seite 3 im Buch

Nächster Bahnhof: Kronach (direkt am Startpunkt)

DB

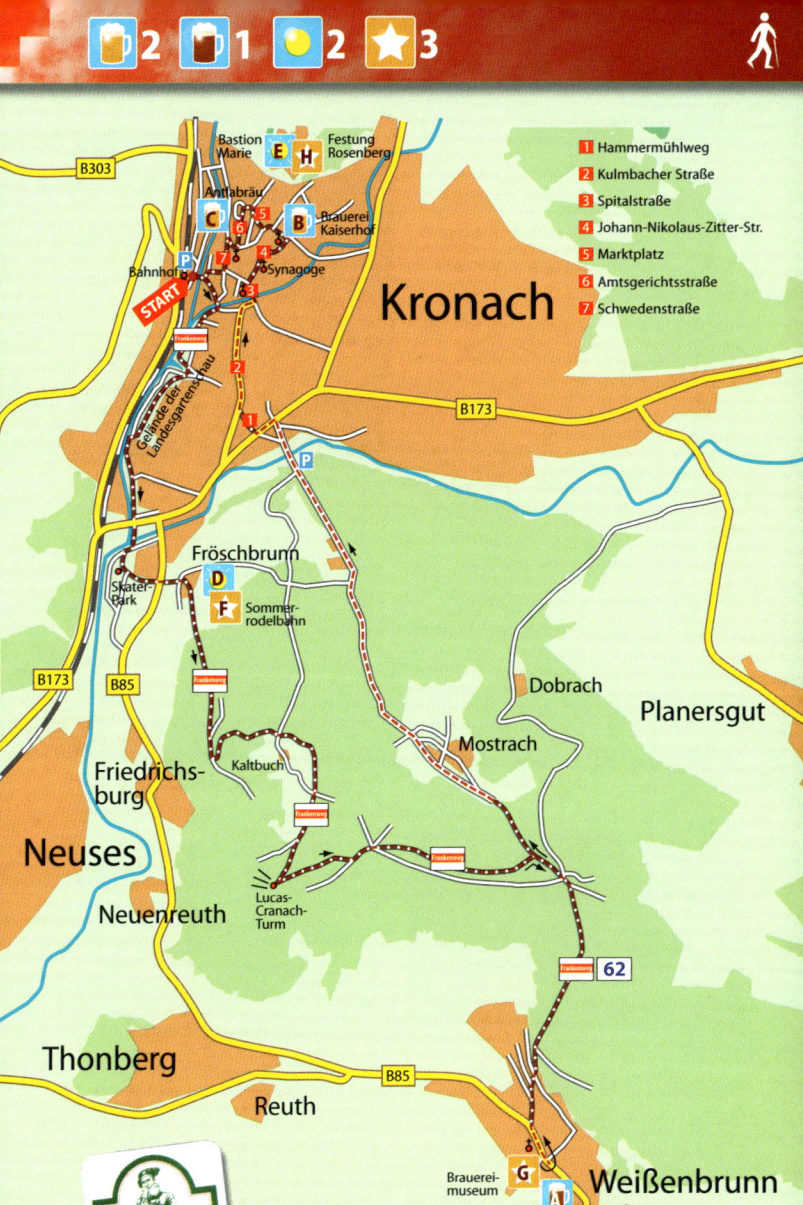

2 🍺 **1** 🍺 **2** ☀ **3** ⭐

B303

Bastion Marie
E **H** Festung Rosenberg
Antlabräu
C **B** Brauerei Kaiserhof
5
6
P
7 **4**
Bahnhof
START
3 Synagoge

Kronach

Gelände der Landesgartenschau
2
1
P

B173

Fröschbrunn
D
F Sommer-rodelbahn
Skater-Park

Dobrach

Planersgut

Mostrach

B173

B85

Friedrichs-burg
Kaltbuch

Neuses

Neuenreuth
Lucas-Cranach-Turm

62

Thonberg

Reuth
B85

Brauerei-museum
G
A
Gampert Bräu
Gasthof Frankenwald

Weißenbrunn

Gampertbräu
Seit 1677

1 Hammermühlweg
2 Kulmbacher Straße
3 Spitalstraße
4 Johann-Nikolaus-Zitter-Str.
5 Marktplatz
6 Amtsgerichtsstraße
7 Schwedenstraße

Los geht es am Bahnhof von Kronach.
Sie treten aus dem Bahnhofsgebäude hinaus und laufen gerade in die Straße hinein. Zuerst überqueren Sie das Flüsschen „Haßlach" und kurz darauf noch die „Kronach".

Am Ufer der Kronach treffen Sie auf die Markierung „Frankenweg", der Sie von nun an folgen. Es geht rechts am Fluss entlang zum Gelände der Landesgartenschau von 2002, das Sie durchqueren und dann an einem

Skater-Park Richtung Fröschbrunn verlassen. Sie laufen an dem Wirtshaus „Fröschbrunna" mit seiner Sommerrodelbahn vorbei und danach stetig bergauf in den Wald hinein bis zum Lucas-Cranach-Turm. Der Turm bietet eine tolle Fernsicht auf die Umgebung. Nun führt der Frankenweg ein Stück auf der Höhe weiter, bevor es rechts bergab Richtung Weißenbrunn geht. Im Ort finden Sie die Gampert Bräu und das Brauereimuseum, das nach Voranmeldung besichtigt werden kann.

Die Brauerei selbst hat keine eigene Gastronomie – Sie können aber ein Stück weiter in den Ort zum Gasthof Frankenwald laufen, der Bier der Gampert Bräu führt. Auf dem bekannten Weg laufen Sie nun wieder bergauf, bis der Frankenweg links zum Lucas-Cranach-Turm abzweigt. Diesen Abzweig lassen Sie links liegen und gehen gerade aus Richtung Mostrach (Markierung: Nordic-Walking-Route). Von diesem kleinen Ort aus geht es gerade den Berg hinunter nach Kronach. Sie erreichen die

> *UNSER TIPP*
>
> Im Fröschbrunna mehr Zeit für Sommerrodelbahn, Biergarten und weitere Attraktionen einplanen.

Bundesstraße 173, gehen ein Stück nach links und laufen dann rechts in den Hammermühlweg.

In der Innenstadt treffen Sie auf die Brauerei Kaiserhof und die Antlabräu. Vom Marktplatz bietet sich ein Abstecher zur Festung Rosenberg an. Über die Amtsgerichtsstraße und das Bamberger Tor verlassen Sie die Altstadt und laufen dann durch die Schweden- und Bahnhofstraße zurück zum Startpunkt.

Gampert Bräu Gebr. Gampert — A

Die Privatbrauerei Gampert Bräu aus Weißenbrunn zählt zu den traditionsreichsten Brauereien Bayerns.

Bier-Klassiker: Förster-Pils

Anschrift: Braustraße 2-4
96369 Weißenbrunn

Öffnungszeiten:
Mo bis Do 7 bis 16.30 Uhr
Fr 7 bis 14.30 Uhr

Kontakt:
Tel.: 09261-60330
www.gampertbraeu.de

Gebr. Kaiser Brauerei Kaiserhof — B

Heute leiten Braumeister Thomas Kaiser und sein Bruder, Diplom-Betriebswirt Ulrich Kaiser, das Unternehmen.

Bier-Klassiker: Kaiserhof Pilsner

Anschrift: Friesener Straße 1
96317 Kronach

Öffnungszeiten Gaststätte:
Täglich 11 bis 14 Uhr
und ab 17 Uhr
Montag Ruhetag

Kontakt:
Tel.: 09261-628000
www.kaiserhofbraeu.de

Antlabräu — C

Hier warten süffige Biere, damit zubereitete Gerichte, ein traumhafter Biergarten und ein Entengrill.

Bier-Klassiker: `s Antla e1ns

Anschrift: Amtsgerichtsstraße 21
96317 Kronach

Öffnungszeiten:
Mo und Di ab 17 Uhr, Mi bis Sa 11 bis 14 Uhr und 17 bis 23 Uhr, So 11 bis 23 Uhr

Kontakt:
Tel.: 09261-50459-50
www.antla.de

Wirtshaus zum Fröschbrunna — D

Mit kleinem Erlebnispark für die Freunde guter Freizeitgestaltung.

Anschrift/Kontakt:
Fröschbrunn 3
96317 Kronach
Tel.: 09261-91203
www.froeschbrunna.de

Öffnungszeiten:
Täglich ab 10.30 Uhr
Mittwoch Ruhetag

Bastion Marie E

Hat man sie erst einmal bestiegen, lockt die Kronacher Festung mit einem Blick der seines Gleichen sucht.

Anschrift/Kontakt:
Festung 1
96317 Kronach
Tel.: 09261-500700

Öffnungszeiten:
Täglich ab 10 Uhr
Montag Ruhetag

Fröschbrunna-Coaster F

Einmalig bei der Fahrt ist die Aussicht auf die Kronacher Altstadt.

Anschrift/Kontakt:
Fröschbrunn 3
96317 Kronach
Tel.: 09261-91203
www.froeschbrunna.de

Öffnungszeiten:
Ab Palmsonntag täglich
10 bis 17 Uhr

Brauer- und Büttnermuseum G

Die kleinste Brauerei der Welt muss man gesehen haben!

Anschrift/Kontakt:
Paradies 3
96369 Weißenbrunn
Tel.: 09261-40431
www.bbmuseum.de

Öffnungszeiten:
Nach Vereinbarung

Festung Rosenberg H

Die Festung Rosenberg wurde in den über 750 Jahren ihres Bestehens niemals gewaltsam erobert.

Anschrift/Kontakt:
96317 Kronach
Tel.: 09261-60410
www.festung-kronach.de

Öffnungszeiten:
April bis Oktober:
Di bis So 9.30 bis 17.30 Uhr
sonst Di bis So 10 bis 16 Uhr

LÄNGE
ca. 5 km

WEGZEIT
ca. 1,5 Stunden

WEGBESCHAFFENHEIT
Forst- und landwirtschafliche Wege

BRAUEREIEN AN DER STRECKE
A - Franken Bräu

(Details, Tourenbeschreibung und
weitere Stationen wie Biergärten oder
Sehenswürdigkeiten siehe Folgeseiten)

LEGENDE

 Brauerei ohne Gaststätte

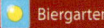 Brauerei mit Gaststätte

Biergarten

Freizeit-Tipp

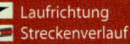 Laufrichtung
Streckenverlauf

Weitere Symbole siehe Seite 3 im Buch

Ausgangspunkt ist der Parkplatz am Wasserschloss in Mitwitz. Von dort folgen Sie der Markierung „KC 31" aus dem Ort hinaus. An der Bundesstraße 303 stoßen Sie auf einen Parkplatz. Vom dort führt ein steiler Pfad den Hang hinauf.

Nach rechts können Sie einen Abstecher zum „Steinernen Löwen" – einer aus dem Fels geschlagenen Löwen-Skulptur – machen. Durch den Wald geht es nun zurück nach Mitwitz, wo Sie durch die Straße „Jakobsberg" wieder in den Ort hinunter laufen. Über das Pfarrgässchen gelangen Sie zur Kronacher Straße, in der Sie den Gasthof „Zum Steinernen Löwen" finden, der Bier der Franken Bräu führt. Der Markierung „KC 34" folgend laufen Sie am Breitensee vorbei aus dem Ort hinaus.

UNSER TIPP

Der Gasthof Wasserschloß ist Mitglied in der Genussregion Oberfranken – Genuss garantiert!

Auf einer Lichtung zweigt links der Burgenweg (Markierung blaues Kreuz) nach Neundorf ab. Im Ort müssen Sie einen Abstecher nach rechts machen, um zur Brauerei zu gelangen. Der Burgenweg bringt Sie dann zurück zum Wasserschloss, wo der Hotel-Gasthof Wasserschloß eine weitere Möglichkeit bietet, das Bier der Franken Bräu zu testen.

Franken Bräu Lorenz Bauer   A

Im kleinen Neundorf gibt die Brauerei ganz klar den Ton an. Im Sommer unbedingt das Kellerbier versuchen.

Bier-Klassiker: Premium Pilsener

Anschrift: Neundorf 41-43
96268 Mitwitz

Öffnungszeiten:
Mo bis Do 7 bis 12 Uhr
und 13 bis 17 Uhr
Fr 7 bis 14 Uhr

Kontakt:
Tel.: 09266-721
www.frankenbraeu.de

Hotel-Gasthof Wasserschloss   B

Traditionelle fränkischen Küche.

Anschrift/Kontakt:
Ludwig-Freiherr-von-Würtzburg-Straße 14
96268 Mitwitz
Tel.: 09266-9670
www.hotel-wasserschloss.de

Öffnungszeiten:
Täglich 8 bis 24 Uhr
Montag Ruhetag, außer
Feiertage

Zum Steinernen Löwen   C

Leckeres Kellerbier von Franken Bräu und hervorragende Brotzeiten.

Anschrift/Kontakt:
Kronacher Straße 2
96268 Mitwitz
Tel.: 09266-992905
www.steinerner-loewe.de

Öffnungszeiten:
Täglich ab 10 Uhr
Dienstag Ruhetag

Wasserschloss Mitwitz   D

Traumhafte Kulisse mit Park.

Anschrift/Kontakt:
Ludwig-Freiherr-von-Würtzburg-Straße 14
96268 Mitwitz
Tel.: 09266-1388
www.mitwitz.de

Öffnungszeiten:
Schlossführungen
Mai bis September Sa 14.30,
So 11 und 14 Uhr sowie
nach Vereinbarung
Imkermuseum auf Anfrage
Schlosspark jederzeit frei
zugänglich

LÄNGE

ca. 6 km

WEGZEIT

ca. 2 Stunden

WEGBESCHAFFENHEIT

Fußwege und Gehsteige, auf dem Weg zur Plassenburg und am Main auch Schotterwege

BRAUEREIEN AN DER STRECKE

A - Kommunbräu
B - Mönchshof

(Details, Tourenbeschreibung und weitere Stationen wie Biergärten oder Sehenswürdigkeiten siehe Folgeseiten)

Kronacher Straße

Weißer Main (Flutmulde)

B289

Festplatz

START 1

Festplatz

WC

Spielplatz

Denkmal Darrhaube

Bahnhof

Heinrich-von-Stephan-Straße

Schwedensteg

Stadthalle (Tourist-Info)

Sutte

Festungsbergstr.

Roter Turm

Rathaus

Kulmbach

LEGENDE

- Brauerei ohne Gaststätte
- Brauerei mit Gaststätte
- Biergarten
- Freizeit-Tipp
- Laufrichtung
- Streckenverlauf

Weitere Symbole siehe Seite 3 im Buch

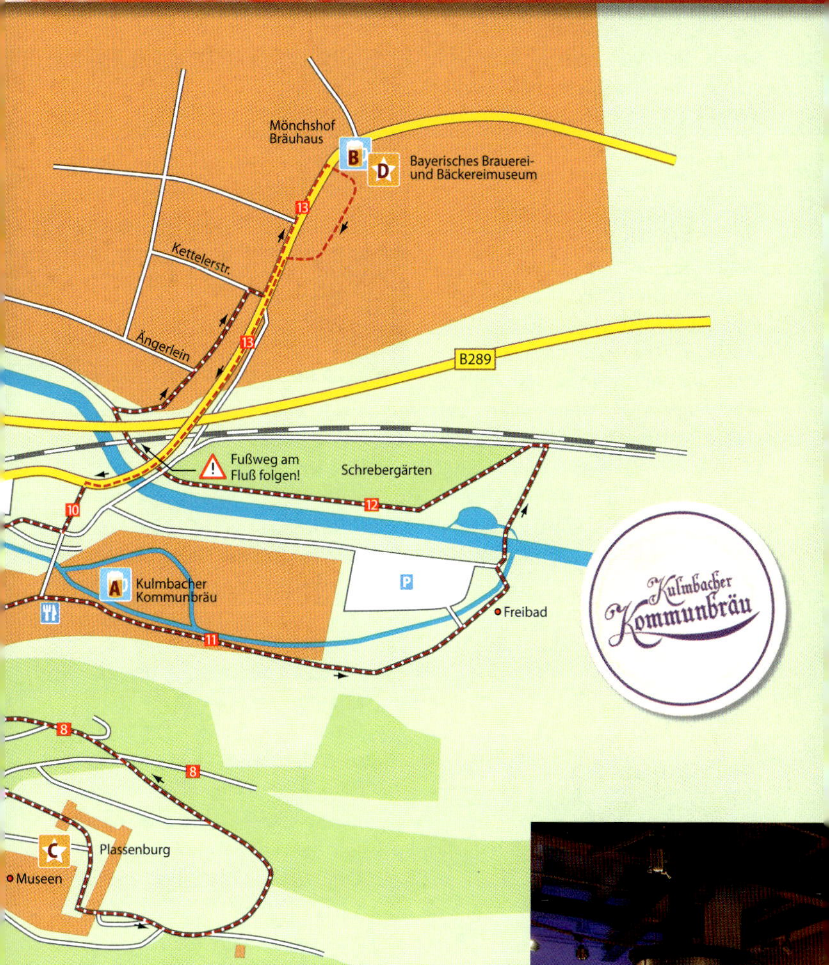

🍺 2 ⭐ 2 🚶

Mönchshof
Bräuhaus

B **D** Bayerisches Brauerei-
und Bäckereimuseum

13

Kettelerstr.

Ängerlein

13

B289

⚠️ Fußweg am
Fluß folgen!

Schrebergärten

12

10

A Kulmbacher
Kommunbräu

P

● Freibad

11

Kulmbacher Kommunbräu

8

8

C Plassenburg

● Museen

1 Schwedensteg	**6** Obere Stadt	**11** Untere Buchgasse
2 Fußweg durch Park	**7** Rentamtsgäßchen	**12** Fußweg am Main
3 Grabenstraße	**8** Obere Buchgasse	**13** Hofer Straße
4 Buchbindergasse	**9** Gutmannsgäßchen	**14** Fußweg am Fluß
5 Marktplatz	**10** Grünwehr	

Plakate, Plakate

D

Dieser Rundweg durch Kulmbach startet am Festplatz (kostenloser Parkplatz) am Schwedensteg. Am Ausgang des Parkplatzes Richtung Innenstadt (WC-Häuschen) sehen Sie das Denkmal „Mälzerei-Darrhaube", an dem der Weg vorbei führt Richtung Stadthalle.

Der Weg umrundet die Stadthalle, in der auch die Tourist-Info untergebracht ist, links. Durch die Kulmbacher Innenstadt gelangen Sie zum Rathaus und dann in die Obere Stadt. Dort zweigt links der ausgeschilderte Fußweg zur Plassenburg ab. Dieser Weg führt über viele Treppen steil zur Plassenburg hinauf. Alternativ gibt es im 30-Minuten-Takt auch einen Shuttle-Service zur Burg (Infos an der Tourist-Info). Nachdem Sie die Festungsbergstraße erreicht haben, schlängelt sich ein Fußweg in Serpentinen weiter nach oben. Wenn Sie den unteren Hof der Plassenburg erreicht haben, lohnt ein Abstecher nach rechts zum Westrondell, das eine schöne Aussicht auf Kulmbach bietet.

Am Rondell ist auch der Eingang zu den Museen in der Burg. Wieder im unteren Hof angekommen verlassen Sie diesen durch einen Torbogen und gelangen zur Rückseite der Burg. Jetzt geht es wieder bergab, bis Sie unten in der Straße „Grünwehr" ankommen. Dort finden Sie auch die Kulmbacher Kommunbräu. Im weiteren folgen Sie der Straße an der Brauerei und gelangen zum Freibad. Auf einem Wehr überqueren Sie den Weißen Main und gehen dann an den Schrebergärten am Ufer entlang.

UNSER TIPP

Für Geschichtsinteressierte gibt es auf der Plassenburg viele spannende Museen zu besichtigen.

Jetzt erreichen Sie mehrere Brücken, unter denen es dem Main folgend hindurch geht. Nach der letzten Brücke zweigt der Weg scharf rechts in ein Wohngebiet ab. Sie erreichen die Hofer Straße, in der Sie das ehemalige Mönchshof Bräuhaus mit dem Bayerischen Brauereimuseum finden. Auf dem Rückweg überqueren Sie den Main auf der Hofer Straße und biegen dann links in die Straße „Grünwehr" ein. Hier sehen Sie bereits den Ausgangspunkt Festplatz.

Kommunbräu Kulmbach — A

Hier finden Sie ein Bollwerk fränkischer Wirtshauskultur, Gemütlichkeit und Gastfreundlichkeit.

Bier-Klassiker: Bernstein

Anschrift: Grünwehr 17
95326 Kulmbach

Öffnungszeiten:
Täglich ab 10 Uhr
Kein Ruhetag

Kontakt:
Tel.: 09221-84490
www.kommunbraeu.de

Mönchshof Bräuhaus — B

Die frühere Klosterbrauerei gehört heute zur Kulmbacher Brauerei und lockt u. a. mit großem Biergarten.

Bier-Klassiker: Mönchshof Kellerbier

Anschrift: Hofer Straße 20
95326 Kulmbach

Öffnungszeiten:
Täglich ab 10 Uhr
Montag Ruhetag

Kontakt:
Tel.: 09221-80514
kulmbacher-moenchshof.de

Plassenburg Kulmbach — C

900 Jahre thront die mächtige Festung der Plassenburg über Kulmbach.

Anschrift/Kontakt:
Festungsberg 26
95326 Kulmbach
Tel.: 09221-8220
www.schloesser.bayern.de

Öffnungszeiten:
April-Sept. täglich 9 bis 18 Uhr, sonst täglich 10 bis 16 Uhr
Führungen (Innenräume):
April-Okt. stündlich 9.15 bis 15.15 und um 16.30 Uhr, Nov.-März stündlich 10.15 bis 13.15 und um 14.30 Uhr

Bayr. Brauerei- und Bäckereimuseum — D

DIe „gläserne Brauerei" ist das Highlight eines spannenden Museums.

Anschrift/Kontakt:
Hofer Straße 20
95326 Kulmbach
Tel.: 09221-80514
www.bayerisches-brauereimuseum.de

Öffnungszeiten:
Di bis So 10 bis 17 Uhr und nach Vereinbarung

LÄNGE

ca. 24 km

WEGZEIT

ca. 2,5 Stunden

WEGBESCHAFFENHEIT

Überwiegend auf kleinen Landstraßen und wenig befahrenen
Nebenstraßen (viele Steigungen)

BRAUEREIEN AN DER STRECKE

A - Schnupp
B - Haberstumpf

(Details, Tourenbeschreibung und
weitere Stationen wie Biergärten oder
Sehenswürdigkeiten siehe Folgeseiten)

LEGENDE

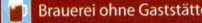 Brauerei ohne Gaststätte

 Brauerei mit Gaststätte

Biergarten

Freizeit-Tipp

Laufrichtung
Streckenverlauf

Weitere Symbole siehe Seite 3 im Buch

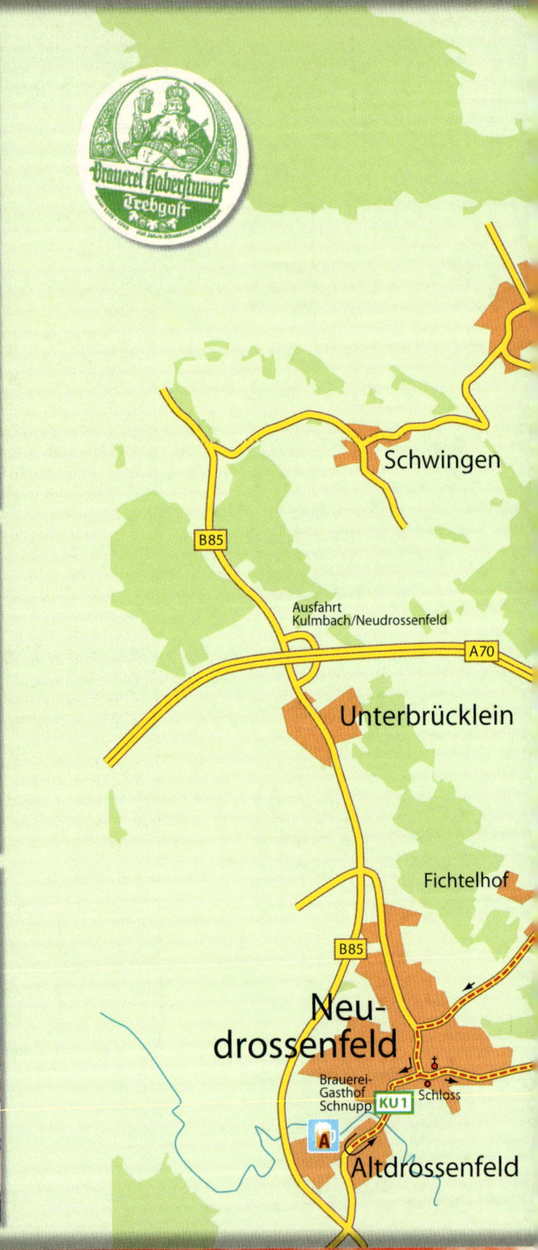

Schwingen

B85

Ausfahrt
Kulmbach/Neudrossenfeld

A70

Unterbrücklein

Fichtelhof

B85

**Neu-
drossenfeld**

Brauerei-
Gasthof
Schnupp KU1 Schloss

A

Altdrossenfeld

Trebgast

Landgasthof
Friedrich

B

Brauerei
Haberstumpf

C

KU 13

Lindau

KU 13

START

P

Bad

Tausch-
thal

D

Trebgast-
see

KU 13

Trebgasttal-
Route

Brauerei Schnupp
Seit 1726
ALTDROSSENFELD
TEL 09203 6424

KU 1

Oberlaitsch

Holzlucken

KU 13

Zettmeisel

Ritter-
leithen

KU 1

Haselbach

Brauneck

Waldau

KU 13

Harsdorf

A70

Hettersreuth

KU 1

Ziegelhütte

KU 1

KU 13

Eberhardts-
reuth

KU 1

Pechgraben

Startpunkt dieser anspruchsvollen und bergigen Radtour ist der Parkplatz zwischen Lindau und Trebgast. Gegenüber zweigt ein Feldweg mit der Markierung „Nordic Walking – Trebgasttal-Route" ab. Ihm folgen Sie bis zur Landstraße Lindau – Waldau, wo Sie auf den Radweg „KU 1" stoßen. Dieser begleitet Sie durch Waldau und zweigt hinter dem Ort links ab. Sie müssen aber gerade aus nach Neudrossenfeld weiter fahren. Im Ort geht es bergab bis Altdrossenfeld, wo die

Brauerei Schnupp zu Hause ist. Jetzt fahren Sie ein Stück zurück und folgen wieder der Beschilderung „KU 1" rechtshaltend am Schloss vorbei nach Pechgraben. Dort übernimmt der Radweg „KU 13" und führt Sie nach Harsdorf. Im Ort geht es rechts ab Richtung Zettmeisel.

Dieser Teil der Radtour steigt steil und stetig an, bis bei Oberlaitsch der höchste Punkt erreicht ist. Nun geht es durch den Wald hinunter nach Trebgast, wo Sie rechts abbiegen und in den Ort hineinfahren. Die Brauerei liegt – wie könnte es anders sein – ganz oben im Ort, so dass Sie über die Kulmbacher Straße hinauf zur Bergstraße fahren müssen. An der Brauerei Haberstumpf angekommen drehen Sie um, fahren wieder in den Ort hinunter und halten sich rechts Richtung Badesee. Über diese kleine Landstraße gelangen Sie vorbei am Trebgastsee zurück zum Parkplatz.

UNSER TIPP

Bei heißem Wetter kann am Trebgastsee auch länger abgekühlt werden – ein Badeparadies!

Brauerei Schnupp   A

Nach den vielen Renovierungen der Brauerei kam 2007 auch die des neuen Bierstübla zum Abschluss.

Bier-Klassiker: Edelpils

Anschrift: Altdrossenfeld 8
95512 Neudrossenfeld

Öffnungszeiten:
Täglich ab 7 Uhr
Freitag Ruhetag

Kontakt:
Tel.: 09203-6474
Fax: 09203-688300

Brauerei Haberstumpf   B

Bier-Federweißer – so bezeichnet Hans Wernlein sein Zwick'l, das wohl spannendste Bier in seiner Palette.

Bier-Klassiker: Haberstumpf Zwick'l

Anschrift: Bergstraße 31
95367 Trebgast

Öffnungszeiten:
Mo bis Fr ab 16 Uhr
Sa und So ab 11 Uhr
Kein Ruhetag

Kontakt:
Tel.: 09227-351
www.bier-erleben.de

Landgasthof Friedrich   C

Unser Tipp ist der ruhige Biergarten hinter dem Haus.

Anschrift/Kontakt:
Kulmbacher Straße 2
95367 Trebgast
Tel.: 09227-94150
www.landgasthof-friedrich.de

Öffnungszeiten:
Täglich ab 10 Uhr
Montag Ruhetag

Trebgaster Badesee   D

Vier Quellen innerhalb des Sees speisen das 680 Meter lange und 220 Meter breite Gewässer.

Anschrift/Kontakt:
95367 Trebgast
Tel.: 09227-9370
www.vg-trebgast.de

Öffnungszeiten:
Täglich 9-19 Uhr
Nordic-Walking-Treff Di 18 Uhr an der Schautafel

LÄNGE
ca. 12 km

WEGZEIT
ca. 3,5 Stunden

WEGBESCHAFFENHEIT
Geschotterte Wanderwege, teils
schmale Stein- und Waldpfade
(bei Nässe teils rutschig!)

BRAUEREIEN AN DER STRECKE
A - Trunk

(Details, Tourenbeschreibung und
weitere Stationen wie Biergärten oder
Sehenswürdigkeiten siehe Folgeseiten)

LEGENDE

- Brauerei ohne Gaststätte
- Brauerei mit Gaststätte
- Biergarten
- Freizeit-Tipp
- Laufrichtung
- Streckenverlauf

Weitere Symbole siehe Seite 3 im Buch

Grundfeld

Wolfsdorf

Romansthal

Richtung
Bad Staffelstein

START

Richtung
Bad Staffelstein

Richtung
Loffeld

Staffel-
berg

Staffelberg
Klause

Richtung
Loffeld

Goldener Hirsch

Vierzehnheiligen

Goldener Stern

✝ Basilika

Brauerei Trunk

C
B
E
A

H

M

Dieser Weg ist nicht ⚠ beschildert!

H

Schutzhütte/ Rastplatz

Alter Staffelberg

Eben weg

S

H

→ Richtung Uetzing

VIERZEHNHEILIGENER BIER

S

↓ Richtung Uetzing

Startpunkt ist der Parkplatz etwas oberhalb der kleinen Ortschaft Romansthal. Von dort führt Sie der Weg parallel zum Hang Richtung Vierzehnheiligen (Markierung: Hase).

Nach kurzem Weg verlassen Sie diesen Weg und gehen rechts haltend auf die Hochebene hinauf. Oben angekommen geht es nach links weiter (Markierung: Höhenweg "H"). Dieser Markierung folgen Sie nun bis Vierzehnheiligen. Direkt oberhalb der sehenswerten Basilika liegt die Brauerei Trunk. Nach der Einkehr geht es den gleichen Weg wieder zurück, bis Sie oben am Berg an die Kreuzung kommen, wo es rechts Richtung Staffelberg geht. Hier verlassen Sie den bekannten Weg und laufen gerade aus in den unmarkierten Feldweg, der Sie nach ca. 800 m zu einer Schutzhütte mit Sitzgelegenheiten führt. Dort zweigt rechts ein kleiner Weg ab, auf dem Sie über die Wiesen zum alten Staffelberg hinauf kommen. Nachdem Sie die Fernsicht genossen haben, geht es wieder hinunter auf den Weg an der Schutzhütte und dann nach rechts weiter (Markierung „Ebenweg").

UNSER TIPP

Die sensationelle Aussicht, ein Biergarten und selbstgebackener Kuchen machen den Staffelberg zur Pflicht.

An einer Wegegabelung mit einem Kreuz biegen Sie dann scharf rechts ab und folgen der Markierung Südweg „S" bis Sie wieder auf den Höhenweg „H" stoßen, dem Sie jetzt nach links folgen bis zum Staffelberg. Auf dem Berg angekommen wartet die herrliche Fernsicht und die gemütliche Staffelbergklause auf Sie. Nach einer Runde über den Staffelberg geht es den gleichen Weg wieder hinunter zum Höhenweg. Von dem zweigt dann links der Weg nach Romansthal ab, der Sie zurück zum Ausgangspunkt bringt.

Brauerei Trunk Alte Klosterbrauerei   A

Unmittelbar hinter der Basilika befindet sich die Alte Klosterbrauerei mit Bräustüberl und großem Biergarten.

Bier-Klassiker: Nothelfer Trunk Dunkel

Anschrift: Vierzehnheiligen 3
96231 Bad Staffelstein-Vierzehnheiligen

Öffnungszeiten:
Täglich 10 bis 20 Uhr
Kein Ruhetag

Kontakt:
Tel.: 09571-3488
Fax: 09571-758984

Gasthof Goldener Stern   B

Auch der Goldene Stern ist seit Jahrzehnten den Wallfahrern verpflichtet.

Anschrift/Kontakt:
Vierzehnheiligen 6
96231 Bad Staffelstein
Tel.: 09571-71040
www.vierzehnheiligen.de

Öffnungszeiten:
Ende März bis Ende Okt.
täglich ab 11 Uhr
Sa, So und Feiertage ab
10 Uhr
Kein Ruhetag
Anfang Nov. bis Ende März
geschlossen

Gasthof „Goldener Hirsch"   C

Unter den Linden schmeckt der Nothelfer-Trunk besonders gut!

Anschrift/Kontakt:
Vierzehnheiligen 7
96231 Bad Staffelstein
Tel.: 09571-9268
www.14hl.de

Öffnungszeiten:
Täglich 10 bis 18 Uhr
(auf Anfrage für Gruppen
auch länger geöffnet)

Staffelberg Klause   D

Die Staffelberg Klause hat sich zum echten Geheimtipp für Wanderer und Ausflügler entwickelt.

Anschrift/Kontakt:
Auf dem Staffelberg
96231 Bad Staffelstein
Tel.: 09573-5437

Öffnungszeiten:
Apr. bis Ende Okt.
Täglich ab 10 Uhr
Dienstag Ruhetag

Basilika Vierzehnheiligen   E

Eine der berühmtesten Wallfahrtskirchen Deutschlands.

Anschrift/Kontakt:
Vierzehnheiligen 2
96231 Bad Staffelstein
Tel.: 09571-95080
www.vierzehnheiligen.de

Öffnungszeiten:
April bis Sept. 7 bis 18.30 Uhr
Okt. bis März 7 bis 17.30 Uhr
Führungen für Gruppen
nach vorheriger Anmeldung
möglich

LÄNGE

ca. 12,5 km

WEGZEIT

ca. 4 Stunden

WEGBESCHAFFENHEIT

Land- und forstwirtschaftliche Wege, bis Sträublingshof auf einer kleinen Nebenstraße, zwischen Loffeld und Frauendorf auf einem straßenbegleitenden Radweg

BRAUEREIEN AN DER STRECKE

A - Staffelberg Bräu
B - Dinkel
C - Hennemann
D - Hetzel

(Details, Tourenbeschreibung und weitere Stationen wie Biergärten oder Sehenswürdigkeiten siehe Folgeseiten)

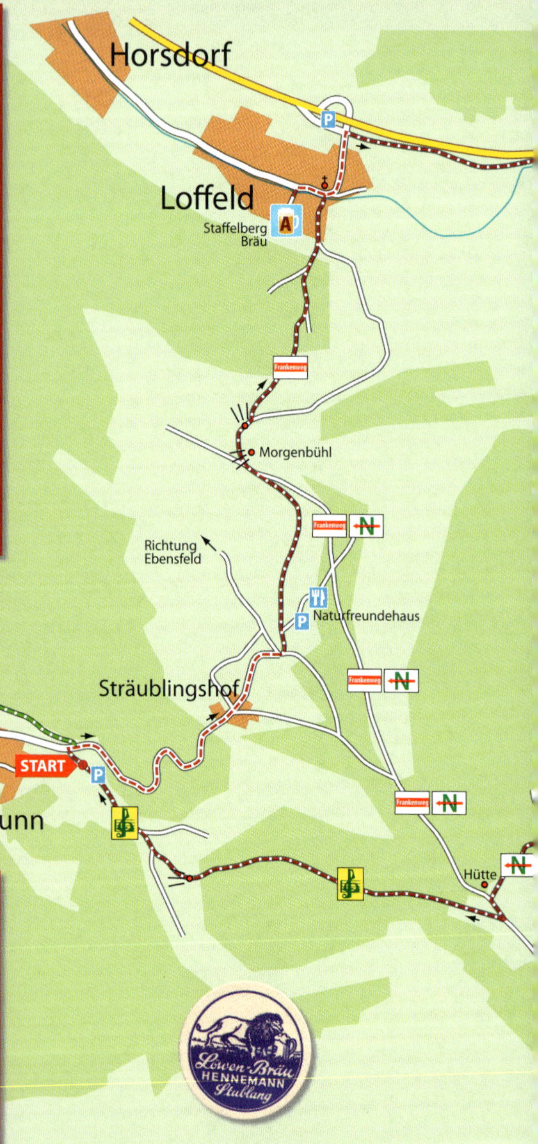

Horsdorf

Loffeld

Staffelberg Bräu

Morgenbühl

Richtung Ebensfeld

Naturfreundehaus

Richtung Ebensfeld

St. Veit Kapelle

Sträublingshof

START

Dittersbrunn

Hütte

LEGENDE

- Brauerei ohne Gaststätte
- Brauerei mit Gaststätte
- Biergarten
- Freizeit-Tipp
- Laufrichtung
- Streckenverlauf

Weitere Symbole siehe Seite 3 im Buch

Brauerei Dinkel

B

Brauerei-Gasthof Hennemann

C **E**

Gasthof Dinkel

Stublang

BRAUEREI **H** ETZEL FRAUENDORF

Brauerei Hetzel

D

Frauendorf

Brauerei DINKEL
GEBRAUT NACH DEM REINHEITSGEBOT VON 1516
STUBLANG

N

⚠ Achtung! Abzweig nicht verpassen: Schmaler Waldweg.

N

N **N**

⚠ Achtung! Abzweig nicht verpassen: Schmaler Pfad.

Richtung Krögelhof

Richtung Krögelhof

Staffelberg-Bräu
Seit 1856
Mit Bergquellwasser gebraut
Bad Staffelstein-Loffeld

Richtung Küpser Linde

Diese Brauereiwanderung führt Sie in das keine Dorf Dittersbrunn bei Ebensfeld. Oberhalb der Ortschaft gibt es einen Wanderparkplatz, der der Startpunkt dieser Tour ist.

Bevor es mit der eigentlichen Wanderung los geht, möchte ich Ihnen einen kurzen Abstecher (+ 2 km) hinauf zur

St. Veit Kapelle empfehlen. Diese idyllisch gelegene Kapelle bietet einen tollen Rundumblick auf den Staffelberg, Kloster Banz und das obere Maintal. Die eigentliche Wanderung führt auf einem kleinen Sträßchen nach Sträublingshof und dann vorbei am Naturfreundehaus zum Morgenbühl. Der Weg führt um diesen Höhenzug herum und danach – der Markierung „Frankenweg" folgend – hinunter nach Loffeld.

Die Brauerei im Ort liegt etwas rechts ab vom Weg. Über den Radweg am Ortsausgang von Loffeld gelangen Sie rechts nach Stublang mit zwei weiteren Brauereien und dann weiter nach Frauendorf mit der letzten Brauerei. Nach der Kirche biegen Sie rechts ab Richtung Krögelhof. Kurz darauf zweigt ebenfalls rechts ein Weg mit der Markierung „N" ab. Dieser Markierung folgen Sie steil den Berg hinauf. Oben angekommen gibt es mehrere „Möglichkeiten" sich zu verlaufen. Bitte beachten Sie die Hinweise in der Karte und laufen Sie diese Strecke mit großer Aufmerksamkeit. Der Weg führt schließlich an einer Schutzhütte wieder aus dem Wald. Hier verlassen Sie die Markierung „N" und gehen nach links um kurz danach rechts Richtung Dittersbrunn abzubiegen. Immer gerade aus geht es der Markierung „Kehlbachtaler Höhenweg" folgend zurück zum Parkplatz.

Staffelberg-Bräu   A

Das edle Wasser von Frankens heiligstem Hügel gibt natürlich einen ganz besonders heimischen Charakter.

Bier-Klassiker: Hopfen-Gold Pils

Anschrift: Mühlteich 4
96231 Bad Staffelstein-Loffeld

Öffnungszeiten:
Täglich ab 10 Uhr
Montag Ruhetag

Kontakt:
Tel.: 09573-5925
www.staffelberg-braeu.de

Brauerei Dinkel B

Die kleine Brauerei Dinkel in der Ortsmitte steht für Tradition. Verkostung in der Frauendorfer Straße 18.

Bier-Klassiker: Dunkles Lagerbier

Anschrift: Am Dorfbrunnen 19
96231 Bad Staffelstein-Stublang

Öffnungszeiten Brauerei:
Mo bis Sa 8 bis 18 Uhr

Kontakt:
Tel.: 0170-3073281
www.dinkel-stublang.de

Brauerei Gasthof Hennemann C

Wild aus eigener Jagd ist zusammen mit dem dunklen Landbier eine unschlagbare Mischung Frankenkultur!

Bier-Klassiker: Stublanger Lagerbier

Anschrift: Am Dorfbrunnen 13
96231 Bad Staffelstein-Stublang

Öffnungszeiten:
Täglich ab 10 Uhr
Montag Ruhetag

Kontakt:
Tel.: 09573-96100
www.gasthof-hennemann.de

Brauerei Hetzel D

Die Gaststätte ist nur Sonntags geöffnet und bietet nur Getränke an. Essen mitbringen erlaubt.

Bier-Klassiker: Landbier

Anschrift: Frauendorf 11
96231 Bad Staffelstein-Frauendorf

Öffnungszeiten:
Mo bis Fr 7 bis 18 Uhr
Sa 7 bis 16 Uhr

Kontakt:
Tel.: 09573-6435
Fax: 09573-310965

Brauerei-Gasthof Dinkel E

Das leckere dunkle Lager ist alleine schon eine Anreise wert.

Anschrift/Kontakt:
Frauendorfer Straße 18
96231 Bad Staffelstein-Stublang
Tel.: 09573-6424
www.dinkel-stublang.de

Öffnungszeiten:
Täglich ab 9 Uhr
Mittwoch Ruhetag

LÄNGE

ca. 43 km

WEGZEIT

ca. 3 Stunden

WEGBESCHAFFENHEIT

Geteerte oder geschotterte Radwege, wenig befahrene Nebenstraßen

BRAUEREIEN AN DER STRECKE

A - Reblitz
B - Thomann
C - Hellmuth
D - Ebensfelder Brauhaus
E - Schwanen-Bräu
F - Goldener Adler
G - Binkert
H - Wagner / Kemmern

(Details, Tourenbeschreibung und weitere Stationen wie Biergärten oder Sehenswürdigkeiten siehe Folgeseiten)

Unnersdorf

Brauerei Reblitz **A**

Nedensdorf

Kurzentrum **M** **P**

START Bahnhof

Bad Staffelstein

Brauerei Thomann

B Wiesen

C

Brauerei Hellmuth

Unterzettlitz

Main

Niederau

A73

Abzweig über Bahnhofstr. und Kirchgasse ⚠

Ebensfeld
Bahnhof

Oberbrunn

D

Ebensfelder Brauhaus

Ausfahrt Ebensfeld

Main

Unterleiterbach

Brauerei Zum Goldenen Adler

Abzweig über Marktplatz Richtung Höfen

F ⚠

Höfen

Rattelsdorf

Bahnhof

Zapfendorf

Ebing

Ausfahrt Zapfendorf

B4

Schwanen-Bräu **E**

A73

Fortsetzung siehe rechts oben

Fortsetzung von
links unten

Ebing

B4

Schwanen-
Bräu

E

Ausfahrt
Zapfendorf

A73

Bahnhof Ebing

Main

Brauerei Thomann
Wiesen

Schwanen-Brau
Ebing
SEIT 1827

Ausfahrt
Breitengüßbach-
Mitte

B279

Breitengüßbach

Bahnhof

G Brauerei Binkert

Wagnerbräu
Kemmern

Kemmern

H Wagner-
Bräu

Leicht's Keller

J

K

Wagner-Bräu
Keller

B4

Badesee

Dörfleins

L

Diller Keller

A70

Hallstadt

A70

Bamberg

Bahnhof

Tourenbeschreibung, Details Stationen ▶

Bei dieser Tour radeln Sie am Bahnhof in Bad Staffelstein los. Zunächst geht es durch die Unterführung Richtung Unnersdorf. Am Kurzentrum rechts halten und dann auf den Radweg nach Unnersdorf. Im Ort angekommen biegen Sie in die Weinbergstraße Richtung Nedensdorf.

In Nedensdorf ist es zur Brauerei nur ein kurzer Abstecher in die Obere Dorfstraße. Auf der Landstraße fahren Sie nun nach Wiesen, wo Sie im Ort zwei weitere Brauereien finden.

Auf der Straße „Mittelau" verlassen Sie Wiesen, überqueren den Main und biegen rechts in den Mainradweg ein, dem Sie von nun an folgen. Über Niederau gelangen Sie nach Ebensfeld, wo wieder ein kurzer Abstecher zur Brauerei nötig ist.

Entlang der Bahnstrecke geht es weiter Richtung Süden bis nach Ebing. Dorf müssen Sie ein Stück geradeaus in den Ort fahren um zur Brauerei am Marktplatz zu gelangen. Nun geht es weiter nach Rattelsdorf, wo Sie nach dem queren der B 4 in den Ort fahren, am Marktplatz rechts abbiegen und in den Itzgrund hinunter fahren. Rechts geht es dann nach Höfen, wo die nächste Brauerei wartet.

Über den gleichen Weg geht es zurück nach Rattelsdorf und entlang der B 4 bis Breitengüßbach, wo Sie an der Kirche vorbei fahren und bei der ehemaligen Brauerei Hümmer links in die Bachgasse abbiegen. In der Austraße stoßen Sie wieder auf den Radweg Richtung Bamberg. Sie unterqueren die Autobahn und gelangen nach Kemmern, wo an der Kirche ein kurzer Abstecher nach links zur Wagner-Bräu führt.

Nun geht es idyllisch ein Stück am Main entlang nach Hallstadt und dann immer der Ausschilderung Richtung Bamberg Bahnhof folgend nach Bamberg hinein. Mit dem Zug gelangen Sie dann zurück zum Startpunkt. Die Tour lässt sich auch verkürzen, indem man schon früher in den Zug steigt. Das geht z. B. in Ebing oder Breitengüßbach.

UNSER TIPP

Die Obermain Therme in Bad Staffelstein kann gut in die Tagesplanung mit einbezogen werden.

Brauerei Reblitz · A

Das dunkle Lagerbier besticht durch seinen süffigen Charakter und macht Lust auf mehr.

Bier-Klassiker: Dunkles Landbier

Anschrift: Am Mahlberg 1
96231 Bad Staffelstein-Nedensdorf

Öffnungszeiten:
Di bis Fr ab 16, Sa ab 15,
So und Feiertage ab 10 Uhr,
Mo Ruhetag

Kontakt:
Tel.: 09573-96500
brauerei-gasthof-reblitz.de

Brauerei Gaststätte Thomann · B

Das Hausgebräu, auch „Stoff" genannt, ist ein süffiges, dunkles Lagerbier von Braumeister Alfons Thomann.

Bier-Klassiker: Dunkles Lagerbier

Anschrift: Altmainstraße 5
96231 Bad Staffelstein-Wiesen

Öffnungszeiten:
Sa bis Mo ab 11 Uhr
Do und Fr ab 16 Uhr
Di und Mi Ruhetag

Kontakt:
Tel.: 09573-5296
www.gasthaus-thomann.de

Brauerei Gasthof Hellmuth · C

Der Urstoff ist ein dunkles Bier, das hier nach einem (vielleicht) 250 Jahre alten Rezept herstellt wird.

Bier-Klassiker: Eierberg Urstoff

Anschrift: Wiesen 14
96231 Bad Staffelstein-Wiesen

Öffnungszeiten:
Täglich ab 11 Uhr, Mo Ruhetag, Nov. bis März Di bis Fr ab 16 Uhr

Kontakt:
Tel.: 09573-4395
www.gasthaus-hellmuth.de

Ebensfelder Brauhaus · D

Hans-Karl Engelhardt managed das 250 Jahre alte Brauhaus mit seinen beiden Söhnen Florian und Maximilian.

Bier-Klassiker: Fränkisches Landbier

Anschrift: Oberer Kellbachdamm 7
96250 Ebensfeld

Öffnungszeiten:
Täglich ab 10 Uhr
Montag Ruhetag
(Mo Feiertag, Di Ruhetag)

Kontakt:
Tel.: 09573-885
www.ebensfelder-brauhaus.de

Brauerei Schwanen-Bräu   E

Das Fachwerkgebäude, in dem die Brauereigaststätte ihre Pforten öffnet, steht schon lange unter Denkmalschutz.

Bier-Klassiker: Dunkles Vollbier

Anschrift: Marktplatz 11
96179 Ebing

Öffnungszeiten:
Täglich ab 9 Uhr, Fr ab 10 Uhr, Do Ruhetag

Kontakt:
Tel.: 09547-481
www.schwanen-braeu-ebing.de

Brauerei Zum Goldenen Adler   F

Die kleine Brauerei wird von Familie Endres geleitet. Bierliebhaber sollten das Kellerbier genießen.

Bier-Klassiker: Ungespundenes Lager

Anschrift: Höfen 21
96179 Rattelsdorf

Öffnungszeiten:
Mo bis Fr ab 15 Uhr
So ab 11 Uhr
Di und Sa Ruhetag

Kontakt:
Tel.: 09547-264
Fax: 09547-288

Brauhaus Binkert (mehr siehe S. 90)   G

Hinter dem erst 2012 erbauten und gegründeten Brauhaus Binkert steckt jede Menge Philosophie.

Bier-Klassiker: Original

Anschrift: Westring 5
96149 Breitengüßbach

Öffnungszeiten:
genaue Öffnungszeiten werden noch festgelegt, siehe Website

Kontakt:
Tel.: 09544-982500
www.mainseidla.de

Wagner-Bräu Kemmern   H

Der Familienbetrieb bringt es auf über 230 Jahre Tradition. Pils und Schwarzbier sollten unbedingt probiert werden.

Bier-Klassiker: Pils

Anschrift: Hauptstraße 15
96164 Kemmern

Öffnungszeiten:
Täglich ab 15, So 10 bis 12 und ab 15, im Sommer Mi und Sa ab 12 Uhr, Di Ruhetag

Kontakt:
Tel.: 09544-6746
www.brauerei-wagner.de

Leicht's Keller   J

Mit Kerstin und Rudi Hofmann steht nun ein neues Team im hinteren der beiden Kemmerner Keller.

Anschrift/Kontakt:
Im Kessel
96164 Kemmern
Tel.: 0152-09895754

Öffnungszeiten:
Täglich ab 14 Uhr
So und Feiertage ab 10 Uhr
Do Ruhetag

Wagner-Bräu Keller   K

Richtiger Familienkeller, vor allem dank des schönen Spielplatzes und der ruhigen Lage.

Anschrift/Kontakt:
Mainstraße 7
96164 Kemmern
Tel.: 0170-9136003

Öffnungszeiten:
Täglich ab 15 Uhr
Sa ab 13 Uhr
So ab 9.30 Uhr
Mo Ruhetag

Diller-Keller   L

Auf dem Diller-Keller kann man wahlweise die guten Brotzeiten oder Kaffee und Kuchen genießen.

Anschrift/Kontakt:
Am Kreuzberg
96103 Hallstadt
Tel.: 0175-5280071

Öffnungszeiten:
Täglich ab 16 Uhr
Sa, So und Feiertage ab 14 Uhr
Kein Ruhetag

Obermain Therme   M

Die genaue Beschreibung finden Sie auf der nächsten Doppelseite.

Anschrift/Kontakt:
Am Kurpark 1
96231 Bad Staffelstein
Tel.: 09573-9619-0
www.obermaintherme.de

Öffnungszeiten:
ThermenMeer
täglich 8-21 Uhr
Do, Fr, Sa bis 23 Uhr
SaunaLand ab 9 Uhr
Sonderöffnungszeiten
siehe Website

Obermain Therme Bad Staffelstein

WWW.OBERMAINTHERME.DE

MEHR ALS MEER

Die Obermain Therme in Bad Staffelstein vereint die schönsten Wellness-Träume zu einem urgesunden Wohlfühl-Erlebnis. Im weitläufigen ThermenMeer mit seinen 16 (!) angenehm temperierten Innen- und Außenbecken genießen Sie die wohlige Wärme des Meerwassers mit einem Solegehalt, der es in sich hat: In Bad Staffelstein sprudelt Bayerns wärmste und stärkste Thermalsole an die Oberfläche! Die einmalige Kombination unterschiedlicher Mineralien ist außergewöhnlich, die Mineralstoffe im Wasser übertreffen fast ums Hundertfache die Mindestwerte für die Anerkennung als Heilwasser.

Öffnungszeiten

ThermenMeer
Täglich 8 bis 21 Uhr
Do, Fr, Sa bis 23 Uhr
SaunaLand ab 9 Uhr
Sonderöffnungszeiten
siehe Website

Eintrittspreise

Detaillierte Preise s. Website

Anschrift

Obermain Therme
Am Kurpark 1
96231 Bad Staffelstein
Tel.: 09573-9619-0

Wunderbare Wellness-Freuden erwarten Sie auch im Premium-SaunaLand, das vom Dt. Saunabund mit fünf Sternen – der höchsten Qualitätsstufe! – ausgezeichnet wurde. Edle Materialien, wunderbare Düfte, sphärische Klänge und funkelnde Lichter in wechselnden Farben verzaubern alle Sinne. Erleben Sie faszinierende Themen-Saunen wie die Kivi- (Stein) Sauna, die betörend duftende Ruusu- (Rosen) Sauna, die holzbefeuerte Maa- (Erd) Sauna oder das Valo- (Licht) Bad. Variantenreiche Erlebnisaufgüsse genießen Sie in der großen Suuri-Sauna und in der Nurmi- (Kräuter)-Sauna und entspannen Sie in den weitläufigen Ruhezonen, am prasselnden Feuer der Kaminecke oder im naturhaften Außenbereich. Der Alltag kann warten.

LEGENDE

Brauerei ohne Gaststätte

Brauerei mit Gaststätte

Biergarten

Freizeit-Tipp

Laufrichtung

Streckenverlauf

Weitere Symbole siehe Seite 3 im Buch

Schney

Michelau i. Ofr.

Main

Deutsches Korbmuseum

Oberwallen-stadt

D

Finkenhof

A

Brauerei-Gasthof Wichert

Kronacher Str.

B173

Bahnhof

START

Kronacher Tor

Marktplatz

Lichtenfels

Brauerei Wichert
Seit 1863

LÄNGE

ca. 21 km

WEGZEIT

ca. 1,5 Stunden

WEGBESCHAFFENHEIT

Geteerte oder geschotterte Radwege, wenig befahrene Nebenstraßen

BRAUEREIEN AN DER STRECKE

A - Wichert
B - Leikeim
C - Günther

(Details, Tourenbeschreibung und weitere Stationen wie Biergärten oder Sehenswürdigkeiten siehe Folgeseiten)

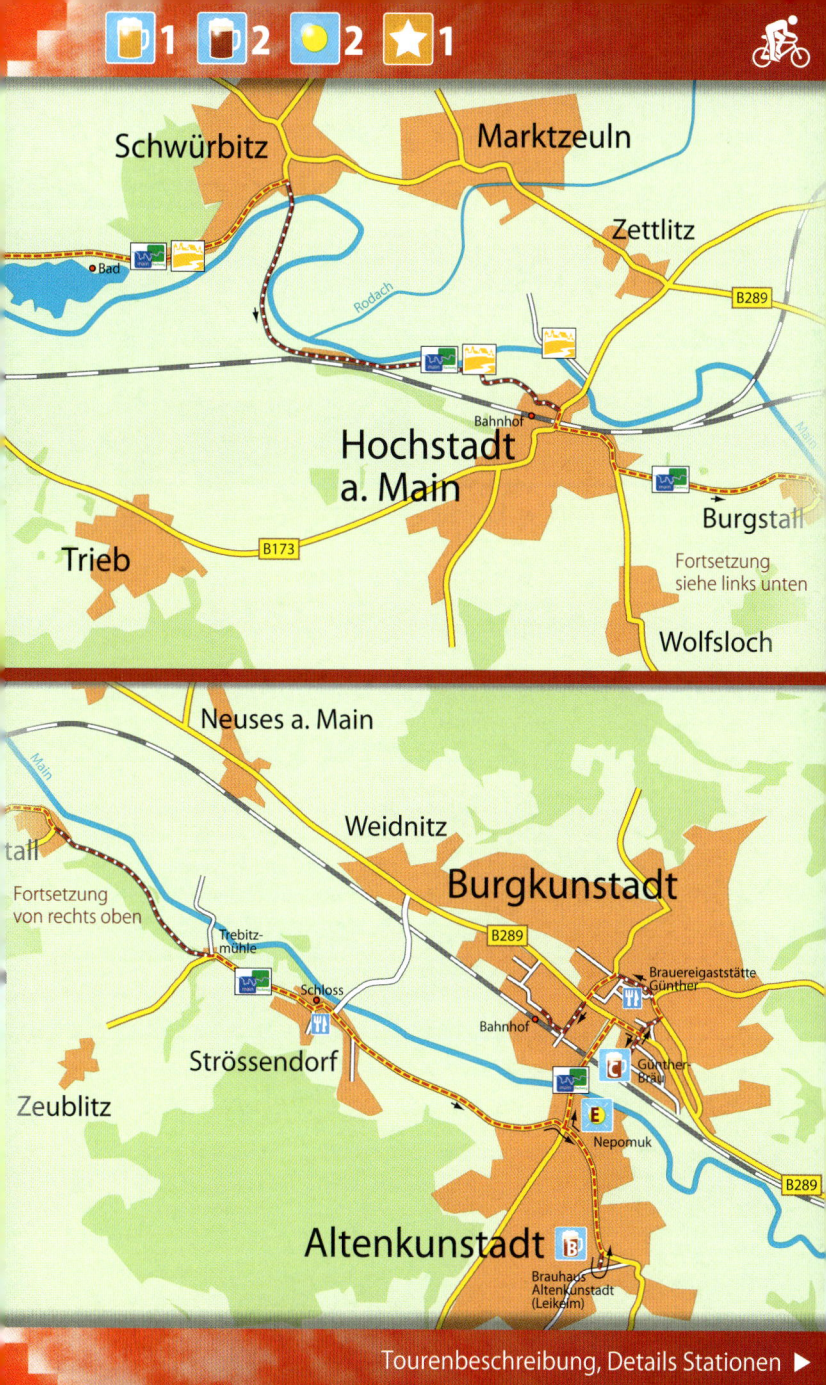

Schwürbitz

Marktzeuln

Zettlitz

B289

Rodach

Bad

Hochstadt
a. Main

Bahnhof

Burgstall

Trieb

B173

Fortsetzung
siehe links unten

Wolfsloch

Neuses a. Main

Main

Weidnitz

tall

Burgkunstadt

Fortsetzung
von rechts oben

Trebitz-
mühle

B289

Brauereigaststätte
Günther

Schloss

Bahnhof

Zeublitz

Strössendorf

Günther-
Bräu

Nepomuk

Altenkunstadt

B289

Brauhaus
Altenkunstadt
(Leikeim)

Diese Radtour entlang des Mains startet am Bahnhof Lichtenfels. Von dort fahren Sie durch die Judengasse zum Marktplatz. Außerdem finden Sie hier auch die ersten Schilder „Main-Radweg" Richtung Michelau (bis Hochstadt ist der Radweg auch mit der gelben Stadtsilhouette der Main-Coburg-Tour ausgeschildert). Durch die Kronacher Straße fahren Sie aus Lichtenfels hinaus in den Vorort Oberwallenstadt zur Brauerei Wichert.

Nun führt der Radweg weiter nach Michelau, wo sich ein Abstecher zum Deutschen Korbmuseum anbietet. Im weiteren Verlauf folgen Sie dem gut ausgeschilderten Main-Radweg bis Altenkunstadt. Dort zweigt der Radweg links ab, aber Sie fahren gerade aus in die Theodor-Heuss-Straße. Dieser Abstecher bringt Sie zum Brauhaus Altenkunstadt in der Langheimer Straße.

Danach müssen Sie umdrehen und dem Mainradweg nach Burgkunstadt folgen. Im Industriegebiet „In der Au" finden Sie die Günther-Bräu. Hier verlassen Sie den Main-Radweg, drehen um und fahren auf der anderen Seite der Bundesstraße 289 über den Auweg nach Burgkunstadt hinein. In der Kulmbacher Straße finden Sie die Brauerei-Gaststätte der Günther-Bräu. Über die Bahnhofstraße gelangen Sie dann zum Bahnhof, von wo aus es mit dem Zug zurück geht.

UNSER TIPP

Das Deutsche Korbmuseum sollte man sich unterwegs nicht entgehen lassen – siehe nächste Doppelseite.

Brauerei-Gasthof Wichert A

Hier erwartet den Gast auch ein schöner Biergarten und ein uriges Gasthaus zur Bierverkostung.

Bier-Klassiker: Wichert Edel Pils

Anschrift: Alte Reichsstrasse 50
96215 Lichtenfels

Öffnungszeiten:
Täglich ab 11 Uhr
Montag Ruhetag

Kontakt:
Tel.: 09571-3317
www.brauerei-wichert.de

Brauhaus Altenkunstadt Andreas Leikeim — B

Auf Anfrage können hier unter anderem Führungen und Veranstaltungen gebucht werden.

Bier-Klassiker: Leikeim Premium

Anschrift: Langheimer Straße 14
96264 Altenkunstadt

Öffnungszeiten:
Mo bis Do 7 bis 17 Uhr
Fr 7 bis 14 Uhr

Kontakt:
Tel.: 09572-75050
www.leikeim.de

Günther-Bräu — C

Täglich ab 18 Uhr kann auch das alte Brauereigasthaus in der Kulmbacher Straße 36 besucht werden.

Bier-Klassiker: Premium Pilsener

Anschrift: In der Au 27
96224 Burgkunstadt

Öffnungszeiten:
Mo bis Fr 8 bis 18 Uhr
Sa 10 bis 14 Uhr

Kontakt:
Tel.: 09572-386650
www.guenther-braeu.de

Gasthof Finkenhof — D

Für den Freund von Braten und Hausmacher Brotzeiten das Richtige.

Anschrift/Kontakt:
Bahnhofstraße 22
96247 Michelau
Tel.: 09571-8270
www.finkenhof-michelau.de

Öffnungszeiten:
Mo bis Do 10 bis 15 Uhr
Fr, Sa, So und Feiertage ab 10 Uhr
Kein Ruhetag

Nepomuk — E

Inoffizielle Gasthaus-Basis aller Leikeim-Freunde, Party inklusive.

Anschrift/Kontakt:
Mainbrücke 7
96264 Altenkunstadt
Tel.: 09572-3551
www.nepomuk.net

Öffnungszeiten:
Mo bis Fr ab 16 Uhr
Sa ab 12 Uhr
So ab 10 Uhr
Kein Ruhetag

F - Deutsches Korbmuseum siehe nächste Seite ▶

Deutsches Korbmuseum

Das heutige Museum geht auf eine Sammlung zurück, die 1929 angelegt und 1934 erstmals im Museum ausgestellt wurde. Aus den drei Zimmern sind mittlerweile 850 Quadratmeter in 26 Schauräumen mit 2.000 Exponaten aus aller Welt geworden.

Insbesondere die kulturelle Vielfalt beeindruckt, zudem auch die Dimensionen der Stücke, die von winzig bis gigantisch reichen. Im Museum integriert ist auch ein kleiner Shop, in dem Sie unterschiedliche Flechtwaren zu wirklich günstigen Preisen erstehen können.

Anschrift/Kontakt:
Bismarckstraße 4
96247 Michelau
Tel.: 09571-83548

Öffnungszeiten:
April bis Oktober
Di bis So 10 bis 16.30 Uhr
sonst
Di bis Do 10 bis 16.30,
Fr 10 bis 15 Uhr

Tipp: Wer mal ganz wie bei Muttern essen möchte, sollte beim Finkenhof vorbeischauen. Bahnhofstraße 22, 96247 Michelau, Tel.: 09571-8270, www.finkenhof-michelau.de. Öffnungszeiten des Gasthofes: Mo bis Do 9 bis 15, Fr bis So 9 bis 24 Uhr

LÄNGE

ca. 23 km

WEGZEIT

ca. 1,5 Stunden

WEGBESCHAFFENHEIT

Geteerte oder geschotterte Radwege, wenig befahrene Nebenstraßen

BRAUEREIEN AN DER STRECKE

A - Ebensfelder Brauhaus
B - Martin
C - Leicht
D - Staffelberg Bräu
E - Dinkel
F - Hennemann
G - Reichert

(Details, Tourenbeschreibung und weitere Stationen wie Biergärten oder Sehenswürdigkeiten siehe Folgeseiten)

Bad Staffelstein

A73

Unterzettlitz

Hunde-übungs-platz

Eichelsee

Unterneuses

Brauerei Martin B

Spielplatz

6

Brauerei Leicht C

Pferdsfeld

6

Richtung Veitsberg

Ebensfeld

6

Bahnhof

START

Friedhof

A

Ebensfelder Brauhaus

H

Engelhardt's Keller

A73

Ausfahrt Ebensfeld

LEGENDE

🍺 Brauerei ohne Gaststätte

🍺 Brauerei mit Gaststätte

🍺 Biergarten

⭐ Freizeit-Tipp

Laufrichtung

Streckenverlauf

Weitere Symbole siehe Seite 3 im Buch

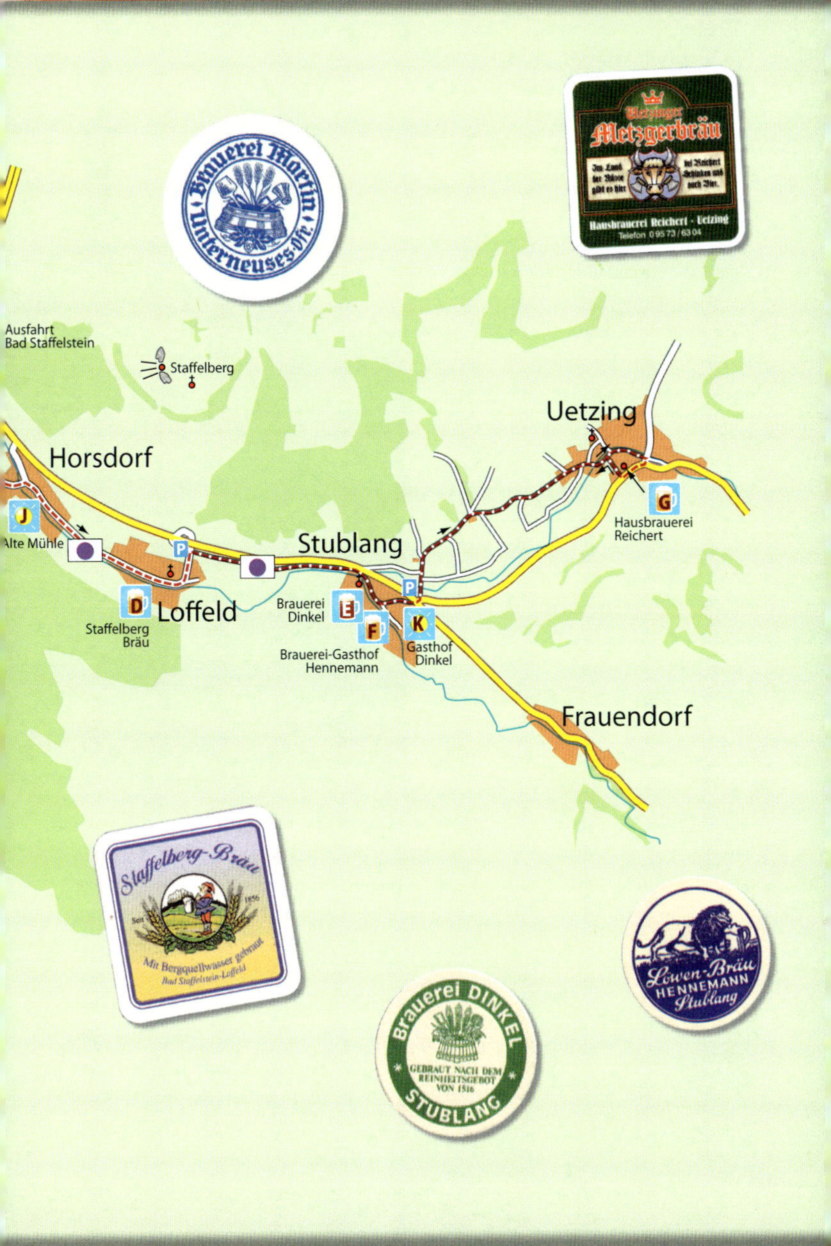

Brauerei Morin Unterneuses

Uetzinger Metzgerbräu
Im Land der Ähre gibt es hier bei Reichert Schinken und auch Bier.
Hausbrauerei Reichert - Uetzing
Telefon 0 95 73 / 63 04

Ausfahrt
Bad Staffelstein

Staffelberg

Horsdorf

Uetzing

J
Alte Mühle

P

Stublang

G
Hausbrauerei
Reichert

D **Loffeld**
Staffelberg
Bräu

Brauerei
Dinkel

E

F

P

K
Gasthof
Dinkel

Brauerei-Gasthof
Hennemann

Frauendorf

Staffelberg-Bräu
Seit 1856
Mit Bergquellwasser gebraut
Bad Staffelstein-Loffeld

Brauerei DINKEL
GEBRAUT NACH DEM
REINHEITSGEBOT
VON 1516
STUBLANG

Löwen-Bräu HENNEMANN Stublang

Die Radtour startet in Ebensfeld in der Balthasar-Neumann-Straße (Parkplatz am Friedhof). Von dort fahren Sie durch die Dientzenhoferstraße zum Kreisverkehr an der Hauptstraße.

Dann einige Meter nach rechts, bis ein Feldweg mit der Markierung „6" Richtung Unterneuses abzweigt. In Unterneuses müssen Sie nach dem Spielplatz einen kurzen Abstecher nach links machen um zur Brauerei Martin zu gelangen. Dann folgen Sie der „6" weiter nach Pferdsfeld. Am Weiher rechts abbiegen und an der Brauerei vorbei durch den Ort fahren. Bleiben Sie nun auf der kleinen Landstraße Richtung Bad Staffelstein, bis an einem Steinkreuz rechts der Radweg mit dem lila Punkt abzweigt. Unter der Autobahn hindurch geht es über Horsdorf nach Loffeld zur Staffelberg Bräu.

Der Radweg an der Landstraße bringt Sie dann nach Stublang zu den Brau-

ereien Dinkel und Hennemann. Am Ortsausgang von Stublang fahren Sie gegenüber in die Landstraße Richtung Uetzing und biegen dann links in den ausgeschilderten Geh- und Radweg ein. In Uezing drehen Sie eine kleine Runde durch den Ort, erreichen die Hausbrauerei Reichert und biegen danach rechts in die Bgm.-Bechmann-Straße, die in einen schmalen Fußweg mündet. Danach links und Sie sind wieder auf dem bekannten Weg, der Sie zurück zum Startpunkt in Ebensfeld bringt. Dort besteht die Möglichkeit die Tour im Gasthof des Ebensfelder Brauhauses ausklingen zu lassen.

UNSER TIPP

Die Alte Mühle in Horsdorf vereint eine leckere Küche mit einem traumhaften Biergarten – Pflichtbesuch!

Ebensfelder Brauhaus — A

Hans-Karl Engelhardt managed das 250 Jahre alte Brauhaus mit seinen beiden Söhnen Florian und Maximilian.

Bier-Klassiker: Fränkisches Landbier

Anschrift: Oberer Kellbachdamm 7
96250 Ebensfeld

Öffnungszeiten:
Täglich ab 10 Uhr
Montag Ruhetag
(Mo Feiertag, Di Ruhetag)

Kontakt:
Tel.: 09573-885
www.ebensfelder-brauhaus.de

Brauerei Martin — B

Hans Georg „Hagi" Martin braut, schlachtet selbst und züchtet seine eigenen Gänse.

Bier-Klassiker: Bernsteinf. Vollbier

Anschrift: Viehtriebweg 3
96250 Ebensfeld-Unterneuses

Öffnungszeiten:
Mo bis Sa ab 16 Uhr
So ab 10 Uhr
Mittwoch Ruhetag

Kontakt:
Tel.: 09573-4382
Fax: 09573-235652

Brauerei Leicht — C

Bereits seit 1870 befindet sich das Brauhaus in Pferdsfeld im Besitz der Familie Leicht.

Bier-Klassiker: Landbier

Anschrift: Pferdsfeld 22
96250 Ebensfeld

Öffnungszeiten:
Täglich ab 16 Uhr
Sa und So ab 10 Uhr
Donnerstag Ruhetag

Kontakt:
Tel.: 09573-236

Staffelberg-Bräu — D

Das edle Wasser von Frankens heiligstem Hügel gibt natürlich einen ganz besonders heimischen Charakter.

Bier-Klassiker: Hopfen-Gold Pils

Anschrift: Mühlteich 4
96231 Bad Staffelstein-Loffeld

Öffnungszeiten:
Täglich ab 10 Uhr
Montag Ruhetag

Kontakt:
Tel.: 09573-5925
www.staffelberg-braeu.de

Weitere Infos zur Tour ▶

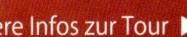

Brauerei Dinkel   E

Die kleine Brauerei Dinkel in der Ortsmitte steht für Tradition. Verkostung in der Frauendorfer Straße 18.

Bier-Klassiker: Dunkles Lagerbier

Anschrift: Am Dorfbrunnen 19
96231 Bad Staffelstein-Stublang

Öffnungszeiten Brauerei:
Mo bis Sa 8 bis 18 Uhr

Kontakt:
Tel.: 0170-3073281
www.dinkel-stublang.de

Brauerei Gasthof Hennemann   F

Wild aus eigener Jagd ist zusammen mit dem dunklen Landbier eine unschlagbare Mischung Frankenkultur!

Bier-Klassiker: Stublanger Lagerbier

Anschrift: Am Dorfbrunnen 13
96231 Bad Staffelstein-Stublang

Öffnungszeiten:
Täglich ab 10 Uhr
Montag Ruhetag

Kontakt:
Tel.: 09573-96100
www.gasthof-hennemann.de

Hausbrauerei Reichert   G

Die Gastronomie entspricht hier eher einem Testbereich für die vielen vorzüglichen und frischen Produkte.

Bier-Klassiker: Lagerbier

Anschrift: Stublanger Straße 2
96231 Bad Staffelstein-Uetzing

Öffnungszeiten:
Mo bis Fr 6.30 bis 12.15 Uhr und 14 bis 21 Uhr, Sa 6.30 bis 18 Uhr, So Ruhetag

Kontakt:
Tel.: 09573-6304
Fax: 09573-6304

Engelhardt's Keller   H

Für die Gemütlichkeit gibt's ab und zu Abende mit der Kellerkapelle.

Anschrift/Kontakt:
Kellerstraße 52
96250 Ebensfeld
Tel.: 09573-1543
www.engelhardts-keller.de

Öffnungszeiten:
Täglich ab 16 Uhr
So und Feiertage ab 10 Uhr
Bei schlechtem Wetter Di Ruhetag

Gasthof-Pension „Alte Mühle"   J

Hochwertige und geschmackvolle
Speise und fränkische Biere.

Anschrift/Kontakt:
Horsdorf 10
96231 Bad Staffelstein
Tel.: 09573-34774
www.gasthof-alte-muehle.de

Öffnungszeiten:
Täglich ab 17 Uhr
So und Feiertage 11 bis 14
Uhr und ab 17 Uhr
Di und M Ruhetag

Brauerei-Gasthof Dinkel   K

Das leckere dunkle Lager ist alleine
schon eine Anreise wert.

Anschrift/Kontakt:
Frauendorfer Straße 18
96231 Bad Staffelstein-Stublang
Tel.: 09573-6424
www.dinkel-stublang.de

Öffnungszeiten:
Täglich ab 9 Uhr
Mittwoch Ruhetag

LÄNGE

ca. 15,5 km

WEGZEIT

ca. 4,5 Stunden

WEGBESCHAFFENHEIT

Im Bereich der Luisenburg teils schmale Pfade durch Felsspalten (Trittsicherheit nötig), sonst meist breite forst- und landwirtschafliche Wege

BRAUEREIEN AN DER STRECKE

A - Lang
B - Hönicka

(Details, Tourenbeschreibung und weitere Stationen wie Biergärten oder Sehenswürdigkeiten siehe Folgeseiten)

LEGENDE

Brauerei ohne Gaststätte

Brauerei mit Gaststätte

Biergarten

Freizeit-Tipp

Laufrichtung
Streckenverlauf

Weitere Symbole siehe Seite 3 im Buch

Göringersreuth

Wunsiedel

Hönicka Bräu **B**

Fichtelgebirgs-museum **E**

Ratsstuben

1

2 **3**

4

5

Koppetentorturm

H

P Spielplatz

Wetter-station

Brunnen

Schönbrunn

Braustüberl **C**

A Lang-Bräu

H

1 Ludwigstraße
2 Maximilianstraße
3 Marktplatz
4 Koppetentorstraße
5 Landgerichtsstraße

Breitenbrunn

Furthammer

B303

H

Hönicka Bräu
Wunsiedel

START

P

D Naturbühne Luisenburg

Felsenlabyrinth

Rastplatz

H

Kaiserfelsen

Aus Tradition gut –

SCHÖNBRUNNER
Erotikbier
Lang Bräu

H

Haberstein

Burgsteinfelsen

Richtung
Kösseine

Startpunkt dieser Tour ist der Parkplatz an der Luisenburg oberhalb von Wunsiedel. Von dort sind es nur ein paar Meter bergauf bis zum Eingang des Felsenlabyrinths (Eintritt ist kostenpflichtig).

Im Felsenlabyrinth gibt es verschiedene Wege. Wir empfehlen Ihnen den blauen Pfeilen zu folgen. Am Ende des Felsenlabyrinths gibt es einen Rastplatz, an dem das nächste Ziel – der Kaiserfelsen – bereits ausgeschildert ist. Über den Fränkischen Gebirgsweg (Markierung: stilisierte Bergkuppen auf rotem Grund) geht es zum wunderschönen Burgsteinfelsen und dann weiter zum Haberstein. Dort verlassen Sie den Fränkischen Gebirtsweg und folgen zuerst der Markierung „H" und dann der Markierung „weißblau" bergab Richtung Schönbrunn. Kurz nachdem Sie den Wald verlassen haben, müssen Sie die Bundesstraße 303 überqueren und nach Furthammer hineinlaufen. Bergauf geht es bis zur Lang-Bräu in Schönbrunn. Nach der Brauerei links halten und dann am Brunnen rechts in die Brunnenstraße einbiegen, die Sie aus dem Ort hinausführt. Auf der Höhe angelangt geht es rechts weiter (teilweise Markierung: roter Fuchs) nach Wunsiedel. Über die Ludwigstraße laufen Sie in die Stadtmitte – vorbei an den Ratsstuben (Gastronomie der Hönicka Bräu). Hier bietet sich ein Abstecher zum Fichtelgebirgsmuseum an.

Im weiteren geht es durch den Koppetentorturm stadtauswärts. In der Landgerichtsstraße finden Sie wieder die Markierung „H", die Sie zurück zur Luisenburg führt. Wenn Ihnen der Aufstieg von Wunsiedel zur Luisenburg zu anstrengend ist, fährt Sie die Firma Mietauto Joppe (Telefon: 09232/2068) gerne zum Parkplatz. Der Standort der Taxis ist direkt am Koppetentorturm.

UNSER TIPP

Der Besuch im Getränkemarkt der Brauerei Lang lohnt sich – hier lauern so einige Kuriositäten.

Lang-Bräu Schönbrunn   A

Hier findet sich der witzigste Getränkemarkt in diesem Buch. Immer einen Besuch wert.

Bier-Klassiker: Erotik Bier

Anschrift: Bayreuther Straße 19
95632 Wunsiedel-Schönbrunn

Öffnungszeiten:
Mo bis Fr 7 bis 18 Uhr
Sa 8.30 bis 12 Uhr

Kontakt:
Tel.: 09232-2197
www.lang-braeu.de

Hönicka-Bräu B

Wer einkehren will, kann das Bier in den Ratsstuben genießen: Maximilianstraße 22, Dienstag Ruhetag

Bier-Klassiker: Luisenburg Pils

Anschrift: Hofer Straße 31
95632 Wunsiedel

Öffnungszeiten:
Mo bis Fr 7 bis 12 Uhr und 13 bis 17 Uhr, Sa 9 bis 12 Uhr

Kontakt:
Tel.: 09232-2044
www.hoenicka.de

Bräustüberl Schönbrunn C

Der große Garten vor dem Haus lädt immer zum Verweilen ein.

Anschrift/Kontakt:
Brunnenstraße 10
95632 Wunsiedel
Tel.: 09232-2813
www.lang-braeu.de

Öffnungszeiten:
Täglich ab 9 Uhr
Donnerstag Ruhetag

Luisenburg D

Felsenlabyrinth, Festspiele und mehr!

Anschrift/Kontakt:
Luisenburg
95632 Wunsiedel
Tel.: 09232-602116
www.wunsiedel.de und
www.luisenburg-aktuell.de

Öffnungszeiten:
April bis Mitte November
8.30 bis 18 Uhr, Festspielzeit
8.30 bis 19 Uhr

Fichtelgebirgsmuseum E

Dr. Albert Schmidt gab 1907 den Anstoß zur Gründung eines Museums.

Anschrift/Kontakt:
Spitalhof
95632 Wunsiedel
Tel.: 09232-2032
www.fichtelgebirgsmuseum.de

Öffnungszeiten:
Di bis So 10 bis 17 Uhr

LÄNGE
ca. 12,5 km

WEGZEIT
ca. 4 Stunden

WEGBESCHAFFENHEIT
Teils felsige Wurzelpfade und geschotterte forstwirtschaftliche Wege

BRAUEREIEN AN DER STRECKE
A - Michael

(Details, Tourenbeschreibung und
weitere Stationen wie Biergärten oder
Sehenswürdigkeiten siehe Folgeseiten)

LEGENDE

Brauerei ohne Gaststätte

Brauerei mit Gaststätte

Biergarten

Freizeit-Tipp

Laufrichtung
Streckenverlauf

Weitere Symbole siehe Seite 3 im Buch

DB

Diese Bierwanderung im Fichtelgebirge startet vom Parkplatz (kostenpflichtig) am südlichen Ufer des Weißenstädter Sees. Das erste Stück des Weges verläuft auf der Landstraße Richtung Schönlind. Sie können aber vom Parkplatz aus über eine Wiese (Pfad) abkürzen, so dass Sie nur noch ein kurzes Stück auf der Landstraße laufen müssen, bis der Wanderweg links in den Schönlinder Weg einbiegt. Nun folgen Sie der Markierung „Blau-Weiß-Blau" Richtung Bischofsgrün. Nachdem Sie Schönlind passiert haben, folgen Sie der Markierung „blauer Punkt" immer weiter bergauf bis zum Aussichtspunkt Rudolfstein. Von der markanten Felsgruppe können Sie den Fernblick auf den Schneeberg und den Weißenstädter See genießen.

Danach geht es auf der Markierung „H" bergab bis nach Weißenstadt. Sie laufen an den ersten Häusern vorbei, bis der Weg geradeaus über eine Wiese weiter bergab führt. Sie erreichen die Landstraße, verlassen die Markierung „H" und laufen rechts in den Ort hinein. Weiter geht's über den Marktplatz in die Kirchenlamitzer Straße bis zur Brauerei Michael.

UNSER TIPP

Die historischen Felsenkeller in Weißenstadt müssen Sie gesehen haben – ein märchenhafter Anblick.

Dort biegen Sie scharf links in einen Fußweg, der am Sägewerk entlang Richtung See führt. Über die Badstraße gelangen Sie auf die Seepromenade und laufen rechts weiter bis zum Stadtbad-Restaurant und dann am Seeufer entlang bis zum Parkplatz zurück.

Brauerei Hermann Michael A

Die Weißenstädter Brauerei braut seit 1906 mit ihrem eigenen Brauwasser und setzt auf Bio und den Luchs.

Bier-Klassiker: Luchs Bier

Anschrift: Kirchenlamitzer Straße 64-66 95163 Weißenstadt

Öffnungszeiten:
Mo bis Do 8 bis 12 und 14 bis 17.30 Uhr, Fr 8 bis 17.30 Uhr, Sa 8.30 bis 12 Uhr

Kontakt:
Tel.: 09253-265
www.brauerei-michael.de

Restaurant Seestern B

Beliebtes Ausflugslokal am Weißenstädter See.

Anschrift/Kontakt:
Stadtweiherweg 1
95163 Weißenstadt
Tel.: 09253-1011
www.restaurant-seestern.com

Öffnungszeiten:
Täglich ab 11 Uhr
Mittwoch Ruhetag

Weißenstädter See C

Am Uferweg finden Sie Stelen aus Fichtelgebirgsgranit und Wunsiedler Marmor mit Texten aus dem „Stundenbuch" des Schweizer Professors Eugen Gomringer.

Anschrift/Kontakt:
www.weissenstadt.de

Öffnungszeiten:
Alle Informationen zu den Möglichkeiten rund um den See finden Sie auf der Website.

Wir möchten Ihnen hier – natürlich ohne Anspruch auf Vollständigkeit und rein subjektiv – einen Überblick für die schönsten Feste in Oberfranken bieten. Die genauen Termine erfahren Sie für jedes Jahr auf den angegebenen Internetseiten. **Wir wünschen viel Vergnügen!**

Mai

• **Walberla-Bergkerwa**
www.forchheim.de | Erstes Wochenende

• **Kreuzberg-Kirchweih Hallerndorf**
www.kreuzbergfest.de | Erstes Wochenende

• **Weißbierfest Bayreuth**
www.maisel.com | Wochenende vor
Christi Himmelfahrt

Juni

• **Altstadtfest Forchheim**
www.forchheim-altstadtfest.de | Ende Juni

Juli

• **Bayreuther Bürgerfest**
www.buergerfest-bayreuth.de | Erstes
Wochenende

• **Schützenfest Lichtenfels**
www.lichtenfels-city.de | Zweites Wochenende

• **Altstadtfest Kulmbach**
www.kulmbach.de | Anfang Juli

• **Sambafest Coburg**
www.samba-festival.de | Mitte Juli

• **Bamberg zaubert!**
www.mybamberg.de | Drittes Wochenende

• **Annafest Forchheim**
www.annafest-forchheim.de | Ende Juli

(Fortsetzung Juli)

• **Kulmbacher Bierwoche**
www.kulmbacher.de | Ende Juli

• **Hofer Volksfest**
www.hofer-volksfest.de | Ende Juli

• **Altstadtfest Bad Staffelstein**
www.bad-staffelstein.de | Ende Juli

• **Coburger Vogelschießen**
www.coburg-tourist.de | Beginn am Freitag
des letzten Juli-Wochenendes

August

• **Blues- & Jazzfestival Bamberg**
www.mybamberg.de | Mitte August

• **Brauereifest Bad Staffelstein**
www.bad-staffelstein.de | Mitte August

• **Altstadtfest Sesslach**
www.sesslach.de | Mitte August

• **Schützenfest Kronach**
www.kronacher-freischiessen.com | Mitte bis
Ende August

• **Sandkerwa Bamberg**
www.sandkerwa.de | Ende August

September

• **Korbmarkt Lichtenfels**
www.korbmarkt.lichtenfels-city.de | Drittes WE

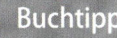

**Erlebniswegweiser
Metropolregion Nürnberg**

ISBN: 978-3936897876
672 Seiten – 19,90 Euro

„Denken ist wundervoll, aber noch wundervoller ist das Erlebnis"

Mit diesen Worten beschreibt der irische Schriftsteller Oscar Wilde die Kraft des real Er-
lebten, aber auch das Potential der gedanklichen Imagination. Neuester Beleg für beides
ist der neue „Erlebniswegweiser Metropolregion Nürnberg" der Bestsellerautoren Markus
Raupach und Bastian Böttner. Die beiden unterzogen die gesamte Metropolregion Nürnberg einem intensiven Freizeittest und präsentieren auf knapp 700 Seiten und einer bei-
gelegten großen Übersichtskarte das Ergebnis ihrer Recherche. Über 1.000 handverlesene
Tipps aus einem Gebiet so groß wie das Bundesland Hessen, dessen Facetten vom alpinen
Wintersport bis zum Eintauchen in die romantischen Seen des Fränkischen Seenlandes reichen. Neben den Naturschönheiten sind auch die kulturellen Highlights genannt: Burgen,
Museen, Schlösser, Ausstellungen, aber auch Parks, Höhlen, Veranstaltungen und natürlich
die Klassiker von der Sommerrodelbahn bis zur Kultgastronomie.

JETZT IM BUCHHANDEL!

Oberfrankens **Brauereien alphabetisch** sortiert mit der/den **Nummer(n) der Tour(en)** an denen sie liegen:

...weiter siehe Seite 282 ▶

... Fortsetzung von Seite 281

...weiter siehe Seite 284 ▶

Die Würze guten Bieres kommt aus Franken

Im Spalter Hopfenanbaugebiet wächst mindestens seit dem 14. Jahrhundert das Grüne Gold – Echter Hopfen, lateinisch Humulus lupulus. Spätestens seit dem Erlass des Bayerischen Reinheitsgebotes 1516 hat das Hanfgewächs eine besondere Stellung als Bier-Zutat und gehört zum Lebensgefühl der Hopfenbauern, die man in und um Spalt noch reichlich antreffen kann. Im Bier sorgen die Inhaltsstoffe der Pflanze für die bekannte Bittere im Aroma und wirken beruhigend, konservierend und schaumstabilisierend.

Hopfen gibt es in zahlreichen verschiedenen Sorten, die grundsätzlich in die Kategorien Bitterhopfen, der vor allem für die Bittere zuständig ist, und Aromahopfen, der neben einer geringeren Bittere verschiedene zusätzliche Aromen ins Bier abgibt, unterteilt werden. Das kann bei bestimmten Hopfensorten bis zu Fruchtnoten wie Mandarine oder Melone reichen.

Spalter Hopfen

Hopfen & Hopfenprodukte
mit Qualität

Um ihren Hopfen gut an den Brauer zu bringen, haben sich die Spalter Hopfenbauern 1953 zu einer Genossenschaft zusammengeschlossen, die die Vermarktung der Dolden organisiert. Die Spalter liefern heute nicht nur den Hopfen für das bekannte Spalter Bier, sondern auch für international renommierte Marken oder andere Klassiker der Brauereien aus dem vorliegenden Buch. Der Hopfen wird als Rohhopfen, Pellets oder Extrakt vertrieben, so kann auch der kleinere oder Hobbybrauer hier die Zutaten für sein Bier-Rezept bestellen.

Sie haben also in der Regel bei jedem Bier immer auch ein bisschen Spalt im Glas – denken Sie einfach mal beim nächsten Schluck daran oder machen Sie am besten einen Abstecher in die Hopfenmetropole, zum Beispiel Ende August zum Hopfenzupferfest, bei dem auch die Hopfenkönigin gekürt wird.

Anschrift/Kontakt:
Spalter Hopfen GmbH /
HVG Spalt e.G.
Gewerbepark Hügelmühle
91174 Spalt
Tel.: 09175-78888
www.spalter-hopfen.de

Freizeitführer neu erfunden!

Wie Sie am vorliegenden Buch und der Tatsache, dass es sich bereits um unser 17 Werk handelt, sehen: Wir kümmern uns intensiv um die Fränkische Bier- und Freizeitkultur!

Das tun wir mittlerweile seit vielen Jahren und haben uns – so wurde uns zumindest gesagt – auch einen Namen gemacht. Unsere Bücher stehen für eine authentische, nicht durch Werbung und Kommerz verzerrte Recherche und Präsentation. Wir konzentrieren die zentralen Informationen auf einer oder maximal zwei Seiten und bringen damit alles Wesentliche auf den Punkt. Dabei sind Text, Bild und Layout in einer Hand, ohne Hin und Her zwischen verschiedenen Ansprechpartnern.

Das bedeutet für Sie als Leser eine verlässliche Informationsquelle mit hohem Engagement und Eigeninteresse, die Ihnen kurzweilig ein komplexes Thema erschließt. Wenn Sie selbst eine Region oder Stadt betreuen bzw. vertreten, dann kann das für Sie auch ein perfektes Instrument bedeuten, die Stärken und Besonderheiten für eine breite Leserschaft aufzubereiten. Deswegen arbeiten wir gerne mit Partnern zusammen, die uns Anregungen für die Erschließung eines bestimmten Themas geben – und damit den Startschuss für ein neues Buchprojekt. So sind zum Beispiel die Genusswegweiser für Haßfurt und Bamberg entstanden, oder auch der Erlebniswegweiser für das Fränkische Seenland bzw. der Führer zu den fränkischen Brauereien.

Zögern Sie also nicht, uns zu kontaktieren, wenn Sie ein attraktives Gebiet oder Thema an den Leser bringen wollen – wir prüfen Ihr Anliegen und setzen es auch gerne um, wenn es die nötigen Voraussetzungen erfüllt. Die Unabhängigkeit in der Recherche lassen wir uns natürlich dabei nicht nehmen, aber das ist ja auch in Ihrem Sinne, denn Anzeigenblätter gibt es genug ...

Frankens Brauereien und Brauereigaststätten
ISBN: 978-3936897647
672 Seiten – 19,90 Euro
Jetzt erhältlich!

Frankens schönste Bierkeller und Biergärten
ISBN: 978-3936897821
672 Seiten – 19,90 Euro
Jetzt erhältlich!

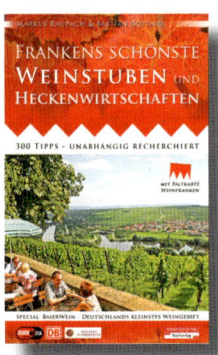

Frankens schönste Weinstuben und Heckenwirtschaften
ISBN: 978-3936897838
384 Seiten – 14,90 Euro
Jetzt erhältlich!

Kontakt u. weitere Infos: **www.guidemedia.de** oder **Tel.: 0951-5194166**

*ERLEBNIS*WEGWEISER

**Erlebniswegweiser
Metropolregion Nürnberg**
ISBN: 978-3936897876
672 Seiten – 19,90 Euro
Im Handel!

**Erlebniswegweiser
Fränkische Schweiz**
ISBN: 978-3936897845
240 Seiten – 12,80 Euro
Im Handel!

**Erlebniswegweiser
Fränkisches Seenland**
ISBN: 978-3936897814
240 Seiten – 9,90 Euro
Im Handel!

*GENUSS*WEGWEISER

**Genusswegweiser
Bamberg Stadt & Land**
ISBN: 978-3981269314
264 Seiten – 9,90 Euro
Im Handel!

**Genusswegweiser
Landkreis Haßberge**
ISBN: 978-3981269352
264 Seiten – 9,90 Euro
Im Handel!

Weitere Werke bereits in Arbeit:

2012: Frankens Brennereien
2013: Erlebniswegweiser Rhön und Spessart

2013: Genusswegweiser Nürnberg
2014: Erlebniswegweiser Altmühltal
2014: Bayerns Brauereien

Nach einem richtig bestandenen Abenteuer ist man angekommen...

...bei sich selbst! So beschrieb der österreichische Reisejournalist und Bergsteiger Herbert Tichy einst das Gefühl, wenn man eine große Reise hinter sich gebracht hat. Nun sind Sie nicht – wie einst Tichy – im Himalaya herumgeklettert, aber dafür haben Sie den Bier-Olymp bestiegen. Dazu möchten wir Ihnen an dieser Stelle schon mal herzlich gratulieren und hoffen, dass Sie viele vergnügliche Tage und Stunden in unserer Heimat Oberfranken verbracht haben. Wir würden uns freuen, wenn Sie Ihre Erfahrungen und die gesammelten Anregungen und Tipps mit uns teilen würden – und natürlich sollen Sie sich auch an uns wenden, wenn uns ein Fehler unterlaufen sein sollte. Das alles wird in die nächsten Auflagen einfließen und helfen, dieses Buch weiter zu verbessern.

Bis dahin können Sie auch mal in einen unserer anderen Titel hineinschmökern, fragen Sie einfach mal in Ihrer Buchhandlung nach „Frankens schönste Bierkeller und Biergärten", „Frankens Brauereien und Brauereigasthöfe" und dem „Erlebniswegweiser Metropolregion Nürnberg". Wenn Sie mal über den kulinarischen oder geographischen Tellerrand hinausschauen möchten, empfehlen wir Ihnen „Frankens schönste Weinstuben und Heckenwirtschaften", „Frankens Brennereien" oder den „Erlebniswegweiser Fränkisches Seenland". In jedem Fall freuen wir uns auf ein Wiedersehen und verbleiben mit den besten Wünschen für viele schöne Tage in Franken!

Auf Wiedersehen im nächsten Buch!

Kontakt Redaktion

GuideMedia GbR
Grüner Markt 15
96047 Bamberg
Tel.: 0951-5194166
www.guidemedia.de

Buch-Bestellung

Fränkischer Tag Buchverlag

Tel.: 09221/949 -311 oder -204
Fax: 09221/949 -377
www.ft-buchverlag.de

Bier.BY
BIERKULTUR ERLEBEN